Do Vaticano II
a um novo concílio?

O olhar de um cristão leigo sobre a Igreja

Coleção CERIS

Do Vaticano II a um novo concílio? O olhar de um cristão leigo sobre a Igreja

Luiz Alberto Gómez de Souza

Do Vaticano II a um novo concílio?

O olhar de um cristão leigo sobre a Igreja

CERIS

Editora Rede da Paz

Edições Loyola

Ceris
Centro de Estatística Religiosa e Investigações Sociais

Diretor Executivo
Luiz Alberto Gómez de Souza

Conselho Editorial
Jether Pereira Ramalho (coordenação)
José Leal Galvão
Kátia Maria Cabral Medeiros
Rogério Dardeau de Carvalho
Tania Jandira Rodrigues Ferreira

PREPARAÇÃO: Maurício Balthazar Leal
DIAGRAMAÇÃO: Miriam de Melo Francisco
REVISÃO: Rita de Cássia M. Lopes

CERIS
Rua Dr. Júlio Ottoni, 571/3s
Santa Teresa — 20241-400
Rio de Janeiro, RJ — Brasil
✆:(21) 2558-2196
✉:(21) 2285-7276
www.ceris.org.br
ceris@ceris.org.br

EDITORA REDE DA PAZ
Rua Felipe Leddet, s/n
76600-000 Goiás, GO
Caixa Postal 19
✆ 371-1856 e 372-1985 – ✉ 372-1135
www.editorarededapaz.com.br
edrededapaz@cultura.com.br

Edições Loyola
Rua 1822 n° 347 – Ipiranga
04216-000 São Paulo, SP
Caixa Postal 42.335 – 04218-970 – São Paulo, SP
✆:(11) 6914-1922
✉:(11) 6163-4275
Home page e vendas: www.loyola.com.br
Editorial: loyola@loyola.com.br
Vendas: vendas@loyola.com.br

Todos os direitos reservados. Nenhuma parte desta obra pode ser reproduzida ou transmitida por qualquer forma e/ou quaisquer meios (eletrônico ou mecânico, incluindo fotocópia e gravação) ou arquivada em qualquer sistema ou banco de dados sem permissão escrita da Editora.

ISBN: 85-15-02883-2

© EDIÇÕES LOYOLA, São Paulo, Brasil, 2004

*Examinando a história desde o começo,
parece que a Igreja caminha para a verdade perfeita
através de diversas declarações sucessivas e em direções contrárias,
aperfeiçoando-se, completando-se umas às outras.
É necessário um mínimo de fé nela, digo eu.*

*Pio não é o último dos papas...
Tenhamos paciência e confiança,
um novo papa e um novo concílio polirão a obra.*

Carta de John H. Newman, futuro cardeal,
em 3 de abril de 1871, meses depois do Vaticano I,
a um amigo angustiado com os resultados daquele concílio.

Sumário

prefácio: A profecia de uma vida 9
MARCELO BARROS

Introdução 15

PRIMEIRA PARTE
Um pouco de história

1. Igreja Católica e democracia: um encontro enviesado na história 19
2. A Igreja Católica e a questão social 25
3. Igrejas cristãs e política 37
4. Encontros e desencontros dos cristãos latino-americanos 49
5. Ação Católica Brasileira: o despertar da consciência histórica 61
6. Nas origens de Medellín: da Ação Católica às CEBs e às pastorais sociais (1950-1968) 81
7. A caminhada de Medellín a Puebla 87
8. Santo Domingo, um encontro difícil 99

SEGUNDA PARTE
As CEBs: Atualidade e relevância

9. Centralização ou pluralidade? O caminho criativo das CEBs 107
10. Trindade 86: o lento e penoso aprendizado da prática democrática ... 117
11. Santa Maria 92: o trem das CEBs com bitola larga 127
12. As CEBs vão bem, obrigado 131

TERCEIRA PARTE
O eclesial em construção

13. As religiões e o desafio da vida 151
14. Leigo ou simplesmente cristão? 161
15. As pastorais de juventude no novo contexto pós-industrial 173
16. Os questionamentos urbanos para a Igreja 179
17. O pensamento católico 187
18. A oração na teologia da libertação 203
19. O sagrado na preparação da sociedade do terceiro milênio 217
20. Desafios e perspectivas no próximo futuro 223

QUARTA PARTE
De um concílio a outro?

21. Os amplos horizontes ao final do Vaticano II 233
22. Vaticano II: a Igreja em concílio. 241
23. As expectativas de um novo concílio 257
24. Agenda para uma Igreja com temas congelados 263

PREFÁCIO

A profecia de uma vida

MARCELO BARROS[1]

Na Igreja Católica, cada vez mais um número maior de pastores e de fiéis espera viver a graça de um novo concílio ecumênico, precedido por longo e fecundo processo de preparação. Outras confissões e o próprio Conselho Mundial de Igrejas têm expressado o sonho de um concílio interconfessional, verdadeiramente ecumênico, que possa ser para a Igreja atual o que o papa João XXIII pediu a Deus para o Vaticano II: "uma nova primavera, um novo Pentecostes".

Com este livro, Luiz Alberto Gómez de Souza dá um presente inestimável a toda pessoa que busca a renovação do mundo e da Igreja. Ele continua a reflexão teológica e social com a qual, desde os inícios da década de 1960, tem enriquecido a Igreja Católica na América Latina. O título, *Do Vaticano II a um novo concílio?*, deixa a interrogação para ser respondida por quem lê. O subtítulo, *O olhar de um cristão leigo sobre a Igreja*, insere esta discussão na análise abrangente sobre o conjunto da vida e da missão da Igreja no mundo. O objeto do estudo é a Igreja Católica Romana, mas Luiz Alberto a vê sempre em uma perspectiva que inclui respeito e diálogo tanto com as outras Igrejas como com as demais religiões e caminhos espirituais, em função de um serviço comum ao mundo.

Nestes textos, vários deles escritos em diferentes épocas, agora relidos e atualizados, Luiz Alberto percorre conosco o processo de preparação, realização e continuidade do Vaticano II, para nos situar nos desafios e tarefas das Igrejas neste novo milênio e, eventualmente, colaborar na preparação de um

---

1. Monge beneditino, prior do Mosteiro da Anunciação de Goiás, escritor e teólogo.

novo concílio. Na maioria das vezes falando na primeira pessoa e como testemunha viva de muitos dos fatos narrados, Luiz Alberto como que nos toma pela mão e reinterpreta esta história a partir dos leigos e do diálogo da Igreja com o mundo.

De fato, no Brasil dos anos 1950 e início da década de 1960, a Igreja Católica contava com alguns homens e mulheres que, como leigos, ajudavam a coordenar o que de mais significativo e profético se fazia em termos eclesiais no Brasil: a Ação Católica e seus grupos especializados, a Conferência Nacional dos Bispos do Brasil (CNBB) e as primeiras sementes das comunidades eclesiais de base. A nossa Igreja se constituía a partir de leigos e leigas que, como explica Luiz Alberto com certa graça, não eram príncipes que escolhiam o papa e nomeavam bispos como no século X, e sim militantes consagrados, membros plenipotenciários do *laos*, povo de Deus, comunidade consagrada. (Nas Igrejas antigas, o termo grego *kleros* designava o povo e, portanto, leigos, e não os eclesiásticos ordenados como uma classe à parte). Esses brasileiros, militantes leigos e leigas, eram verdadeiros zeladores ou promotores da Fé vivida como missão amorosa da Igreja junto ao povo (em grego *epíscopos*). Nesse prisma, foi fundamental o protagonismo da Ação Católica, em seus diversos segmentos. Ela foi, realmente, precursora da teologia da libertação, e, quando mais tarde surgem as CEBs, elas continuam sua herança.

Por falar em herança, os grandes profetas sempre têm muitos herdeiros e nem sempre é clara ou tranqüila essa apropriação. A leitura deste livro me confirmou que Luiz Alberto é, entre outros, herdeiro e continuador da lucidez e do carisma de profetas como Alceu Amoroso Lima, Dom Hélder Câmara e outros pensadores que formaram gerações inteiras desta Igreja de hoje. Conheci o Dr. Alceu por escritos e, apenas uma vez, estive com ele, já idoso. Tive a graça de conviver com Dom Hélder, durante alguns anos, como seu secretário para o ecumenismo, e dele recebi a ordenação presbiteral. Não hesito em dizer que, em cada página deste livro, encontro a mesma confiança otimista, iluminada pelo Espírito que, sempre e mesmo em horas difíceis, animava o Dom. É a mesma energia amorosa da Fé com a qual sou abastecido, desde 1979, em cada encontro que tenho com meus irmãos e amigos, Luiz Alberto e Lúcia; ela, Lúcia Ribeiro, socióloga brilhante, tem dado uma contribuição feminina, própria e essencial, aos movimentos eclesiais e é, visivelmente, apoio luminoso a seu companheiro e esposo.

Com tal companhia, desde jovem, Luiz Alberto participa da coordenação de organismos eclesiais e assume responsabilidades pastorais que fazem dele um verdadeiro pai da Igreja latino-americana, cujo rosto próprio e original, como gosta de dizer o padre Comblin, nasceu na II Conferência do Episcopado Latino-americano em Medellín (1968). Ali, Dom Hélder Câmara conseguiu o que não tinha alcançado, plenamente, no Vaticano II. Eis um dos textos aprovados pelos bispos nesse encontro: "Que se apresente cada vez mais nítido, na América Latina, o rosto de uma Igreja autenticamente pobre, missionária e pascal, desligada de todo o poder temporal e corajosamente comprometida na libertação de todo ser humano e de toda a humanidade" (Medellín, 5, 15 a).

É a esse tipo de Igreja que Luiz Alberto sempre se consagrou, trazendo para a caminhada eclesial o brilho e a competência de excelente cientista social que integra uma densa experiência pastoral com um vastíssimo conhecimento teológico. Sua erudição teológica o torna capaz de, em palavras simples e acessíveis a todos, discorrer sobre a teologia patrística dos inícios do cristianismo, a formação medieval da estrutura do atual papado, as complexas articulações do Vaticano I no século XIX, a teologia francesa e alemã da primeira metade do século XX e, principalmente, nos mergulhar no que há de melhor da teologia da libertação na América Latina, da qual participa desde o início. Este livro é sacramento e fruto desta teologia profética, que une Fé e vida, esperança escatológica e projeto político e, mais concretamente, a busca ansiosa de Deus no compromisso pela libertação dos pobres e por mais vida para todos.

Se não fosse muito longo, o subtítulo mais justo deste livro deveria ser: "O olhar de um cristão leigo que construiu esta Igreja que temos no Brasil de hoje e continua a participar ativa e profundamente da construção espiritual desta catolicidade que, de formas diferenciadas e em múltiplas confissões, Deus suscita nas comunidades cristãs".

Todas as Igrejas reconhecem que se renovar permanentemente é elemento essencial de sua missão. O que, muitas vezes, não é claro é a meta ou a finalidade de tal renovação. Este livro nos confirma: a renovação da Igreja não pode ter como finalidade encher os templos, nem apenas garantir êxito aos trabalhos e reuniões que fazemos. A Igreja não vive para si mesma, mas para os outros. Luiz Alberto vive profundamente esse cuidado com o mundo inteiro, principalmente com o continente latino-americano. Ele explicita isso: "Quero mais bem ater-me ao mundo complexo e contraditório da América Latina, onde se cruzam os mais diferentes tempos históricos, numa enorme 'heterogeneidade estrutural'... Se esses elementos aparecem no mundo inteiro, eles são dramáticos na América Latina".

Quem está habituado a descrições simplistas e unívocas da história pode não gostar das análises aqui desenvolvidas. São cheias de nuances e reveladoras das tensões que a atravessam. Isso já aparece na originalidade da dedicatória: "Este livro vai dedicado a tantas e tantos companheiros de caminhada, com quem comparto temores e esperanças. Desejo também dedicá-lo àqueles que estiverem em desacordo com algumas ou muitas das afirmações aqui incluídas ou a quem possa ter irritado. Gostaria que ele fosse indicação de abertura a um diálogo e a um debate, por parte de alguém que não deseja ser dono da verdade e que está sempre pronto a revisar posições. Ou então poderia ficar como uma fraterna provocação".

A recente afirmação de uma influente personalidade romana, "quem ama não critica", encontra neste livro seu desmentido e, ao contrário, a demonstração evidente de um cristão profundamente apaixonado pela Igreja, que une um olhar crítico a uma esperança que só pode ter quem ama muito. Luiz Alberto começa estas páginas com uma maravilhosa citação do teólogo e futuro cardeal Newman. A perspectiva crítica deste livro me recorda outra citação do mesmo profeta do século XIX: "Você não deve esquecer que, se em diversos lugares falo expressamente contra o atual estado de coisas na Igreja, não o faço levianamente, mas para mostrar que sinto as dificuldades que afligem a tantos espíritos" (John Henry Newman)[2]. É exatamente isto que move Luiz Alberto: a perspectiva de tantas pessoas que sofrem com o enrijecimento e o domínio do pensamento único na nossa Igreja.

Eu que, como monge, me consagro à causa da unidade, agradeço ao autor este livro que nos ensina a não só valorizar o pluralismo religioso e cultural como dom de Deus para as Igrejas, mas também compreender o sentido positivo da diversidade de linhas e complexidade de ações, na própria vida interna e cotidiana de uma Igreja. Sou um dos que sofrem, concretamente, conseqüências da imposição do pensamento único presente na Igreja Católica de hoje. Luiz Alberto me ajuda a não ceder à tentação de sonhar com a hegemonia do pensamento oposto e sim aprender a conviver com a diversidade sadia e a heterogeneidade indispensável a uma Igreja plural, mesmo se toda ela convocada por Deus para o serviço da paz, da justiça e da defesa da criação.

Há algum tempo, tenho descoberto que a espiritualidade é o único caminho pelo qual conseguimos viver esta abertura ao diferente e a capacidade de assumir o universal pluralista. Este livro, especialmente a terceira parte, "O eclesial em construção", confirma-me nessa convicção. É um texto que pode ser catalogado como bibliografia indispensável para quem quiser compreender melhor a espiritualidade que, na América Latina, chamamos de "macroecumênica". E fico feliz de constatar como Luiz Alberto é também companheiro e mestre nesse caminho espiritual. Para quem ainda pensa os místicos como pessoas meio aéreas e com uma sensibilidade psicológica diferente

---

2. J. H. NEWMAN, Carta a J. Keble, de 6 de setembro de 1843, citada por J. J. GONZALEZ FAUS, *La Liberdad de la palabra en la Iglesia y en la teología*, Santander, Sal Terrae, 1985, 131.

dos seres humanos comuns como eu e você, é bom e consolador descobrir a densidade espiritual deste irmão sociólogo e, repito, profundamente leigo. Ali ele se identifica com o padre, filósofo e também profeta da paz Ernesto Balducci, com sua intuição do "ser humano planetário". Convido vocês, irmãos e irmãs que o lêem, a aprofundar e viver essa espiritualidade. Luiz Alberto delineia bem o caminho a seguir quando conclui: "Balducci nos diz que os profetas e os místicos já vivem, a partir de seu particular, esse universal pluralista em gestação".

Podemos dizer do próprio autor o que queremos que o Espírito de Deus realize em cada um/uma de nós e que Balducci lembra ao citar o místico islâmico do século XII, Ibn Arabi: "Assim é o homem universal, que leva nele a semente de todos os seres e é capaz de abarcar toda a verdade".

Introdução

Volta-se a falar num futuro Concílio. Vaticano III? Jerusalém II? Mumbai I? Pensei então em preparar um livro sobre a caminhada da Igreja a partir da segunda metade do século XX, em direção ao futuro. Retomei e revi textos que redigi sobre esse tempo, ampliando-os e atualizando a reflexão. Começo com um olhar sobre a história da Igreja Católica nas últimas décadas, suas expressivas concretizações, da Ação Católica especializada aos tempos de Medellín e de Puebla. Uma segunda parte é dedicada às Comunidades Eclesiais de Base (CEBs), que tenho acompanhado como assessor. Trato a seguir de vários aspectos da vida eclesial em transformação. Na quarta parte, a mais propositiva e atual, concluo com a análise do espaço que vai entre o Vaticano II e um possível novo concílio, propondo uma agenda para enfrentar temas congelados que paralisam a Igreja Católica na atualidade. O leitor, com menos tempo ou maior interesse pelo futuro, poderá inverter a ordem de leitura e começar por essa última sessão.

Vários anos como pesquisador do Centro João XXIII — IBRADES — e, a partir de 1997, como diretor-executivo do Centro de Estatística Religiosa e Investigações Sociais (CERIS) ofereceram um patamar privilegiado e um laboratório único de observação. Assessorias à CNBB e às pastorais fizeram-me sentir de perto acertos, indecisões, omissões, falhas e práticas criativas. Sou grato a tantos colegas de trabalho, companheiros e alunos de cursos, seminários e treinamentos.

Maria da Penha, Maria José da Silva e Ana Cristina Ferreira digitaram muitos dos textos e minha filha Sílvia corrigiu uma das versões parciais.

O tempo, fecundo, como residente no Study and Conference Center da Fundação Rockefeller, em Bellagio, em 1997, ajudou a organizar e planejar o uso do material existente até então. Um seminário no Kellogg Institute da Universidade Notre Dame, em Indiana, sobre a presença pública da Igreja, em outubro de 2003, incitou a dar o toque final ao livro. O repouso forçado depois de uma intervenção cirúrgica levou-me a finalizar os últimos capítulos e a fazer uma derradeira revisão para evitar repetições. As idéias livremente expostas aqui apenas comprometem o autor e não as instituições às quais esteve ou está vinculado. Assumo erros ou imperfeições, pronto a corrigi-los se necessário.

Agradeço ao Conselho Editorial do CERIS um olhar final ao texto. Marcelo Barros e Lúcia Ribeiro foram leitores cuidadosos e me ajudaram a precisar melhor as idéias. Marcelo preparou um prefácio que me toca profundamente, com sua generosidade e seu afeto transbordantes. Lúcia, em nossa vida de amor compartido, tem sido a presença constante em minhas atividades, apostas e reflexões, matizando e complementando, com seu apoio, sua cumplicidade e seu carinho.

Este livro vai dedicado a tantas e tantos companheiros de caminhada, com quem comparto temores e esperanças. Desejo, também, dedicá-lo àqueles que estiverem em desacordo com algumas ou muitas das afirmações aqui incluídas ou a quem possa ter irritado. Gostaria que ele fosse indicação de abertura a um diálogo e a um debate, por parte de alguém que não deseja ser dono da verdade e que está sempre pronto a revisar posições. Ou então poderia ficar como uma fraterna provocação.

Move-me um profundo amor à Igreja, em toda a sua dimensão de ecumenicidade, tal qual ela é, imperfeito sinal — sacramento — da ação de Deus na salvação do mundo. Muitas décadas de atividades eclesiais como cristão leigo — meio século! — dão-me o direito de ser franco, honesto e direto, tentando varrer uma autocensura tão comum nos meios eclesiásticos prudentes e sujeitos a sanções disciplinares autoritárias.

Este trabalho quer ser a expressão de uma fidelidade impaciente ou de uma rebeldia filial, de quem se sente profundamente comprometido com a Igreja de Cristo que, dividida, frágil e tantas vezes incoerente, não deixa de ser "o Reino em germe", "a presença urgente, a presença importuna de Deus entre nós"[1].

---

1. Henri de LUBAC, SJ, *Méditation sur l'Église*, Paris, Aubier, 1954, 39-40.

primeira parte
UM POUCO DE HISTÓRIA

Assim como a vontade de Deus é um ato e se chama mundo,
sua intenção é a salvação dos homens e se chama Igreja.
Clemente de Alexandria

1

Igreja Católica e democracia: um encontro enviesado na história[1]

Já foi indicado várias vezes o seguinte paradoxo: uma instituição fortemente hierarquizada como a Igreja Católica Romana, em que a idéia de autoridade ocupa lugar destacado, insiste em seus documentos na importância da participação social, e ela própria tem sido espaço de práticas participativas em experiências pastorais recentes. Segundo alguns, ela não tem autoridade de receitar para a sociedade o que não consegue aplicar em sua vida interna. Outros se perguntam se não há uma certa dose de oportunismo nesse seu interesse um pouco tardio pela democracia. Afinal, a Mensagem de Natal de Pio XII sobre esse tema, em 1944, não foi redigida quando a correlação de forças na Segunda Guerra Mundial se invertia e as democracias ocidentais saíam vitoriosas? Muitos ainda se lembravam de que Mussolini fora chamado de homem da providência. E a cruzada de Franco, sem falar, entre nós, do apoio de amplos setores eclesiásticos ao integralismo? Uma análise que não leve em conta o processo histórico concreto terá dificuldade em desenredar essas contradições[2].

Duas considerações iniciais se impõem. Em primeiro lugar, a Igreja Católica não é uniforme, e nela se cruzam e se confrontam diversas tendências. O espectro ideológico da sociedade se reproduz em sua vida interna. E isso já anuncia a segunda observação. Ela não pode deixar de ser sensível à consciência de seu tempo, recebendo o impacto de novas influências, sensibi-

---

1. Uma primeira versão foi publicada em *Tempo e Presença*, Rio de Janeiro, n. 234 (set. 1988).

2. Para uma análise a partir do caso francês, ver André LATREILLE, René RÉMOND, *Histoire du catholicisme en France — La période contemporaine du XVIIIème à nos jours*, Paris, Spes, 1962, v. 3.

lidades e aspirações. Esse fato, longe de representar simples mimetismo, é sobretudo a expressão de que mesmo uma instituição que parece ter o interesse voltado para um processo meta-histórico vive imersa num contexto social determinado, que a penetra até as raízes.

As idéias de democracia, liberdade civil e participação social nasceram no bojo do processo da modernidade e sob a influência do pensamento liberal. Ora, ligada às estruturas anteriores do mundo medieval, a Igreja viu com desconfiança o surgimento de outros horizontes e de novos sujeitos históricos (capitalismo, burguesia e classe operária). Gregório XVI e Pio IX, no século XIX, condenaram com violência as liberdades, mas já no interior da Igreja foram surgindo correntes em direção oposta. A crise do modernismo, no século XX, no pontificado de Pio X, sinalizou o confronto entre tradicionalistas e modernistas[3]. E era previsível que, mais dia menos dia, ela devesse se pôr em dia com o tempo (João XXIII falará de *aggiornamento*). O problema é que o encontro tardio ocorreu quando o contemporâneo (a modernidade) já estava sendo questionado em nome de novos projetos históricos. Assim, hoje, a hegemonia burguesa é contestada pela emergência das classes populares, e o capitalismo deixa às claras seus mecanismos perversos e excludentes. Em nome de uma democracia real, se faz a crítica do mundo que nasceu com o liberalismo e que limitou a participação social e política a certos setores da sociedade. E se dá então um curioso descompasso histórico: setores da Igreja Católica aceitam "coisas novas", quando essas estão sendo superadas ou pelo menos questionadas.

O conflito agora não é mais entre tradicionais e modernos, mas entre os que se modernizaram e os novos críticos da modernidade e do capitalismo liberal, uns chegando até eles com atraso, outros os criticando com o olhar no futuro. Tudo isso pode, entretanto, complicar-se quando certos setores da esquerda, sem uma visão dialética da história, ainda confundem a democracia com o liberalismo e se mantêm dentro de velhas matrizes autoritárias. Pensando estar mais à frente, na verdade não saíram de estruturas ideológicas e mentais pré-modernas. Para superar a dificuldade, há que considerar a democracia e a liberdade como conquistas definitivas do processo histórico e como irrecusáveis valores universais[4]. Será, então, em nome da democracia e da liberdade, que se

---

3. Émile POULAT, *Intégrisme et catholicisme intégral*, Paris, Casterman, 1969.
4. Norberto Bobbio, que faleceu há pouco tempo quase centenário, em sua obra não cessou de insistir nessa idéia, querendo sempre unir os clássicos valores liberais com as intuições libertárias do socialismo. No Brasil, ver Carlos Nelson COUTINHO, *A democracia como valor universal*, São Paulo, Ed. Ciências Humanas, 1980; Marilena CHAUI, *Cultura e democracia*, São Paulo, Moderna, 1980.

poderá fazer a crítica às estruturas capitalistas e à dominação burguesa, assim como às experiências socialistas autoritárias e à dominação burocrática. A Igreja Católica se move dentro desse clima ideológico e no âmbito dessas lutas sociais e políticas. Cruzam-se aí duas séries de tensões: democracia liberal restringida ou democracia social ampla, autoritarismo ou liberdade. Acontece que, na arena política, esses dois binômios nem sempre coincidem. Assim, alguns querem impor autoritariamente uma democracia social, com resultados discutíveis, para não dizer autodestruidores. Em conclusão, o problema hoje, tanto na Igreja Católica como na sociedade, não é aceitar a democracia, como no começo do século XX, mas escolher o tipo de democracia que se quer, seja a limitada participação dos setores dirigentes, seja sua ampliação com a presença dos excluídos e dos marginalizados.

Os vinte anos de regime autoritário brasileiro, de 1964 a 1984, foram um tempo para testar essas posições. A consciência democrática resistiu às imposições e procurou espaços para se expressar. Estes eram rarefeitos na sociedade civil (partidos, sindicatos e associações tutelados). E foi no seio dessa "sociedade civil dentro da sociedade civil", a Igreja, que as reivindicações puderam se articular. Da luta pelos direitos civis e contra as torturas, até a denúncia da violência no campo, o âmbito eclesial foi sendo cenário de debates e mobilizações. E isso teve profundas repercussões, quer modificando opções políticas e ideológicas de seus membros, quer questionando suas próprias práticas internas.

Este último ponto é crucial. Como se pode pedir democracia e liberdade na sociedade sem revisar as próprias estruturas eclesiais? A Igreja Católica tem uma tradição de vários séculos de poder clerical, pelo menos desde a reforma gregoriana do século XI, que tratou de coibir os abusos e arbítrios sobre ela dos setores dominantes na vida política e econômica. A história de Fliche e Martin, referindo-se ao século X, traz o seguinte título: *A Igreja em poder dos leigos* — leia-se aí não os fiéis em geral, mas os patrícios e as aristocracias locais[5]. Foi então que a instituição tratou de articular melhor suas estruturas de poder interno, para preservar sua autonomia no milênio que começava. Essa forma de organização, que respondeu a desafios daqueles tempos, chegou até nós, reforçada pelo Concílio de Trento. O eclesial (comunidade de fiéis) restringiu-se ao eclesiástico (o mundo dos clérigos). Quando, em 1946, Pio XII declarou que "os leigos também são a Igreja", essa afirmação, que vista de perto deveria ser banal, despertou enorme entusiasmo, já que indicava que esses leigos não poderiam ser mais cidadãos de segunda classe, jurídica e pastoralmente menores. O estranho é que esse termo aparentemente residual e negativo (leigo igual a não-

---

5. E. AMANN, A. DUMAS, *L'Église au pouvoir des laïques (888-1057)* — *Histoire de l'Église depuis les origines jusqu'à nos jours*, Paris, Bloud & Gay, 1946, v. VII.

clérigo, isto é, os demais), encobria a maioria esmagadora dos membros da instituição. Já Pio XI, ao criar a Ação Católica, a definira como "participação no apostolado hierárquico da Igreja", fazendo os leigos penetrar nas antecâmaras do mundo protegido dos clérigos[6]. O papa seguinte moderou a ousadia, trocando participação por colaboração.

Mas, se o mundo das definições é resistente e lento, uma vez mais as práticas concretas abrem caminho. Na América Latina, inclusive, o reduzido número de sacerdotes transformou essa carência em ponto de partida de criatividade: alguns serviços eclesiais tiveram de ser compartilhados pela comunidade. O que era desvantagem forçou a novas soluções e produziu, ainda que parcialmente, resultados inesperados. Tudo isso se deu à luz do Vaticano II, que visualizou a Igreja como povo de Deus e comunidade de fiéis, não apenas descrita por meio de suas formas de poder eclesiástico.

A Igreja Católica parece estar na metade de um processo de transformações e de experiências. Práticas eclesiais participativas coexistem com uma estrutura de poder tradicional. Mas tradicional não quer dizer definitivo. Aliás, uma miopia histórica faz com que tradições de ontem ocultem surpreendentes tradições de anteontem. A Igreja apostólica dos primeiros séculos tem bastante a ensinar, na multiplicidade de seus serviços, antes das sucessivas estruturações posteriores. E pode se dar uma fecunda coincidência entre bem antigas tradições e práticas atuais de participação e de vida comunitária.

Um teólogo sensível à idéia do desenvolvimento da doutrina e da prática, John H. Newman, ajuda a pensar o futuro ainda em aberto. Quando o Concílio Vaticano I definiu isoladamente o poder e a jurisdição do papa, muitos se preocuparam por suas conseqüências na vida da comunidade eclesial. Em 1871, ele escreveu a um amigo angustiado: "a Igreja caminha para a verdade perfeita através de diversas declarações sucessivas e em direções contrárias, aperfeiçoando-se, completando-se umas às outras... Pio não é o último dos papas... Tenhamos paciência e confiança, um novo papa, um novo concílio polirão a obra"[7]. Aliás, o papa seguinte, Leão XIII, como sinal de que seu pontificado seria diferente do anterior, num de seus primeiros atos nomeou

---

6. Alocução consistorial de 1946 em que Pio XII recebeu novos cardeais, entre os quais os brasileiros D. Jayme de Barros Câmara, do Rio de Janeiro, e D. Carlos Carmelo de Vasconcelos Motta, de São Paulo. Num livro clássico sobre o tema se pode ler: "Mesmo muitos católicos ficaram admirados desta declaração... Eis uma linguagem a que não estavam habituados. Durante muito tempo evitamos essa maneira de falar para melhor fugir a toda e qualquer confusão com o protestantismo" (Mons. G. PHILIPS, *Le rôle du laïcat dans l'Église*, Paris, Casterman, 1954, 12-13).

7. Carta a Plummer de 3 de abril de 1871, citada em E. BEAUDUIN, Perspectives sur le Concile, *La Revue Nouvelle*, Bruxelas (15 jul. 1961) 64.

cardeal o controvertido Newman, para espanto de amplos setores da Igreja Católica na Inglaterra, a começar por seu outro cardeal, Manning. Anos mais tarde, vieram João XXIII e o Vaticano II, com um novo clima eclesial. Atualmente, o medo diante da renovação faz chamados às restaurações; há avanços e recuos, pois a história não é linear. Mas outros horizontes vão se impondo adiante.

Para além dos furores defensivos do totalitarismo do século XX, a consciência dos homens se vai fazendo sempre mais libertária e democrática, nos alvores do século XXI, ao mesmo tempo que, contraditoriamente, o sistema se contrai na violência gêmea dos terrorismos e dos contraterrorismos. As novas práticas pastorais participativas, assumidas e compartidas pelas comunidades de fiéis, não poderiam também ir configurando outras maneiras de ser Igreja — ou de a Igreja ser — neste novo milênio?

2

A Igreja Católica e a questão social[1]

As Igrejas têm uma história antiga de apoio assistencial e de doutrinas sobre a sociedade e a justiça social. Entretanto, o tema da questão social tal como conhecido hoje vai aparecer a partir da revolução industrial de finais do século XVIII, das lutas sociais na Inglaterra e logo depois na França, na Bélgica e na Alemanha. Começam então as mobilizações operárias e são criados os primeiros sindicatos, que enfrentam a exploração do trabalho de mulheres e crianças e os baixos salários, propõem a defesa dos direitos trabalhistas e pressionam pelas leis protetoras diante da pobreza (*poor laws*). O ano de 1848 foi um momento de violentas comoções sociais em toda a Europa. Nessa data, Marx e Engels elaboraram o Manifesto Comunista, a pedido da Liga dos Comunistas, e o bispo de Mogúncia, von Ketteler, pronunciou os sermões de Advento sobre o tema da questão operária. Na mesma ocasião, o líder católico Frederico Ozanam, em artigo para uma revista francesa, lançou seu chamado: "Passemos aos bárbaros". Para ele, a Igreja Católica, como o fizera nos séculos VIII e IX, deveria deixar as velhas alianças e ir ao encontro da classe operária e da república[2].

Mas essa Igreja, enredada com seus apoios às monarquias e às aristocracias no poder, permanecia na defensiva, tanto diante do novo mundo capi-

---

1. Texto atualizado de outro enviado para *São Paulo em Perspectiva*, São Paulo, SEADE, v. 11, n. 4 (out. 1997).

2. Os dois últimos séculos tiveram cada um seu ano decisivo: 1848 e 1968 foram sacudidos por mobilizações sociais em vários países ao mesmo tempo. No último, foram os jovens e a rebelião cultural; no primeiro, o proletariado que surgia. Marx dissera, talvez um pouco enfaticamente: "Um fantasma ronda a Europa". Ozanam fez o paralelo com a atitude da Igreja diante da decadência do Império romano quando abandonou "o trono caruchado de Bizâncio" e foi ao encontro dos povos bárbaros que vinham do Oriente. Para ele, os novos bárbaros, com vigor histórico, eram a classe operária nascente e a república. Ver R. AUBERT, *Le pontificat de Pie XI*, Paris, Bloud & Gay, 1962.

talista industrial que ia surgindo como do proletariado que dentro dele se mobilizava. Assim, quando em 1891 o papa Leão XIII publicou sua carta-encíclica sobre a questão social, com o título "Sobre as coisas novas" (*Rerum Novarum*), isso era novidade para boa parte dos círculos da Igreja, mas não para lideranças dos movimentos sindicais e políticos da época, cujos bisavós provavelmente tinham lutado, em 1830, nas barricadas de Paris, seus avós novamente em 1848 e os pais, talvez, na Comuna de 1870. É verdade que alguns líderes católicos vinham tratando do tema, como o próprio von Ketteler, que em 1864 escrevera sobre "A questão operária e o cristianismo", leigos como o conde Albert de Mun na França, Toniolo na Itália ou o cardeal Manning na Inglaterra. A encíclica social do papa teria discreta acolhida imediata, boicotada até mesmo por Igrejas locais (não foi distribuída, por exemplo, no México), e o Concílio Plenário da Igreja Católica latino-americana, que se reuniu em Roma entre maio e julho de 1899, tratou de problemas internos de Fé e de doutrina e do assunto candente das relações entre Igreja e Estados, mas não dos temas sociais[3].

Mas sempre encontramos, como no caso de Ozanam, figuras que se adiantavam ao seu tempo. Assim entre nós o Pe. Júlio Maria, que em artigo do mesmo ano de 1899 escreveu: "Como no mundo inteiro, hoje no Brasil não há, não pode haver senão duas forças: a Igreja e o povo... a questão social... é a questão por excelência. Porque ela afeta os interesses fundamentais do homem e da sociedade... [há que] mostrar aos pequenos, aos pobres, aos proletários que eles foram os primeiros chamados pelo Divino Mestre, cuja Igreja foi logo, desde o início, a Igreja do povo... enfim — 'unir a Igreja ao povo'"[4].

Aos quarenta anos da primeira encíclica, o papa Pio XI voltou ao problema com a *Quadragesimo Anno*, em 1931, logo depois da crise econômica internacional, sob o impacto da revolução russa e da ascensão do fascismo na Itália. Pio XII tocaria lateralmente no tema nas Mensagens de Natal de 1944 e 1945, mas ele seria central com João XXIII (*Mater et Magistra* e *Pacem in Terris*), Paulo VI (*Populorum Progressio*), o Concílio Vaticano II (*Gaudium et Spes*), até João Paulo II (*Sollicitudo Rei Socialis*, *Laborem Exercens* e *Centesimus Annus*).

No Brasil, no começo do século, a questão social foi levantada como bandeira por lideranças sindicais anarquistas e, logo depois, socialistas e marxistas. Para o governo da República Velha, seria considerada "questão de

---

3. H. J. KÖNIG, A questão social na América Latina e no Brasil. Fins do século XIX, inícios do século XX, in SCHÜHLY, KÖNIG, SCHNEIDER (orgs.), *Consciência social: a história de um processo através da Doutrina Social da Igreja*, São Leopoldo, Ed. Unisinos, 1993. Fernando BASTOS DE ÁVILA, *O pensamento social dos cristãos antes de Marx: textos e comentários*, Rio de Janeiro, José Olympio, 1972.

4. Pe. JÚLIO MARIA, *O catolicismo no Brasil*, Rio de Janeiro, Agir, 1950.

polícia". Nos meios religiosos a Ação Católica tratou dela, nos anos 1930, através da Juventude Operária Católica (JOC), que se espalhava por muitas cidades de São Paulo e do Rio Grande do Sul. Alceu Amoroso Lima, presidente da mesma Ação Católica, nesses anos, foi influenciado pelo "distributivismo" de Chesterton, que propunha a multiplicação de pequenas propriedades e escreveu *Problema da burguesia* (1932) e mais tarde *O problema do trabalho* (1946).

O tema adquiriu importância na Juventude Universitária Católica (JUC), organismo especializado da Ação Católica que, em 1954, escolheu como programa nacional de seus membros em todo o país a temática "a universidade e a questão social". Nesse mesmo ano veio ao Brasil o Pe. Lebret, frade dominicano francês, que lançara no pós-guerra sua organização Economia e Humanismo e assessorava diversos governos nacionais (Senegal, Líbano) e locais (São Paulo, Montevidéu e Bogotá). Para ele, tratava-se de construir uma economia solidária e de planejar administrações públicas a serviço do bem comum. Lebret teria grande influência tanto na JUC como diante de um bom número de jovens profissionais católicos[5].

Já em 1950, o bispo de Campanha, Minas Gerais, D. Inocêncio Engelke, ligado à Juventude Agrária Católica, tinha lançado sua carta-pastoral: *Conosco, sem nós ou contra nós se fará a reforma rural*. O tema, sempre polêmico, dividia a Igreja. Dez anos depois, em direção contrária, outros bispos, Castro Mayer, de Campos, e Proença Sigaud, de Diamantina, com dois leigos, um deles o líder de Tradição, Família e Propriedade, Plínio Correia de Oliveira, escreveriam contra a proposta o livro *Reforma agrária, problema de consciência*, opondo-se a qualquer política de reformas sociais, em nome do velho integrismo católico.

Reuniões de bispos do Rio Grande do Norte (1951), da Amazônia (1952 e 1957) e do Vale do São Francisco (1952) trataram dos temas do desenvolvimento, da reforma agrária e das migrações. Em 1956, se realizou uma reunião no Nordeste, com dirigentes da CNBB e do governo, a qual, segundo o testemunho do próprio presidente Kubitschek, esteve na origem da criação da Superintendência do Desenvolvimento do Nordeste (SUDENE): "esta ini-

---

5. Nas comemorações do centenário de seu nascimento, o pensamento de Pe. Lebret foi sendo recuperado por sua enorme atualidade, como antídoto ao economicismo reinante em tantos círculos de pensamento. Ver L. A. GÓMEZ DE SOUZA, *Por que redescobrir Teilhard, Mounier e Lebret na caminhada latino-americana rumo à democracia e à libertação?*, documento preparatório para o encontro internacional A Caminhada da América Latina Rumo à Democracia e à Libertação, IEE-PUC, São Paulo, 1985. Lebret foi pioneiro entre nós em projetos de planejamento, a partir de sua assessoria a São Paulo. Ver ID., *A JUC: os estudantes católicos e a política*, Petrópolis, Vozes, 1984, 114-117.

ciativa do Governo Federal é devida, força é proclamar, à inspiração caridosa da Igreja e ao desejo enérgico de salvar da miséria tantos valorosos patrícios nossos... Foram Vossas Excelências, Senhores Bispos, os animadores e promotores do trabalho que estamos começando a realizar... As forças espirituais aqui reunidas, com os olhos voltados para a realidade essencial dos problemas, reclamaram e pediram que as soluções para a libertação deste pedaço imenso do Brasil fossem consideradas assuntos prioritários" (JK, encontro com bispos do Nordeste, 1959).

Nesses anos de rápidas transformações, foi ficando evidente a estrutura social crescentemente desigual e polarizada do Brasil. País em desenvolvimento, com bolsões enormes de pobreza e, nos termos da época, dramática marginalização social. Uma mensagem da Comissão Central da CNBB de julho de 1962 indicava, em cores fortes: "Ninguém desconhece o clamor das massas que, martirizadas pelo espectro da fome, vão chegando, aqui e acolá, às raias do desespero... o povo da cidade e dos campos começa a compreender que, sem a participação na vida das instituições e da própria sociedade, jamais será libertado do estado de ignomínia em que se encontra".

O Estado tratava de ir desenvolvendo suas políticas em educação, saúde, habitação, e a sociedade debatia as chamadas "reformas de base". Em 30 de abril de 1963, um ano antes do golpe de Estado, os bispos voltaram ao problema em nova mensagem: "Nossa ordem é, ainda, viciada pela pesada carga da tradição capitalista, que dominou o Ocidente nos séculos passados. É uma ordem de coisas na qual o poder econômico, o dinheiro, ainda detém a última instância das decisões econômicas, políticas e sociais. Exigem-se profundas e sérias transformações". E enumerava a seguir a questão rural, a reforma da empresa, a reforma tributária, a reforma administrativa, a reforma eleitoral e o problema educacional. Agenda, aliás, quarenta anos depois, de uma atualidade impressionante e que mostra o pouco que se avançou desde então em matéria de políticas sociais... Nesses anos produziu-se uma enorme fermentação social na sociedade, polarizando-se as opções ideológicas e políticas. Dirigentes cristãos estiveram presentes nas atividades de educação popular (iniciativas do Movimento de Educação de Base (MEB) da CNBB, do Movimento de Cultura Popular de Recife, das experiências de Paulo Freire...), de sindicalização rural e em diferentes mobilizações sociais. O golpe de 1964, logo depois, tratou de interromper esse processo incômodo para o sistema[6].

Assim a Igreja, como instituição, às vésperas de abril de 1964, tomava posição a favor das reformas sociais. Um bom número de seus membros —

---

6. Dados para esse período em Raimundo CARAMURU DE BARROS, *Brasil, uma Igreja em renovação*, Petrópolis, Vozes, 1967.

especialmente militantes ou ex-militantes da Ação Católica — participava dos processos de mudança. Mas não podemos esquecer que outros católicos se mobilizaram em direção contrária, com as Marchas com Deus pela Família e pela Liberdade, com apoio de figuras importantes do episcopado, no combate ao que julgavam ser o perigo da subversão da ordem. No momento do golpe, a Igreja, no dizer de um autor, ficaria "na corda bamba"[7]. Vários cristãos seriam presos, se asilariam em embaixadas ou partiriam para o exílio, enquanto outros fariam parte do primeiro governo militar ou dos órgãos de repressão. A própria CNBB, em sua Mensagem de 27 de maio de 1964, estranhamente declarava: "Agradecemos aos militares, que com grave risco de suas vidas (sic!) se levantaram em nome dos supremos interesses da Nação, e gratos somos a quantos concorreram para libertar-nos do abismo iminente". Mas adiante, entretanto, faria uma defesa corporativa de alguns de seus membros: "Não aceitamos e nem podemos aceitar nunca acusação injusta, generalizada, gratuita, velada ou explícita, pela qual bispos, sacerdotes, fiéis ou organizações, como, por exemplo, a Ação Católica e o MEB são comunistas ou comunizantes". Não se deve esquecer que os conflitos sociais que atravessam a sociedade também dividem a Igreja e aí refratam seu espectro ideológico. Esta é uma instituição inserida na vida social e sujeita às pressões dos interesses contraditórios.

Durante os anos do pacto autoritário (1964-1984), a Igreja esteve ativamente presente no cenário político, tanto na defesa dos direitos humanos e na denúncia da tortura ou da Lei de Segurança Nacional quanto como espaço de organização social. Logo começaram os conflitos entre setores da Igreja e o governo militar (Volta Redonda, Crateús, Goiás, São Félix do Araguaia, Conceição do Araguaia, São Paulo...). As comissões Justiça e Paz, em nível nacional ou em alguns estados (especialmente a de São Paulo), vão intervir diante da violação de direitos, tentativas de expulsão de sacerdotes e de um bispo (D. Pedro Casaldáliga), prisões de cristãos, conflitos de terra etc.[8].

Nesse momento os espaços de associação ficaram fortemente cerceados. Após duas tentativas de greves em 1968 (Osasco e Contagem), começou um tempo de dificuldades para o movimento sindical. Passaram-se dez anos para que ocorressem as grandes mobilizações do ABC paulista a partir de 1978 e 1979. Dissolvidos os partidos políticos em 1966, estes foram substituídos por um bipartidarismo artificial e estreito. Quase não havia lugar, na sociedade civil, para associações livres. E com as medidas ortodoxas, que tinham a pretensão de preparar o "milagre econômico brasileiro", aumentava o desempre-

---

7. Charles ANTOINE, *L'intégrisme brésilien*, Paris, Centre Lebret, 1973, 40.
8. Márcio MOREIRA ALVES, *O Cristo do povo*, Rio de Janeiro, Sabiá, 1968.

go e diminuía o poder aquisitivo dos salários. Na área acadêmica, um espaço aberto à crítica foi constituído pela Sociedade Brasileira pelo Progresso da Ciência (SBPC), com seus enormes congressos anuais. Na sociedade se fizeram presentes a Ordem dos Advogados do Brasil (OAB), a Associação Brasileira de Imprensa (ABI) e, sempre mais, a CNBB.

Além disso, o espaço da Igreja Católica tornou-se um dos poucos lugares possíveis de reunião e de articulação de interesses populares, num tempo de sociedade civil rarefeita. O povo, tradicionalmente religioso, se encontrava nos lugares de culto para suas celebrações. E ali ia tratando também de seus problemas concretos e cotidianos: terra para trabalhar, teto para viver, educação para os filhos, saúde, salários, emprego, transportes etc. Nos setores populares não se dá tão claramente a separação dos lugares sociais que a modernidade foi introduzindo: lugar político, cultural, religioso, privado etc. Para eles, tudo está unido num mesmo lugar vital. Podem passar, praticamente sem transição, da reza à festa, ou à discussão dos problemas de saúde e de emprego. Assim, nas comunidades religiosas dos anos 1970, foram se articulando estreitamente a vida social e a vida religiosa. Temos o surgimento das CEBs, onde se entrelaçam Fé e vida. Isso não nasceu de uma elaboração abstrata, mas de uma experiência concreta, ligada a uma conjuntura política e social. A teologia da libertação, que se foi constituindo na América Latina entre 1968 e 1971, seria, no nível da teoria, a expressão e conseqüência dessa relação. No dizer de Gustavo Gutiérrez, um de seus iniciadores, tentaria ser "uma palavra coerente com uma prática"[9].

Em 1972, durante uma reunião de bispos e agentes pastorais da Amazônia, nasceu uma instituição que três anos mais tarde se tornaria a Comissão Pastoral da Terra (CPT), articulada de maneira flexível à CNBB. Ela estaria presente desde então nos diferentes conflitos do campo e daí sairiam muitos quadros para os sindicatos rurais, na origem da chamada oposição sindical.

Não foi por acaso que a CPT passou a ser alvo preferido das ameaças, ações e pressões nos anos seguintes, quer por parte do Ministério da Justiça, quer das associações de proprietários com suas milícias privadas. A presidência da Comissão estava nas mãos de bispos (D. Moacyr Grecchi, do Acre e Purus, ou D. José Gomes, de Chapecó), que até receberam ameaças de morte. O caráter ecumênico da organização, nesses primeiros anos, era mantido por um vice-presidente de uma Igreja Evangélica irmã. A CPT espalhou-se por todo o país e foi um dos órgãos mais ativos na denúncia da violência rural.

Ainda em 1972, começavam as atividades do Conselho Indigenista Missionário (CIMI), conhecido logo internacionalmente pela defesa das nações

---

9. Gustavo GUTIÉRREZ, *La fuerza histórica de los pobres*, Lima, CEP, 1979, 177.

indígenas ameaçadas pelo genocídio e pela expulsão de suas reservas históricas. D. Tomás Balduíno, de Goiás, seria um dos primeiros presidentes. Outras pastorais se foram reorganizando, como a Pastoral Operária, que continuaria o trabalho anterior da JOC e da Ação Católica Operária (ACO). A Pastoral Universitária retomou o trabalho da JUC, praticamente dissolvida pelos bispos em 1967; além disso, se desenvolveriam, nas várias regiões do país, diversas Pastorais da Juventude (Pastoral da Juventude dos Meios Populares, Pastoral da Juventude Rural etc.)[10]. A Igreja, historicamente, sempre esteve ligada à educação, com uma grande rede de estabelecimentos de ensino. Foi participando também de novas experiências de educação popular, como o MEB, criado em convênio com o Ministério da Educação em 21 de março de 1961 (Decreto 50.307)[11]. Iniciativas da Pastoral da Saúde trataram de unir as práticas científicas com a medicina popular, recuperando algumas de suas tradições. Pastoral dos Migrantes, dos Pescadores, da Mulher Marginalizada, foi-se ampliando assim o espectro da intervenção da Igreja na sociedade.

Vale indicar uma característica nova de algumas dessas experiências. A antiga Ação Católica tinha uma organização centralizada, com direções diocesanas, nacionais e até mesmo internacionais (JOC Internacional, JEC Internacional ...). Era o estilo próprio da estruturação do mundo industrial moderno, com suas grandes empresas, centrais sindicais, aglomerados urbanos, burocracias estatais. O ano de 1968, a partir dos jovens, sinalizou uma crise desse mundo moderno concentrado, piramidal e burocrático, tanto no modelo capitalista das multinacionais como no do socialismo real estatista e autoritário. Com as transformações tecnológicas da informática e a crítica ao mundo massificado e cada vez mais asfixiante, foi se configurando um mundo pós-industrial que busca desenhos descentralizados e unidades menores, tanto de produção como de vida e de decisão. Essas novas experiências tratam de adequar-se às diversidades regionais e locais e às diferentes práticas das regiões urbanas e rurais do país. Assim, as CEBs não se constituíram em um movimento nacional igual aos anteriores, mas como uma rede flexível e diversificada de iniciativas de Igrejas locais. Uma CEB de Crateús seria diferente de outra de Goiás, de Vitória ou da periferia de São Paulo. Vão encontrar-se periodicamente, para trocas de experiências e reflexão comum nos

---

10. L. A. GÓMEZ DE SOUZA, Henryane DE CHAPONAY, Église et société du Brésil: le rôle des communautés éclesiales de base et des pastorales populaires, *Revue Tiers Monde*, Paris, IEDES, t. XXXI, n. 123 (jul.-set. 1990).

11. Luiz Eduardo WANDERLEY, *Educar para transformar; educação popular, Igreja Católica e política no Movimento de Educação de Base*, Petrópolis, Vozes, 1984; Emanuel DE KADT, *Catholic radicals in Brazil*, Londres, Oxford University Press, 1970.

chamados Encontros Intereclesiais, mantendo, entretanto, suas identidades próprias[12]. Nelas irão se fazendo visíveis, durante os anos 1970, as resistências populares, as reivindicações e as mobilizações sociais. Aliás, o período que vai da reunião latino-americana dos bispos católicos em Medellín (1968), até a seguinte em Puebla (1979), foi um momento privilegiado de presença da Igreja da região nos problemas sociais e políticos. Essa Igreja, acusada tantas vezes de chegar atrasada ao cenário dos conflitos sociais dos últimos séculos, parecia então bastante adequada à consciência histórica desses tempos[13].

A problemática rural foi sempre um dos eixos centrais da questão social brasileira. A CNBB, em sua Assembléia de 1980, aprovou uma declaração sobre Igreja e os problemas da terra, que despertou fortes reações nos ambientes conservadores e nos setores dirigentes do sistema, por relativizar, a partir de sua doutrina mais tradicional, o direito de propriedade, subordinando-o ao uso e à destinação universal dos bens. Suas Diretrizes da ação pastoral de 1983 e de 1987 poriam ênfase na necessidade de transformações estruturais. Igualmente a declaração de 1988, "Igreja: comunhão e missão na evangelização dos povos, no mundo do trabalho, da política e da cultura", ou, no ano seguinte, "Exigências éticas da ordem democrática". Nesse último documento se pode ler: "A democracia não se realiza, de fato, quando o sistema econômico exclui parcelas da população dos meios necessários a uma vida digna"[14].

Com essas últimas declarações, já estamos saindo do pacto autoritário para os anos recentes da transição para a democracia. Mudou então totalmente o cenário político. Os novos partidos, que vinham se estruturando, retomaram sua posição de centralidade. Os sindicatos, fortalecidos com as mobilizações do final da década de 1970 e do começo da década de 1980 se reorganizaram. Brotaram por todas as partes movimentos sociais criativos. Foi um tempo de intensa mobilização na sociedade civil. A Igreja, que nos tempos do pacto autoritário, na expressão de um de seus membros, fora "a voz dos sem voz", teve de reaprender a conviver com outros espaços de organização social e deixar para eles muitas iniciativas que vinha fazendo supletivamente. Por outro lado, várias de suas lideranças encaminharam-se para as atividades partidárias, sindicais ou dos movimentos sociais. Analistas apressados previram então que a Igreja perderia a importância que tinha tido até então no cenário político e social. Alguns de seus dirigentes, ainda, não esconderam

---

12. Voltarei ao tema no capítulo 9.
13. Ver capítulo 7.
14. Conferir a coleção Documentos da CNBB, com mais de sessenta volumes, publicados pelas Edições Paulinas, onde estão reunidas as inúmeras declarações dos bispos. O texto citado está no volume 42, n. 69.

uma certa nostalgia por um tempo de aparente hegemonia sem rivais. É verdade que, na nova situação, a Igreja poderia voltar-se mais para suas tarefas diretamente religiosas. Mas ela permaneceria como uma importante escola de quadros para a vida em sociedade, de onde continuaram a sair lideranças sociais e políticas. Por outro lado, nos anos 1980 e seguintes, ao contrário do que tinham vaticinado as teorias da secularização, as religiões mantiveram uma centralidade decisiva na sociedade e uma enorme força de convocação.

Tive a ocasião de pesquisar a origem de dirigentes de movimentos sociais, políticos e sindicais. É interessante notar como uma parte significativa deles foi formada nas pastorais da Igreja. Assim, por exemplo, muitas lideranças do Movimento dos Trabalhadores Rurais Sem Terra (MST) vieram, nos anos 1980, das pastorais de juventude do Rio Grande do Sul e de Santa Catarina. Mais recentemente, têm origem nas diferentes pastorais populares de todo o país. Situação idêntica ocorrera em relação aos posseiros do Norte e do Centro-Oeste nos anos 1970, onde foi grande a influência das CEBs e da CPT. Igual realidade no que se refere à sindicalização rural, aos movimentos urbanos contra o custo de vida, às associações de bairro etc. As pastorais desenvolvem uma pedagogia de compromisso e de inserção na sociedade, que naturalmente encaminha seus membros para uma presença ativa nos processos de mudança social. O mesmo está se dando, no nível local, com um bom número de vereadores em centenas de municípios, assim como membros ativos nos conselhos de saúde e do menor. Considerações semelhantes poderiam ser feitas em relação à presença em partidos políticos. Vale indicar que uma pesquisa, durante o encontro intereclesial das CEBs de 1986, constatou, entre os delegados, mais de 70 que tinham sido candidatos a postos eletivos, sendo 118 participantes afiliados ao Partido dos Trabalhadores (PT), 69 ao Partido do Movimento Democrático Brasileiro (PMDB), 11 ao Partido Democrático Trabalhista (PDT), sete ao Partido Democrático Social (PDS) e quatro ao Partido da Frente Liberal (PFL)[15]. No encontro intereclesial de julho de 1997, realizado em São Luís do Maranhão, 1.406 participantes (40% dos presentes) estavam filiados a vinte partidos diferentes, sendo a maioria ao PT (720), mas também ao PMDB (39), ao Partido Socialista Brasileiro (PSB) (38), ao PDT (33), ao PSDB (24) e até ao PFL (19). Como se pode ver, há uma presença em vários partidos, alguma à primeira vista surpreendente, ainda que a concentração maior esteja naturalmente no PT (entre as várias tendências deste, às vezes se fala, desdenhosamente, dos igrejeiros). Entretanto, é interessante notar que não se constitui, no parlamento ou nos movimentos sociais, um "bloco

---

15. Frei BETTO, As CEBs e o projeto político popular, *Revista Eclesiástica Brasileira*, Petrópolis, Vozes, v. 46, f. 183 (set. 1986).

católico", como vimos na tentativa de formação de um "bloco evangélico". Por um lado, os membros da Igreja têm posições diversificadas, mas, além disso, desde os tempos da Ação Católica, houve resistência à formação de um partido católico, como ocorreu em outros países da América Latina (Chile, Venezuela). Em reação a um velho integrismo nostálgico dos tempos de cristandade, desenvolveu-se um pensamento e uma prática que privilegiaram a presença de cristãos em movimentos e organizações pluralistas.

Uma intensa mobilização tem ocorrido nos últimos anos, em torno às Semanas Sociais Brasileiras, patrocinadas pela Pastoral Social da CNBB. A primeira, em 1991, tratou do tema do trabalho; a segunda, que finalizou em 1994, teve como título "Brasil: alternativas e protagonistas. Por uma sociedade democrática". Como indicou a proclamação da segunda semana, tratava-se de "buscar com ampla participação de brasileiros de todas as regiões, alternativas e protagonistas para o Brasil que todos queremos... Apostar na construção da cidadania significa afirmar a urgência de se concretizar, e para todos os cidadãos, o acesso à terra, à educação, à saúde, ao trabalho, à moradia, ao conjunto de direitos sociais básicos"[16]. A terceira semana se desenrolou de 1997 a 1999, com o tema "Dívida externa e o resgate das dívidas sociais". A quarta, a ser realizada entre 2004 e 2006, tem a seguinte idéia central: "Mutirão por um novo Brasil: articulação das forças sociais participando na construção do Brasil que queremos". Realizam-se reuniões locais e regionais, chegando, finalmente, a um grande encontro nacional.

Outra iniciativa do setor de Pastoral Social da CNBB, com a participação do MST, da Central Única dos Trabalhadores (CUT) e da Central dos Movimentos Populares, foi a mobilização, na data da independência, do chamado Grito dos Excluídos, que cada ano chama a atenção para alguns problemas sociais graves. Teve sua origem em 1987, por ocasião de uma romaria de trabalhadores a Aparecida, e adquiriu sua configuração atual a partir de 1995. Vários acontecimentos foram sendo lembrados: massacres, violência policial e contra os índios, corrupção e compra de votos, política de privatizações, parcialidade da justiça. Hoje já há um Grito Latino-americano, em vários países da região. Aliás, as romarias também têm sido revalorizadas como momentos de tomada de posição popular. Tradicionalmente, elas se realizam em lugares históricos, segundo os ritmos da religiosidade popular: Bom Jesus da Lapa, Juazeiro, Aparecida... As romarias da terra, como a marcha de lavradores de Ronda Alta a Porto Alegre faz alguns anos, têm buscado articular esses momentos de fé com reivindicações e lembranças de resistências popu-

---

16. CNBB, *Brasil: alternativas e protagonistas. Por uma sociedade democrática*, Petrópolis, Vozes, 1994.

lares. Numa sociedade de massas, é a ocasião de visibilizar os temas candentes da questão social.

Participação, solidariedade e cidadania tornaram-se palavras-chave em todas essas atividades mobilizadoras. Vêm a ser uma contribuição decisiva para a construção de um espaço público em que sociedade civil e sociedade política, por meio das iniciativas dos movimentos e do Estado, questionam a realidade social e elaboram políticas sociais capazes de refazê-la em profundidade. A Igreja, com seus membros e suas instituições, vem a ser, entre muitos, um dos atores decisivos na arena político-social. Temos de vê-la ali com suas divisões internas, suas contradições, seus limites e suas intuições criadoras.

Essa presença na vida social é tanto mais importante quando uma ideologia dominante tende a minimizar a importância da questão social e das políticas sociais, em nome de medidas de mera profilaxia econômica. Um comunicado da CNBB, de 29 de fevereiro de 1996, nesse sentido interpelava enfaticamente os poderes públicos: "basta de sacrificar vidas para salvar planos econômicos"[17]. Não é um desafio que continua atual?

---

17. Ver *Comunicado Mensal*, Brasília, CNBB, ano 45, n. 498 (jan.-fev. 1996) 87.

3
Igrejas cristãs e política[1]

O cristianismo e o poder político

Poder político e poder religioso estiveram freqüentemente unidos na história. Cícero considerava a união dos dois espaços uma virtude: "Nunca nossos antepassados foram mais sábios nem mais bem inspirados do que quando decidiram que as mesmas pessoas presidiriam a religião e governariam a república". Entretanto, o povo hebreu já tinha conhecido a tensão entre o poder sacerdotal e o real.

Jesus foi claro ao distinguir Deus de César. Não deixa de ser curiosa a reação de Rousseau n'*O contrato social*: "Jesus quis estabelecer na terra um reino espiritual. Com isso, separando o sistema teológico do sistema político, fez com que o estado deixasse de ser uno... O resultado desse duplo poder foi um perpétuo conflito de jurisdições, que tornou impossível uma boa política nos Estados cristãos, e nunca se chegou a saber, ao certo, a quem se devia obedecer, se ao senhor ou ao sacerdote" (IV-18). Depois que o cristianismo se tornou religião oficial, nos tempos da cristandade, houve tentativas de resolver a tensão, mas que sempre terminaram por aguçar o conflito entre os dois poderes (os dois gládios, como se dizia naquele tempo). A modernidade, construindo-se em oposição à ordem medieval, reforçando a separação entre Igreja e Estado, paradoxalmente acabou por beneficiar a ambos[2].

---

1. Comunicação à 41ª Assembléia Geral da CNBB, Itaici, 1º de maio de 2003.
2. L. A. GÓMEZ DE SOUZA, Os cristãos e as instituições sociais, *Paz e Terra*, ano I, n. 1 (jul. 1966). Transcrito em ID., *Classes populares e Igreja nos caminhos da história*, Petrópolis, Vozes, 1982.

O catolicismo e a política

NO CASO BRASILEIRO, tínhamos herdado o regime do padroado português, com as ambigüidades que levaram à "questão religiosa" ao final do período imperial e à prisão de dois bispos que defendiam os direitos e a liberdade da Igreja. Com a República, veio uma separação imposta, vista com desconfiança por boa parte do meio eclesiástico de então. Na realidade, contra as expectativas, como indicado anteriormente para a modernidade, essa separação teve um resultado positivo. A relação principal não seria, desde então, entre Igreja e poder político, mas entre Igreja e sociedade. Já citamos, no capítulo anterior, o texto lúcido e antecipador de Pe. Júlio Maria, nos últimos meses do século XIX, em que ele quis "substituir às questões políticas erroneamente predominantes nos governos, nos parlamentos e nos jornais, a questão social, que é a questão por excelência, porque ela afeta os interesses fundamentais do homem e da sociedade... mostrar aos pequenos, aos pobres, aos proletários, que eles foram os primeiros chamados pelo Divino Mestre, cuja Igreja foi logo, desde seu início, a Igreja do povo..."[3]. Houve assim um deslocamento do poder político para as necessidades da sociedade. Isso será decisivo numa reflexão sobre a presença social e política da Igreja brasileira durante o século XX.

No Brasil, a intervenção da Igreja, como instituição, no campo diretamente político teve dois momentos principais no século passado. Nos anos 1930, foi criada a Liga Eleitoral Católica (LEC), próxima à Ação Católica de então (Alceu Amoroso Lima foi dirigente nacional de ambas). A LEC analisava os candidatos a postos eleitorais, a partir de alguns princípios ou exigências que julgava indispensáveis para os interesses da Igreja (indissolubilidade do matrimônio, ensino religioso nas escolas...) e recomendava ou vetava esses candidatos. Isso provocou muitas reações na sociedade, com críticas à ingerência da Igreja na vida partidária. E na própria Igreja começou um debate sobre se não seria mais próprio dela uma presença na política num sentido mais amplo do que o eleitoral, em função do bem comum da sociedade e a partir de alguns princípios e valores universais. A intervenção na política não se reduziria então a juízos durante momentos eleitorais, mas estaria presente, no nível da consciência ética, em ações e intervenções na sociedade (pólis), nos processos de tomada de decisão coletiva e na gestão da coisa pública. Foi assim que, nos anos 1950, encontros episcopais foram chamando a atenção para os graves problemas da Amazônia (1952 e 1957) ou do Nordeste (1951, 1952, 1956), e, em diálogo com o governo, trataram de problemas do desenvolvimento, da reforma agrária, das migrações... O presidente Kubitschek,

---

3. Pe. JÚLIO MARIA, *O catolicismo no Brasil*, op. cit.

como antes indicado, sinalizou a influência da Igreja na criação da SUDENE. Essa parceria com o Estado se concretizou, na área da educação, entre 1960 e 1961, na criação do Movimento de Educação de Base.

Logo depois de lançar o Plano de Emergência (V Assembléia Ordinária da CNBB de 1962), em julho, o episcopado afirmou veemente: "ninguém desconhece o clamor das massas que, martirizadas pelo espectro da fome, vão chegando, aqui e acolá, às raias do desespero". E em outro documento, de 30 de abril de 1963, há mais de quarenta anos, a Comissão Central da CNBB indicou que vivemos "uma ordem de coisas na qual o poder econômico, do dinheiro, ainda detém a última instância das decisões econômicas, políticas e sociais".

Vieram logo os tempos terríveis do período autoritário. No fechamento de tantas áreas da vida pública, o espaço eclesial permaneceu como lugar privilegiado de reflexão, de denúncia, de anúncio e de propostas concretas. Documentos e estudos da CNBB foram assinalando prioridades para a agenda do país: "Exigências cristãs de uma ordem política" (doc. 10), "Igreja e problemas da terra" (doc. 17), "Reflexão cristã sobre a conjuntura política" (doc. 22), "Solo urbano e ação pastoral" (doc. 23), "Nordeste: desafio à missão da Igreja no Brasil" (doc. 31). Na ação das Comissões de Justiça e Paz, a Igreja esteve presente na defesa valente dos direitos humanos e na denúncia à repressão e à tortura. Um bispo de análise penetrante, D. Cândido Padim, desocultou os supostos autoritários e anticristãos da Doutrina de Segurança Nacional[4].

Depois da abertura democrática, a presença da Igreja seguiu vigilante no trato da coisa pública. Lembro, entre outras, duas declarações da CNBB: "Exigências éticas da ordem democrática" (27ª Assembléia, de 1989, doc. 42) e "Ética: pessoa e sociedade" (31ª Assembléia, de 1993, doc. 50). Na primeira está dito claramente: "Não cabe à autoridade da Igreja propor modelo alternativo de organização da sociedade ou formular diretrizes de política econômica e social. Contudo, por seu esforço em ouvir 'os clamores do povo', o episcopado brasileiro tem chamado a atenção do governo e da sociedade sobre questões que lhe parecem particularmente urgentes e prioritárias" (n. 108). E enumera nos itens seguintes algumas delas: necessidade de uma política agrícola e a execução imediata de uma reforma agrária; garantir uma justa distribuição do solo urbano, preservar e renovar o meio ambiente; apoio à luta dos trabalhadores e incentivo à sua participação na sociedade e na empresa; função social da empresa, auditoria da dívida externa" (n. 109-115).

O documento de 1993, procurando respostas concretas para os desafios da realidade, chama fortemente a atenção para um projeto de socie-

---

4. Documento "A doutrina da segurança nacional à luz da doutrina social da Igreja", in Luiz Gonzaga de SOUZA LIMA, *Evolução política dos católicos e da Igreja no Brasil*, Petrópolis, Vozes, 1979, 150-167.

dade iluminado pelos princípios de solidariedade e de participação e insiste na ética na política, na economia e nos meios de comunicação social, fazendo uma denúncia firme da corrupção presente na sociedade (anexo II, 1.1, 1.2, 1.3).

Mais perto de nós estão a precisa e densa declaração "Eleições 2002 — As diretrizes para as comunidades eclesiais" (doc. 67) e a profética proposta de um Mutirão Nacional para a Superação da Miséria e da Fome, resultado do documento *Exigências evangélicas e éticas* da Assembléia de 2002 da CNBB, antecipando-se às recentes prioridades governamentais.

Tudo isso para indicar que há uma tradição, constituída e amadurecida, de voz ativa e de presença permanente da Igreja no que se refere à coisa pública, isto é, à vida política em seu sentido mais amplo, nobre e abrangente.

E a participação direta dos cristãos na vida política? À diferença de outros países (Itália, Chile, Venezuela), não tivemos a criação de um forte partido democrata-cristão que aglutinasse a presença político-partidária dos católicos. Nos anos 1920, Jackson de Figueiredo pensou na criação de um partido católico, no que foi dissuadido por D. Sebastião Leme[5]. É verdade que, no começo da década seguinte, alguns católicos, com o apoio de dirigentes leigos, do clero e de alguns bispos, se encaminharam para a Ação Integralista, movimento de direita, próximo ao salazarismo português. A cruzada do General Franco, na Espanha, estava na ordem do dia, apesar das distâncias que em relação a ela logo tomariam intelectuais católicos da envergadura de Bernanos, Mauriac e, principalmente, Jacques Maritain.

A influência de Maritain foi decisiva, nesse momento, para a superação de uma visão clássica de cristandade, ainda que fizesse a proposta ambígua de uma "nova cristandade"[6]. Mas iria introduzir a célebre distinção entre "agir como cristão" (opção individual dos cristãos na política) e "agir enquanto cristão" (ação da Igreja como tal)[7]. A partir de seu pensamento, surgiram partidos de inspiração cristã. No Brasil tivemos até um PDC, a partir de 1945, ainda que de presença discreta.

Minha geração da JUC (e depois da primeira Ação Popular) teve uma influência diferente, de outro intelectual católico francês, Emmanuel

---

5. M. Regina do SANTO ROSÁRIO, *O cardeal Leme*, Rio de Janeiro, José Olympio, 1962, 180.

6. Entre os livros mais relevantes de MARITAIN: *Primauté du Spirituel*, Paris, Plon, 1927; *Humanismo integral*, São Paulo, Companhia Editora Nacional, 1937; *Cristianismo e democracia*, Rio de Janeiro, Agir, 1964; *Os direitos do homem e a lei natural*, Rio de Janeiro, Agir, 1967.

7. Ver uma boa reflexão a respeito em *Análise de conjuntura/Novembro 2002*, 50ª Reunião do Conselho Permanente da CNBB, Brasília, 26 de novembro de 2002.

Mounier[8]. Para ele, não havia uma relação imediata e dedutiva entre cristianismo e opção política: não se poderia ser monarquista porque cristão ou socialista porque cristão. O socialismo de Mounier não era conseqüência direta e inevitável dos princípios cristãos, mas estes orientavam uma reflexão e um discernimento com a utilização dos instrumentos das ciências humanas e das vivências de práticas políticas e sociais concretas[9]. Ao lado de Mounier, foi decisiva para nós a reflexão do pensador e mestre Pe. Henrique C. de Lima Vaz. Em lugar de procurar dedutivamente construir um "ideal histórico" de inspiração cristã, ele nos indicava a urgência da inserção na "consciência histórica" contemporânea, com seus desafios, riscos, virtualidades e novas circunstâncias[10]. A prática política seria uma tarefa comum de cristãos e de não-cristãos, aqueles procurando apoio no Evangelho, mas sem querer apropriar-se dele ou reduzi-lo a suas opções políticas particulares. Haveria uma irredutibilidade da fé a uma posição político-ideológica determinada, ainda que esta precisasse daquela como iluminação. Uma conseqüência seria um pluralismo político e a militância de cristãos em vários partidos e movimentos.

Temos hoje a presença de católicos numa grande gama partidária. Mas uma situação particular deve ser sinalizada. Em 1980, foi criado o Partido dos Trabalhadores. Ali confluíram várias tendências, lideranças sindicais, de movimentos sociais, de correntes da esquerda tradicional e também de práticas pastorais. Isso não significou um exclusivismo da militância católica em direção a um partido, mas uma porção significativa dela, ligada a práticas eclesiais, encontrou fortes afinidades entre sua ação na sociedade e a nova proposta partidária. Anos depois, em 1987, frei Clodovis Boff lançou um questionamento, publicado no livro *Cristãos: como fazer política*[11], indagando se a passagem de

---

8. A Ação Popular foi criada com forte influência do personalismo comunitário; mais tarde, na clandestinidade, transformou-se em um movimento a mais, e sem originalidade, da esquerda marxista, quando muitos dos fundadores se afastaram ou foram afastados. Ver Giovanni SEMERARO, *A primavera dos anos sessenta. A geração de Betinho*, São Paulo, Loyola, 1994; Luiz Gonzaga de SOUZA LIMA, *Evolução política dos católicos e da Igreja no Brasil*, op. cit.

9. Emmanuel MOUNIER, *Oeuvres*, Paris, Seuil, 1961, especialmente, Feu la chretienté, no v. III, texto de 1950. L. A. GÓMEZ DE SOUZA, Mounier: na procura de um compromisso político ético e exigente, in ID., *A utopia surgindo no meio de nós*, Rio de Janeiro, Mauad, 2003, cap. 19.

10. Henrique C. de LIMA VAZ, Cristianismo e consciência histórica I e II, Cristianismo e história, in *Ontologia e história*, São Paulo, Loyola, 2001. L. A. GÓMEZ DE SOUZA, Pe. Vaz: mestre de uma geração de cristãos, *Síntese*, v. 18, n. 55 (out.-dez. 1991).

11. Petrópolis, Vozes, 1987 (Col. Fazer). Os textos do livro são de Clodovis Boff, Frei Betto, Pedro Ribeiro de Oliveira, Rogério de Almeida Cunha, Luiz Eduardo Wanderley, Luiz Alberto Gómez de Souza, Herbert de Souza, Leonardo Boff, Domingos Barbé.

uma ação eclesial para uma opção partidária deveria ser um passo individual ou coletivo. Isso gerou um amplo debate, com a participação de muitos que estavam presentes nas assessorias aos movimentos sociais e pastorais.

A ampla constelação evangélica

NADA MAIS ENGANADOR do que análises gerais sobre o complexo e rico mundo evangélico ou, em termos tradicionais, protestante. Mesmo a distinção entre pentecostais e não-pentecostais pode ocultar diferenças significativas. Trata-se do que um estudioso, que analisa o tema com especial acuidade, chamou de "caleidoscópio fascinante"[12]. Historicamente, no Brasil, tivemos várias etapas da presença evangélica, com um protestantismo de migração, um protestantismo de missão, para chegar ao pentecostalismo e ao neopentecostalismo, cada uma com diversidades internas e fronteiras nem sempre rígidas[13].

Do ponto de vista político, tem chamado a atenção, nos últimos tempos, a presença, na vida partidária, de evangélicos, principalmente pentecostais e neopentecostais. Na verdade, ela começa bem antes; já nos anos 1920 houve um senador protestante, filho de pai inglês, ainda que isso não fosse visto, na ocasião, como uma presença protestante no parlamento. Esta vai se tornar visível, na Constituinte de 1934, com a eleição de um metodista, Guaraci Silveira, que voltará ao parlamento em 1946. Em 1951, havia sete deputados evangélicos; eles seriam dez em 1963, chegando, na Constituinte de 1988, a 32; diminuiriam para 24 em 1994 e cresceriam até 44 em 1998. Simplificando um pouco, pode-se falar de uma fase metodista até 1963, depois presbiteriana nos vinte anos seguintes, logo depois batista e, na atualidade, pentecostal e neopentecostal[14].

É a seguinte a composição evangélica na atual Câmara de Deputados, sujeita a oscilações, pela entrada e saída de suplentes: Assembléia de Deus, vinte eleitos e dois suplentes que assumiram; Igreja Universal do Reino de Deus,

---

12. Jether PEREIRA RAMALHO, *O compromisso político dos cristãos na tradição protestante*, exposição no seminário sobre a presença das Igrejas e dos cristãos na atual política partidária, organizado pelo Centro Alceu Amoroso Lima para a Liberdade, na Universidade Candido Mendes, Rio de Janeiro, 3 de dezembro de 2002.

13. José BITTENCOURT FILHO, Abordagem fenomenológica, in Cartaxo ROLIM, Bittencourt FILHO, Jesus HORTAL, *Novos movimentos religiosos na Igreja e na sociedade*, São Paulo, AM Edições, 1996.

14. Os dados acima baseiam-se em José Oscar Beozzo, Política, Igrejas e religiões, in Candido MENDES et al., *Os evangélicos na política*, Rio de Janeiro, Centro Alceu Amoroso Lima para a Liberdade, 2003, 29-68.

dezessete deputados; Igreja Batista, nove; Igreja do Evangelho Quadrangular, quatro; Presbiteriana, dois; Evangélica Luterana, dois; Metodista, Comunidade Sara Nossa Terra, Internacional da Graça e Adventista do Sétimo Dia, um cada. Novos senadores: quatro (Assembléia de Deus, Batista, Igreja Universal e Sara Nossa Terra). Há a presença de evangélicos em 12 partidos[15].

É interessante notar que posições de alerta sobre um "perigo protestante" potencial foram brandidas desde muito tempo atrás, em certa divergência com uma postura ecumênica; já a isso se referia uma pastoral coletiva de 1890, quando os protestantes eram apenas 0,03% da população[16].

Vale aqui indicar que, como ocorre no mundo católico, no universo evangélico sempre houve diferentes posições teológicas, pastorais e práticas diversas, desde os tempos de Lutero na Alemanha, Calvino na Suíça, na Igreja Anglicana, assim como nos Estados Unidos, onde a diversidade confessional nas treze colônias tornou impossível a existência de uma Igreja oficial. Mas isso não impediu que, num amplo diálogo ecumênico, algumas posições comuns fossem sendo tomadas no que se refere à relação entre religião e mundo, religião e política. Assim, o Conselho Mundial de Igrejas, em sua segunda assembléia, em Evanston, Estados Unidos (1954), aprovou conclusões sobre a responsabilidade social dos cristãos diante das estruturas do mundo[17]. Na sexta assembléia, em Vancouver, Canadá (1984), foram feitas declarações firmes sobre a paz e a justiça e sobre a desordem alimentar internacional; na ocasião, um dos desafios indicados foi o da luta pela justiça e pela dignidade humana. Nas atas do encontro se pode ler: "as Igrejas são chamadas a ser testemunhas fiéis e firmes do Reino do Cordeiro e a ser sinal claro de esperança no mundo, como aliadas daqueles que lutam pela sua libertação"[18]. O importante Departamento de Estudos sobre o Evangelismo do CMI publicou, em 1967, um amplo documento sobre "uma Igreja para o mundo", em que indicava que os desafios sempre novos da realidade deveriam alimentar a agenda das Igrejas[19]. Entre tantos documentos das Igrejas, vale ressaltar o da Igreja Evangélica de Confissão Luterana no Brasil, de 1975, sobre a responsabilidade social dos cristãos[20].

---

15. Jornal *Carta Aberta*, Curitiba, fev. 2002, Caderno 2, 3.
16. Informação de J. O. Beozzo.
17. Duncan A. REILY, *História documental do protestantismo no Brasil*, São Paulo, ASTE, 1984, 298.
18. Sexta Assembléia do Conselho Mundial das Igrejas, Jesus Cristo, A Vida do Mundo, *Cadernos do CEDI*, Rio de Janeiro (abr. 1984).
19. CONSELHO MUNDIAL DE IGREJAS, *Uma Igreja para o mundo*, São Paulo, Oikoumene, 1969.
20. Duncan REILY, op. cit., 374.

Há, assim, uma confluência de reflexões e de práticas, tanto no mundo católico como no mundo evangélico. Isso se evidencia nos documentos comuns, elaborados pelo Conselho Nacional das Igrejas Cristãs (CONIC). Um deles, em particular, deve ser mencionado por sua atualidade e relevância: "Mensagem de reflexão e orientação sobre as eleições de 2002", de 5 de julho desse mesmo ano, em que se assinala que o povo não deve ficar passivo diante dos acordos de cúpula, e em que se faz uma forte crítica à corrupção e às políticas neoliberais, chamando a eleger governantes que optem pela ética na política, como critério central.

Essa é uma prática de Igrejas cristãs, incluída a Igreja Católica, que se reforça através do diálogo ecumênico. Mas, por outro lado, não podemos ignorar outras práticas e orientações em direções opostas. O problema religioso mais desafiante, na atualidade, não é o crescimento do mundo evangélico — e pentecostal em particular —, mas inquietadoras posições instrumentalizantes da religião e da política, na dupla direção de utilizar a religião para fins político-eleitorais e clientelistas e utilizar a política a serviço de interesses, nem sempre espirituais, das denominações religiosas. Retrocesso evidente na caminhada de distinção e de diálogo entre duas esferas, religião e política, que deveriam estar a serviço do bem comum da sociedade, da justiça e da caridade.

As últimas eleições deram exemplos desse utilitarismo, quando pastores, bispos neopentecostais e um candidato evangélico a presidente pediram diretamente apoio às congregações das Igrejas, apelando para sua fidelidade a elas; com isso, vários candidatos se elegeram com alta proporção de votos. É possível que, nas eleições municipais de 2004, tal fato se repita e, inclusive, se amplie. Uma vez mais, retrocesso político e pastoral.

Mas, para manter uma análise cuidadosa, há que mostrar diferenças e contradições. No caso do Rio de Janeiro, por exemplo, duas candidatas ao governo do estado, da mesma Igreja Presbiteriana, tiveram comportamentos eleitorais bem distintos no que se refere à religião. Também em relação à eleição presidencial, se há uma certa relação entre implantação de Igrejas pentecostais e votos no candidato Garotinho, há outros fatores intervenientes que explicam o desempenho do candidato, como acordos locais, absorção de um eleitorado populista no Rio de Janeiro etc.

Não podemos reduzir a complexa realidade eleitoral à relação religião–voto, nem esquecer divergências entre Igrejas. Nas últimas eleições, houve tensões fortes, no mundo pentecostal e neopentecostal, entre a Igreja Universal e um dos setores da Igreja Assembléia de Deus. Na atual legislatura, em função de apoios e de alianças, parece difícil a constituição de uma "bancada evangélica", como se pretendeu no passado, a não ser, talvez, em certos momentos muito particulares, quando a articulação não seria tanto religiosa quanto de aglutinação de interesses ideológicos conservadores, comuns até a setores católicos tradicionais. Há que lembrar, também, que essa tentação utilitária da religião pode estar presente também no meio católico.

Isso é agravado numa conjuntura internacional que exacerba os fundamentalismos e os integrismos religiosos. O governo Bush está sob a forte influência de uma direita cristã beligerante[21]. Pela primeira vez, num país de separação entre Igrejas e Estado, a Bíblia é lida em reuniões da cúpula governamental, em que se decide sobre guerra e agressão. Num dos palácios de Saddam Hussein, na sala de reuniões, em lugar central, foi encontrado o Alcorão. A religião e o Livro a serviço da destruição. O *Osservatore Romano*, recentemente, foi firme em sua crítica à utilização do nome de Deus para fins belicistas — o que não deixaria de ser uma verdadeira blasfêmia.

Alguém indicou recentemente que, enquanto o presidente norte-americano invocava o Deus de Israel e dos cristãos, o ditador iraquiano conclamava a guerra santa em nome de Alá o Altíssimo. Em contrapartida, João Paulo II fazia dramáticos e firmes chamados pela paz em nome dos direitos humanos, no pólo oposto dos integrismos. Não faltará quem veja uma atitude "secularista" na tomada de posição do papa...

Queremos concluir esta seção insistindo que, na relação religião–política, a diferença básica não se dá entre católicos e evangélicos, mas entre, de um lado, fundamentalismos e integrismos e, de outro, uma posição religiosa de apoio a grandes valores universais de justiça e de solidariedade, de serviço ao mundo e à construção do Reino, assim como de ação comum e fraterna entre cristãos em busca de uma unidade a reconstruir[22].

Desafios pastorais

O CRESCIMENTO DOS pentecostais e neopentecostais, ainda que expressivo, foi, entretanto, menor do que as expectativas de alguns deles. Além disso, parece haver uma ampla circulação de fiéis entre as várias denominações. Essa realidade deveria servir como um desafio à prática pastoral da Igreja Católica e de outras Igrejas evangélicas e para a revisão de certos hábitos e rotinas. O

---

21. Ralph DELLA CAVA, *The Christian Right and the Republican Party*, texto apresentado no seminário Religiões e Política: Religião, Instrumento de Mudança ou Instrumento de Poder e de Violência?, Fórum Social Mundial, Porto Alegre, 25 de janeiro de 2003. Ver ID., A direita cristã e o partido republicano, *Religião e sociedade*, Rio de Janeiro, ISER, v. 23, n. 1 (jul. 2003) 9-34.

22. Jether PEREIRA RAMALHO, Meio século de compromisso ecumênico, *Tempo e Presença*, ano 20, n. 301 (set.-out. 1998).

crescimento, em parte, pode ser fruto de uma certa competência em alguns campos de ação. Há uma significativa presença pentecostal nas periferias das cidades, nas regiões de forte migração, entre desenraizados e excluídos, na procura de identidades perdidas, de referencial e de apoio[23]. Numa pesquisa que o CERIS realizou em seis grandes cidades, ficou evidente que um dos problemas centrais foi o do acolhimento aos fiéis[24], expressivo nas pequenas congregações evangélicas ou em algumas de nossas comunidades de base, pastorais e movimentos, enquanto nas grandes paróquias urbanas poderia, às vezes, ser anônimo e distante.

Temos de fazer, também, uma cuidadosa análise da utilização dos meios de comunicação em algumas Igrejas, que não deixam de demonstrar um grau de profissionalismo e uma busca de qualidade e de impacto. É claro que devemos denunciar certos métodos marqueteiros condenáveis e a utilização grosseira de sofrimentos e carências, que deseducam e desrespeitam a boa-fé dos mais simples. Mas não se pode negar que algumas dessas posturas religiosas conseguem chegar ao coração e à mente de um público ávido de desejos não realizados, com graves e dolorosas necessidades, através de um imaginário significante e com novas simbologias.

Há que ter uma atenção e uma sensibilidade especiais diante de muitos daqueles que procuram Igrejas pentecostais e neopentecostais: ali vão, freqüentemente, os pobres entre os mais pobres e desvalidos, as camadas de mais profunda exclusão. Como solução de facilidade, se pode, rapidamente, com boa dose de razão, apenas acusar essas Igrejas de explorar as carências desses pobres; seria importante tentar perceber, além disso, o que os leva até ali, na busca de conforto para seus sofrimentos acumulados, esperanças frustradas e sede de afeto e compreensão. Richard Shaull, teólogo lúcido e humano, com enorme empatia e caridade, que muito amou o Brasil e que acaba de partir de maneira tão serena e exemplar, teve essa postura de abertura e de escuta, na sua pesquisa sobre a Igreja Universal; justamente ele, como presbiteriano, em sua tradição calvinista, poderia ter tido apenas reticências e distâncias a certas práticas[25]. Isso nos leva à necessidade de repensar a pastoral urbana nesse mundo preferencial dos pobres e necessitados.

---

23. Para os dados, ver a informação precisa e a análise em Cesar Romero JACOB, Dora Rodrigues HEES, Philippe WANIEZ, Violette BRUSTLEIN, *Atlas da filiação religiosa e indicadores sociais no Brasil*, São Paulo, Loyola, 2003.

24. Ver CERIS, *Desafios do catolicismo na cidade. Pesquisa em regiões metropolitanas brasileiras*, São Paulo, Paulus, 2002, 119-120, 262-263.

25. Waldo CESAR, Richard SHAULL, *Pentecostalismo e futuro das Igrejas cristãs. Promessas e desafios*, Petrópolis, Vozes/Sinodal, 1999. Ver também *Religião e sociedade*, edição especial. Homenagem a Richard Shaull, Rio de Janeiro, ISER, v. 23 (nov. 2003).

Todos esses aspectos deveriam reforçar uma prática ecumênica. Só numa ação em comum com irmãos evangélicos, que têm posturas e perplexidades semelhantes às nossas, é que poderemos tomar uma posição firme diante de fundamentalismos e de atitudes instrumentalizadoras.

O grande exemplo foi dado por João Paulo II em Assis, ao se unir, em oração, com líderes das mais variadas religiões. A força moral de João Paulo II ou do Dalai Lama não está no poder ("quantas divisões tem o Papa?", perguntou com ironia Stalin durante a Segunda Guerra Mundial, como poderiam perguntar agora Bush ou Rumsfeld). Entretanto, esses líderes espirituais sinalizam, num mundo de injustiças e de violências, um chamado ao diálogo, à solidariedade e ao amor. Essa talvez seja a grande contribuição ética e testemunhal dos cristãos à vida política.

Finalmente, a Igreja Católica deveria dar uma atenção e um acompanhamento especiais àqueles que incentiva para a vida político-partidária. Diferentes pastorais sociais e vários movimentos têm normalmente uma dimensão voltada para os problemas políticos. Mas, além disso, surgiram algumas experiências de uma pastoral política propriamente dita. Uma das mais antigas é a Pastoral da Política, de Ji-Paraná, em atividade desde 1985, com cursos e encontros para políticos, candidatos e militantes de partidos. Em Santa Maria, uma Escola de Formação Política, iniciativa de três ou quatro dioceses do estado gaúcho, oferece sólidos cursos anuais com a participação de dezenas de vereadores, prefeitos, vice-prefeitos e deputados. Em Limeira também foi criada uma Escola de Fé e Política. Certamente há outras experiências diocesanas nessa área, que seria útil identificar e analisar.

Vale uma menção especial ao Movimento Fé e Política, criado em junho de 1989, no Centro de Direitos Humanos de Petrópolis, por iniciativa leiga e ecumênica, com a participação de sacerdotes, religiosos e religiosas e de um bispo, já presente na fundação. O Movimento publicou, até o momento, quinze *Cadernos de Fé e Política*. Os três últimos encontros nacionais foram significativos: 2 mil participantes em Santo André (2000), 4 mil e 500 em Poços de Caldas (2002) e 6 mil em Goiânia (2003). O principal eixo do movimento está na mística e na espiritualidade (os temas de formação diretamente políticos são atendidos nas estruturas partidárias dos participantes).

* * *

Uma frase de Pio XI, em 1927, é mais atual do que nunca nessa relação entre Igreja e política: "A Igreja foi feita para o mundo e não o mundo para a Igreja"[26].

Concluo com um texto que tem me inspirado desde antigos estudos dos anos 1960. Trata-se da Carta a Diogneto, escrita entre os anos 190 e 200 e descoberta no século XV[27]: "Os cristãos não se distinguem dos outros homens nem pelo país, nem língua ou roupas. Não habitam cidades onde vivam sós, nem usam qualquer dialeto especial; seu gênero de vida não tem nada de particular... Toda terra estrangeira é para eles uma pátria e toda pátria uma terra estrangeira... São desconhecidos, condenados, mortos e então ganham a vida. São pobres e enriquecem a muitos. Falta-lhes tudo e tudo lhes sobra... Insultados, abençoam..."

Mas logo depois, essa aparente falta de identidade específica se transforma numa identidade testemunhal e numa diaconia exigente: "Numa palavra, o que a alma é no corpo, os cristãos o são no mundo. A alma está em todos os membros do corpo, como os cristãos nas cidades do mundo... A alma está prisioneira no corpo: é contudo ela que mantém o corpo; os cristãos estão aprisionados no mundo: entretanto, são eles que mantêm o mundo... Tão importante é o lugar que lhes foi dado, que não lhes é permitido desertar".

---

26. Citado em Henri de Lubac, *Méditation sur l'Église*, op. cit, p. 53. Na abertura da 2ª sessão do Concílio Vaticano II, Paulo VI parecia continuar a idéia: "Que o mundo saiba; a Igreja olha para ele com profunda compreensão, com sincera admiração e com propósito leal, não de conquistá-lo, mas de servi-lo; não de condená-lo, mas de confortá-lo e salvá-lo".

27. *Lettre à Diognète*, Paris, Cerf, 1952 (Col. Sources Chrétiennes). L. A. GÓMEZ DE SOUZA, *O cristão e o mundo*, Petrópolis, Vozes, 1965 (Col. Igreja Hoje n.10).

4

Encontros e desencontros dos cristãos latino-americanos[1]

Ser sensível aos novos problemas que vão surgindo sem parar é uma meta nem sempre fácil de alcançar. As novidades trazem freqüentemente uma aparência estranha e rude que assusta; seria mais cômodo sucumbir à tentação das rotinas e das idéias prontas. Até mesmo aqueles que inovaram ontem, recentemente iconoclastas e transgressores, podem instalar-se, mais facilmente do que pensam, nos louros de suas audácias passadas e, sem se dar conta, ir construindo uma posição neoconservadora. No final do século que terminou, por exemplo, setores da esquerda radical, ainda enredados nos debates que opuseram trotskistas e stalinistas nos anos 1930, deram freqüentemente um espetáculo curioso de falta de renovação e de envelhecimento nas idéias e posições. Por outro lado, há um espaço da novidade mais efêmero do que parece, com seus modismos, sua impostura e sua improvisação sem consistência. O mundo das crenças está cheio deles. Como estar atentos aos sinais dos tempos, sem enveredar por trilhas irresponsáveis e fugazes? Para isso não há respostas gerais, fica apenas o lembrete de indispensáveis cautelas.

Os cristãos e a civilização ocidental

UMA OBSERVAÇÃO RÁPIDA à presença dos cristãos na sociedade em diferentes momentos mostra compassos e descompassos. Muito se escreveu sobre o papel da Igreja quando ruiu o Império romano e chegaram os povos que vinham do leste. Santo Agostinho, na próspera comunidade de Hipona, morreu angus-

---

1. Versão revisada e atualizada de texto publicado em Estação de seca na Igreja, *Comunicações do ISER*, Rio de Janeiro, ano 9, n. 39 (1990).

tiado com a idéia de fim dos tempos. Tinha razão quanto ao futuro das comunidades da África do Norte, que logo depois desapareceriam com o assédio do mundo árabe. Mal sabia ele que seu cristianismo iria ressurgir mais ao norte, entre os povos atrasados, para criar até mesmo uma resistente civilização de cristandade que duraria dez séculos. Ali estavam os cristãos, sem o saber, nos mosteiros, nas pequenas comunidades que se reorganizavam, participando ativamente da articulação de um novo tecido social, deitando as bases da economia, recriando o poder político, com outras idéias e valores.

Mas a História não se detém, e esconde suas ironias: o que era inserção fecunda pode transformar-se mais adiante em prisão e inércia. Tão grande era a ligação com o mundo medieval que, quando ele começou a desmoronar, os cristãos ligados a Roma — que se chamariam católicos logo depois — não souberam abandoná-lo para ir ao encontro da modernidade. Esse equívoco se manteria pelos próximos séculos, agravado pela Contra-Reforma, com a dificuldade para desembaraçar-se do *ancien régime*. Algumas vozes se levantariam aqui e ali, mas permaneceriam isoladas. Assim Frederico Ozanam, em 1848, ano do Manifesto de Marx e de Engels, lançou seu "passemos aos bárbaros", como indicado no capítulo anterior. Sabemos que, em 1891, o papa Leão XIII falaria de "coisas novas", da questão social, talvez novidade para os cristãos, porém com mais de meio século de práticas para os movimentos socialistas europeus. E pouco depois o mesmo papa teria de escrever uma severa carta aos bispos franceses, para obrigá-los a reatar contatos com a temida República[2]. A Igreja não conseguia entender as contradições da modernidade, com suas idéias liberais, seus Estados-nações e seu sistema capitalista. A desconfiança ou a recusa em bloco era sinais de desadequação e de insegurança. A crise modernista, no começo do século XX, foi indicação eloqüente dessas resistências e desses medos. Já bem perto de nós, João XXIII falaria da necessidade de pôr-se em dia com os novos tempos. E o Vaticano II fez um enorme esforço para dialogar com o mundo europeu do pós-guerra, superando os temores diante dos modernismos, da liberdade e da democracia. Encontro tardio e nem sempre crítico com a modernidade que, se trouxe o fantástico legado das liberdades cívicas, foi responsável pelos aspectos perversos do capitalismo concentrador das riquezas. Superando a recusa de setores tradicionais, alguns se modernizariam na aceitação sôfrega e sem distinções de tudo o que parecia contemporâneo.

---

2. Charles MOLETTE, Les lendemains de *Rerum Novarum*, *Chronique Sociale de France*, n.6 (15 out. 1961).

Os cristãos na América Latina

NA AMÉRICA LATINA, a Igreja chegara de maneira ambígua com os conquistadores, destruindo indiscriminadamente antigas e sofisticadas civilizações ameríndias. Na comemoração dos 500 anos, foi tempo de fazer um cuidadoso balanço. A Igreja estava tão ligada ao novo sistema social que se implantava, que seria o apoio dos setores dominantes, da colônia às independências nacionais[3]. Os católicos se sentiam, então, muito à vontade nos partidos conservadores latino-americanos, que expressavam os interesses das velhas oligarquias rurais. Certamente se desenvolveria, ao mesmo tempo, uma religiosidade popular em meio ao povo simples, mas freqüentemente vista com desconfiança pelos setores oficiais do catolicismo.

O notável, no entanto, é que o *aggiornamento* da Igreja em nossa região, a partir dos anos 1960, iria muito além da atualização que ocorrera na Europa, e aí está uma de suas maiores façanhas. O esforço para pôr-se em dia com a realidade social, o mundo industrial, moderno e capitalista, se faria desde a perspectiva de nossa situação dependente, concentradora e excludente. E isso permitiu uma aproximação que foi, ao mesmo tempo, um certo distanciamento crítico. É verdade que um bom setor dos cristãos latino-americanos, influenciado pelas experiências democrata-cristãs, depois de um encontro envergonhado com a modernidade, entraria de cheio no apoio de suas estruturas sociais, políticas, econômicas e culturais. Num certo momento, nos anos 1960, foi lançada a idéia de uma teologia do desenvolvimento, mencionada no encontro do Conselho Episcopal para América Latina (CELAM) em Mar Del Plata, na Argentina, tomando uma idéia em moda nos organismos internacionais como a Comissão Econômica para a América Latina (CEPAL) e, aqui no Brasil, presente na reflexão do Instituto Brasileiro de Estudos Superiores (ISEB) e nos esquemas do então recentemente criado Banco Nacional de Desenvolvimento Econômico. Porém, logo outros setores de cristãos, a partir dos movimentos populares, das experiências de educação de base, das organizações sindicais e dos partidos de esquerda, propuseram uma reflexão crítica diante do capitalismo periférico e passaram a insistir em libertação[4], termo que surgira nos movimentos políticos de libertação nacional e nas buscas de

---

3. Enrique DUSSEL, *1492. El encubrimiento del otro*, México, Nueva Utopia, 1993.
4. Em 1969, solicitaram a Gustavo Gutiérrez um texto, para um encontro na Suíça, sobre "o significado do desenvolvimento". Não aceitou o título e o transformou: "Notas para uma teologia da libertação". Ver Roberto OLIVEROS, SJ, *Liberación y teología. Génesis y crecimiento de una reflexión (1966-1976)*, México, CRT, 1977, 177.

uma educação "como prática da liberdade"[5]. É verdade que a idéia de liberdade — libertação, por influência dos esquemas teóricos economicistas (e o marxismo teria aí uma contribuição que era ao mesmo tempo uma limitação) — privilegiava a dimensão necessária da superação das estruturas de um modo de produção injusto, sem dar a mesma ênfase às necessidades de liberdades cívicas e pessoais. Isso teria conseqüências mais adiante, como se verá. Mas já foi uma contribuição importantíssima, com resultados inestimáveis, ainda que parciais, como tudo que é histórico.

A reunião de Medellín, em 1968, fora pensada como a aplicação do Vaticano II à América Latina. Entretanto, em vez de uma adaptação acrítica, seus documentos, inesperadamente, colocaram-se numa postura bem mais original, falando de dependência, denunciando o "pecado social" nas estruturas sociais e econômicas e privilegiando o pobre. Isso foi possível graças a toda uma série de experiências em várias Igrejas locais, durante quase uma década, a partir dos trabalhos de educação popular, dos movimentos de jovens da Ação Católica especializada, instigados pela revolução cubana. Estavam surgindo as primeiras comunidades de cristãos no meio popular e, paralelamente, ligada a elas, uma reflexão teológica ia abrindo caminho teórico a partir das novas práticas. Assim, um mês antes de Medellín, o peruano Gustavo Gutiérrez lançava, numa palestra para sacerdotes em Chimbote, um programa do que deveria ser, nos anos seguintes, uma teologia da libertação[6].

Começou então uma década, de Medellín a Puebla, de 1968 a 1979, das mais fecundas na Igreja Católica, como exemplo de inserção de seus membros na história e nos desafios de seu tempo. Foram se solidificando as comunidades eclesiais de base no Brasil, no Equador, no Peru, em El Salvador ou no México; em nosso país, surgiram a CPT e o CIMI, renovaram-se a Pastoral Operária e Pastoral da Juventude. Ao mesmo tempo, durante os anos da repressão autoritária, terrível entre nós de 1969 a 1975, houve choques entre a Igreja e o Estado, e aquela se constituiu como um dos poucos espaços de liberdade e de organização popular. A década de 1970 foi então muito rica em práticas pastorais criativas e renovadas, abertas às transformações sociais e econômicas, fortemente críticas às estruturas de concentração da riqueza. Desenvolveu-se uma reflexão teológica original e deu-se uma renovação bíblica, por influência principalmente das Igrejas evangélicas. Os cristãos estiveram na linha de frente do processo político e social da região. Basta comparar sua ausência no triunfo da revolução cubana em 1959 com sua visibilidade na Nicarágua de 1979, vinte anos depois.

---

5. Paulo FREIRE, *Educação como prática da liberdade*, Rio de Janeiro, Paz e Terra, 1967.
6. Hacia una teología de la liberación, *Servicio de Documentación MIEC-JECI*, Montevidéu, série 1, doc. 16 (jun. 1969).

É preciso cautela, para evitar generalizações ou triunfalismos. Como já indicamos, a Igreja Católica esteve sempre atravessada pelos conflitos sociais e ideológicos, e o caso da Nicarágua é um bom exemplo dessas contradições. Se a Igreja, no Chile, teve uma presença significativa na luta pelos direitos humanos a partir de 1973, seu silêncio foi lastimável na Argentina[7]. Setores conservadores e modernos são até hegemônicos em muitas situações nacionais. Mas o que importa aqui assinalar é a força histórica de certas experiências renovadoras que, mesmo minoritárias, pelo impacto de sua irradiação, passaram a articular as idéias-chave da Igreja em seu conjunto, como se deu em Puebla, com sua opção preferencial pelos pobres.

Tudo o que foi ocorrendo teria de ser analisado no contexto mais global da América Latina, com suas lutas sociais, suas divisões ideológicas, a contribuição de diferentes correntes políticas. Essa presença da Igreja junto às classes populares seria impensável sem um processo histórico anterior, em que essas classes foram emergindo em tantas experiências de organização, de tomada de consciência e de práticas variadas. O mundo das idéias também esteve presente. Diante do esvaziamento das propostas liberais e da fragilidade de um pensamento conservador, a contribuição do marxismo foi fundamental para a "crítica da economia política" e o desvelamento dos mecanismos materiais da alienação do homem e dos fetiches econômicos. E os cristãos não deixaram de se beneficiar dessas análises. Até então, eles tinham estado mais à vontade nas dimensões da filosofia e da ética social, dos projetos do dever ser e dos "ideais históricos". Análises das estruturas, das relações de produção e das contradições concretas lhes eram bem mais difíceis de captar. Uma lógica dialética, acostumada a lidar com uma realidade contraditória, causava espanto para quem fora formado na lógica formal escolástica. O encontro dos cristãos com o pensamento marxista foi um processo complexo e contraditório. Otto Maduro o analisou com perspicácia[8]. Em texto já antigo, "Breve nota sobre a análise marxista", publicado meses antes da reunião de Puebla (dezembro de 1978), tratei de indicar suas dimensões e seus limites[9]. As con-

---

7. Praticamente ao mesmo tempo foram publicados, no Chile e na Argentina, dois livros com o mesmo título, mas expressando posicionamentos opostos das Igrejas locais. Ver Enrique CORREA, José Antonio VIERA-GALLO, *Iglesia y dictadura*, Santiago, CESOC, Ediciones Chile y América, 1986; Emilio F. MIGNONE, *Iglesia y dictadura. El papel de la Iglesia a la luz de sus relaciones con el régimen militar*, Buenos Aires, Ediciones del Pensamiento Nacional, 1986. No Chile, especialmente através da Vicaria de la Solidariedad, a Igreja deu um valente testemunho. Na Argentina, ao contrário, houve omissões e terríveis cumplicidades.

8. Otto MADURO, A desmistificação do marxismo na Teologia da Libertação, *Comunicações do ISER*, ano 9, n. 39 (1990) 55-72.

9. L. A. GÓMEZ de SOUZA, *Classes populares e Igreja...*, op. cit., cap. III, 41-54.

tribuições do marxismo não escondiam, porém, seu reducionismo ao econômico e sua aposta nas regras do jogo da modernidade vigente. Isso era, aliás, inevitável num pensamento que se construíra no clima de crença no progresso próprio ao século XIX e não o habilitava para enfrentar novos desafios que se apresentariam ao final do século seguinte, quando a própria modernidade foi sendo crescentemente questionada[10].

Uma aproximação crítica ao marxismo poderia permitir o aproveitamento de suas contribuições, sem ficar prisioneira de seus impasses. Isso, porém, é mais fácil de postular no plano das intenções do que de pôr em prática. Um certo fascínio por um pensamento rico e complexo se por um lado iluminou novas perspectivas de análise, por outro impediu muitas vezes de ver mais além de suas estreitezas. Tal coisa ocorreu tanto com os movimentos populares em geral como com os cristãos que ali estavam presentes. Graças ao marxismo, eles puderam descobrir e analisar melhor certos mecanismos de dominação e de alienação. Também por causa dele, não estiveram sempre atentos a outros desses mecanismos. Aliás, não era o próprio marxismo que chamava a atenção para o contraditório do real e do pensar, e para os limites historicamente postos deste último? "A humanidade só se propõe as tarefas que pode resolver [e]... a própria tarefa só aparece onde as condições materiais de sua solução já existem ou, pelo menos, são captadas no processo de seu devir."[11] Faltou perceber que há mais condições do que as materiais; mas a simplificação faz parte dos limites e dos condicionamentos de qualquer autor, incluídos Marx e os marxismos subseqüentes.

As opções libertadoras não estiveram muitas vezes atentas aos temas da democracia, das liberdades cívicas, das idéias e dos valores populares (que Gramsci assimilaria apressadamente ao sentido comum), aí incluídas as crenças e a religiosidade do povo simples, a problemática da subjetividade, do corpo, da sexualidade, do gênero e do prazer ou dos pluralismos raciais. Isso não é lembrado para desmerecer tudo o que se alcançou no processo libertador, mas para reconhecer os limites inevitáveis de um certo momento.

Entretanto, há que fazer justiça ao processo vivido, freqüentemente mais rico do que o pensado. As práticas populares, dando ocasião a que o povo simples se expressasse, dissesse sua palavra, libertou energias profundas e

---

10. Diz Mounier: "Na verdade, o humanismo marxista aparece como a filosofia última de uma era histórica que viveu sob o sinal das ciências físico-matemáticas, do racionalismo particular e muito estreito que daí surgiu... o marxismo expressa a tensão extrema de uma civilização que morre. Entretanto, é pena que seu deus imanente seja um deus muito 1880" (Emmanuel MOUNIER, Manifeste au service du personnalisme (1936), in ID., *Oeuvres*, v. I, op. cit., 513-514.

11. MARX, *Prefácio à crítica da economia política*, São Paulo, Abril (col. Os Pensadores).

desenvolveu práticas de participação inesperadas. Um dos grandes resultados foi a importância deste último elemento. E quem exige participação já não está fazendo um exercício de democracia? Menos presente como programa proposto do que como prática experimentada, o aprendizado democrático foi uma constante das pastorais populares. E, ainda, ocorreu de maneira paradoxal, numa instituição em que as estruturas de autoridade são muito fortes, como é o caso da Igreja Católica. Sem falar nas práticas autoritárias da esquerda, de tradição leninista, em que o papel das vanguardas e dos dirigentes foi sempre cuidadosamente preservado, até ruir estrepitosamente diante de movimentos libertários, que levaram de roldão uma teoria revolucionária ortodoxa que não se sustentava mais em pé. Em contraste, o movimento popular mais espontâneo e as práticas pastorais menos tuteladas por "agentes" controladores têm uma sede de falar, participar, debater, que irrita e confunde os que têm projetos e programas prefixados. Aliás, na crise atual de projetos e programas, libertadora e criativa, a razão parece ir ficando com esse povo simples questionador e incômodo.

Também o clima dos processos de libertação foi, às vezes, secularizante e, desse ponto de vista, bem moderno. A religiosidade era vista, por alguns, como alienada, a partir de um pensamento que se pretendia científico. Uma vez mais o povo simples, com suas práticas, foi se impondo sobre a razão dos intelectuais, candidatos a "orgânicos", isto é, dirigentes das consciências. Quantas vezes a pastoral libertadora não correu o risco de entrar no clima moderno do pósconcílio, simplificando liturgias, banindo cultos dos santos e romarias, adaptando-se a uma sensibilidade urbana, de setores médios letrados. Mas quantas outras vezes ela não foi reocupada pelas crenças do povo e por suas devoções... A religiosidade popular foi pacientemente recuperando espaços nas práticas e, logo depois, nas reflexões pastorais teóricas da própria teologia da libertação, que num primeiro momento parecia, aqui e ali, tomar certa distância do mundo das crenças, para logo depois ser submergida por elas. Nos encontros intereclesiais das CEBs, no Brasil, foi crescendo um clima de celebração, de cantos e de gestos, que mostrou essa penetração profunda da religiosidade popular, tão afastada de uma racionalidade moderna e científica de certas esquerdas e inclusive de algumas posições libertadoras dos anos 1960.

Novos desafios se apresentam

Essas observações encaminham ao último ponto deste tema de encontros e desencontros. A década de 1970, na América Latina, parece ter sido um momento privilegiado para a inserção dos cristãos na realidade social, ainda que com seus limites e contradições. Porém, alguns problemas novos foram surgindo, os quais exigem uma observação atenta e cuidadosa.

Com relação à América Latina, os problemas estruturais aumentaram na década de 1970. Apesar dos programas e dos projetos dos governos e dos organismos internacionais, assim como da proclamação de três "décadas de desenvolvimento" pela ONU, a realidade social se deteriorou sempre mais. Já o documento de Puebla afirmava que a situação era pior em 1979 do que no tempo de Medellín. A crise econômica mundial dos anos 1970 fazia mais longínquas ainda as possibilidades de transformações sociais do então chamado Terceiro Mundo. Foi o tempo do endividamento crescente e da sempre maior concentração de renda. Documentos da CEPAL, do Programa das Nações Unidas para o Desenvolvimento (PNUD) e inclusive do Banco Mundial e do Banco Interamericano de Desenvolvimento (BID), foram trazendo dados impressionantes sobre o aumento da pobreza crítica e da miséria, da desnutrição infantil etc. Sabemos que os primeiros anos daquela década agravaram ainda mais os estrangulamentos econômicos e sociais da década anterior. Muita coisa aconteceu no mundo, da crise econômica de 1971/1972 ao desabamento do Leste europeu em 1989.

Os especialistas em economia cunharam uma expressão canhestra para o caso da América Latina: a década perdida. Entretanto, essa expressão uma vez mais indica a limitação economicista da maioria das análises. Se a situação econômico-social se deteriorou, continuaram os esforços de organização na sociedade civil: seguiram adiante, apesar das dificuldades, associações, movimentos, clubes, iniciativas as mais diversas, formais e informais, fragmentadas e heterogêneas, articulando-se em redes flexíveis. Eram, às vezes, organizações de vida efêmera mas que, até em razão de sua própria fragilidade, não se esclerosavam tão rapidamente como outras formas de agregação. O mundo das grandes organizações — aí incluído o Estado — foi ficando cada vez menos manejável, apesar dos progressos no campo das técnicas organizativas e da informática. Os movimentos sociais, mais ou menos espontâneos, foram mostrando uma vitalidade maior do que corporações, burocracias, partidos e grandes centrais sindicais. Há um dinamismo social que vem de novos e mais decisivos processos[12].

Mas, para entendê-los, há que sair da América Latina e senti-los numa dimensão mais global. Desde 1968, foi chegando a sensação de que alguma coisa mais profunda estava ocorrendo no *underground* da sociedade, para além dos problemas do sistema socioeconômico, da dicotomia capitalismo–socia-

---

12. L. A. GÓMEZ DE SOUZA, *La crisis del desarrollo y la participación popular en América Latina*, IFDA, Dossier n. 27, International Foundation for Development Alternatives, Genebra, janeiro-fevereiro de 1992.

lismo e dos projetos de mudança mediante a ocupação do poder político. Uma inscrição que apareceu no Maio parisiense era ilustrativa desse sentimento. Durante a queda da Bastilha, em 1789, diante da observação do rei de que estava ocorrendo uma revolta, um de seus ministros corrigira: "Majestade, não é uma revolta, mas uma revolução". Em 1968 se podia ler nos muros da Universidade de Paris uma paráfrase bem livre da sentença célebre: "Majestade, não é uma revolução; trata-se de uma mutação". Começo de uma era aquariana, cantavam os jovens num musical americano da época[13]. Logo depois, os anos 1970 pareciam contradizer as previsões talvez apressadas e falou-se em refluxo dos movimentos da contracultura. Alain Touraine, um dos analistas mais atentos aos movimentos sociais, já em 1968 dizia que a recente rebelião dos jovens não tivera um amanhã (*lendemain*), isto é, um resultado imediato, mas poderia ter um futuro (*avenir*), logo mais adiante[14]. E durante a década de 1980, num processo menos espetacular que em 1968, foram se sedimentando experiências e transformações significativas.

Fernand Braudel perguntava, desde alguns anos, se não estaríamos no fim de um período histórico de "longa duração", que começara havia quinhentos anos, com o renascimento europeu e os tempos modernos[15]. Fim da modernidade? Crise na modernidade? Crise da modernidade? Pouco importa a expressão preferida, toda previsão do futuro é sempre uma aposta incerta. Vale notar que transformações foram ocorrendo no nível do real e da consciência sobre o real, na sociedade e nos paradigmas do conhecimento. Lentamente, a última década foi desvelando a profundidade de uma crise que lançava dúvidas sobre os aspectos da razão, especialmente da razão instrumental, da ciência, e que alargava a consciência dos horizontes da realidade e de sua complexidade. Os reducionismos — e aí o economicismo — passaram a ser cada vez menos tolerados. Também foi sendo questionada a ilusão de certos marcos explicativos seguros, globais e totalizantes. Depois da ambição cientificista do século XIX, um novo desafio: como conviver com explicações provisórias e fragmentadas? Ruíram várias das grandes sínteses e com elas os projetos globais prefixados. Crise, entre outros, do paradigma marxista e do socialismo científico. Mudaram as aproximações ao conhecimento do mundo e os físicos foram os primeiros a dar um exemplo de humildade e de audácia (Prigogine, Capra, Hawker...). Os cientistas sociais, que tinham tido a tentação de descobrir na sociedade as mesmas inexoráveis leis newtonianas do

---

13. Do autor, *A utopia...* , op. cit., cap. 5, "As mutações históricas", 40-44.
14. Alain TOURAINE, *Le communisme utopique, ou le mouvement de mai*, Paris, Seuil, 1968.
15. Fernand BRAUDEL, *La dynamique du capitalisme*, Paris, Flammarion, 1985.

universo (ver as leis do materialismo histórico), tiveram de revisar suas ambições (os economistas tecnocratas parecem ser os menos conscientes de tudo isso, prisioneiros de seus sistemas e suas tentações de poder). Chegava-se àquela situação que Emmanuel Mounier já antevira, quando dissera que na sociedade se tratava menos de fazer previsões aventureiras do que de construir projetos abertos, como propostas possíveis de implementar. E, principalmente, tendo como base e ponto de partida as experiências que se estavam fazendo, a partir da práxis concreta (o valor da práxis seria, aliás, uma contribuição inestimável do marxismo, numa de suas mais relevantes intuições).

Práticas fecundas foram brotando dos novos movimentos sociais: os femininos, questionando a dominação masculina; os ecológicos, fazendo repensar a relação homem–natureza; os raciais etc. Novas temáticas foram sendo colocadas, ampliando a pauta dos problemas socioeconômicos: a subjetividade, o afetivo, a superação do antropocentrismo. Durante alguns anos houve a pretensão de uma artificial divisão de tarefas: os problemas socioeconômicos com o Terceiro Mundo e os alternativos com os países industriais. Hoje, vai ficando cada vez mais evidente como essa separação é insustentável: a pobreza crítica é problema de todo o mundo e não podemos pensar o futuro da América Latina sem a contribuição ecológica e feminina. Aliás, o adversário dos movimentos populares rurais entre nós é cada vez mais o mesmo dos ecologistas: a grande empresa industrial, moderna, predadora e poluidora. Chico Mendes reuniu, com seu exemplo, em sua morte, as duas dimensões de um mesmo processo de libertação: dos seringueiros e da floresta amazônica[16].

E aqui se propõem desafios inéditos para os cristãos que, nos anos 1970, souberam descobrir processos históricos de libertação no nível socioeconômico. Estarão eles igualmente atentos a outras dimensões? A tarefa não é fácil. No caso da Igreja Católica, sua ética sexual estreita dificulta uma abordagem tranqüila e aberta dos problemas da afetividade. Uma leitura tradicional do "dominai a terra" tampouco dá espaço para uma sensibilidade aos direitos da natureza e à vida que pulsa em todos os seres e no próprio universo.

Não se trata de abandonar um legado inegociável, a opção pelos pobres, mas de abri-lo a novas perspectivas. Já se disse mais atrás que o problema da pobreza social segue presente e ainda mais escandalosamente grave. Mas cresce também a consciência de outras dimensões das opressões e das dominações, assim como fica mais patente a ilusão de certas receitas políticas ou econômicas. As crise dos socialismos reais indicou a falência de modelos e a necessidade de transformações bem mais profundas e a longo prazo. Alargar a visão é

---

16. Zuenir VENTURA, *Chico Mendes. Crime e castigo*, São Paulo, Cia. das Letras, 2003.

uma necessidade para quem não quer ser superado pela rapidez com que vão aparecendo sempre novos questionamentos. Estamos obrigados a repensar tudo num horizonte planetário e ao mesmo tempo ancorados em nossas realidades locais. É toda uma maneira diferente de perceber a realidade e de enfrentá-la. Os caminhos da libertação se fazem cada vez mais exigentes. Ficar apenas na repetição do passado é trocar a audácia pela acomodação ou pelo medo. Em belo e sugestivo texto, Gustavo Gutiérrez indica uma tarefa para os anos 1990: *Mirar lejos* (expressão tirada de uma alocução de João XXIII, pouco antes de sua morte); a partir das práticas da caminhada, com os olhos postos num horizonte utópico sempre mais à frente, recriar e repensar sem cessar. Só assim a libertação irá adquirindo uma abertura bem mais abrangente, escapando dos reducionismos que podem transformá-la em ideologia simplificadora. O teólogo peruano insiste: "Olhar longe. Para além de nosso pequeno mundo, de nossas idéias e discussões, de nossos interesses, de maus momentos e — por que não o dizer — de nossas razões e [nossos] legítimos direitos. A Igreja na América Latina tem de unir suas forças e não as desgastar em discussões de pouco fôlego. Para isso precisamos reconhecer a interpelação do Senhor, presente no sinal dos tempos"[17].

É muito significativo que a espiritualidade, a oração e as celebrações litúrgicas ocupem cada vez mais posição central nas preocupações pastorais em renovação. A sensibilidade social, esvaziada de transcendência, própria de uma religiosidade secularizada e moderna, pode transformar a fé numa opção ideológica a mais, fazendo-a perder seu caráter irredutível. É o risco de um debate, por exemplo, entre Fé e política, reduzido ao nível de propostas socioeconômicas e que pode ir degenerando numa simples relação entre ideologia e política. A Fé tem raízes bem mais profundas e a modernidade em crise, questionando as ambições da razão, das ciências e dos projetos históricos, vai desocultando o dinamismo do sagrado. Fica o desafio para nossas pastorais: lugar de encontro com Deus ou apenas espaços de motivação social? A resposta já vem sendo dada pela prática das comunidades populares, a partir de sua religiosidade e de suas esperanças. Aí estamos longe da atitude, ao mesmo tempo cética e segura, da modernidade. Uma velha frase de G. K. Chesterton mantém sua atualidade: "O mistério é a saúde do espírito".

---

17. Gustavo GUTIÉRREZ, Mirar lejos, *Páginas*, Lima, n. 93 (out. 1988) 63-98.

5

Ação Católica Brasileira:
o despertar da consciência histórica[1]

Introdução

Uma prática eclesial brasileira merece uma atenção especial, por ser o germe de todo um dinamismo posterior. Trata-se da Ação Católica. Os processos históricos nunca são simples, nem se desenrolam com mudanças instantâneas. Mesmo os momentos de ruptura são preparados por transformações prévias, às vezes pouco visíveis e freqüentemente de resultados inesperados. Acabamos de referir-nos à etapa da Igreja Católica latino-americana que vai de Medellín (1968) a Puebla (1979), com o eclodir das experiências de pastoral popular, a multiplicação das comunidades eclesiais de base e a conseqüente reflexão teológica desenvolvida a partir da idéia-força de libertação. Foi um momento de intenso dinamismo eclesial e social, em que os cristãos, tantas vezes criticados por chegar tarde na história, dessa vez se anteciparam e estiveram na linha de frente das inovações fecundas e criadoras, tanto no nível da evangelização como no das transformações societárias. Neste capítulo, queremos desocultar uma das múltiplas — e ao mesmo tempo das mais significativas — origens de todo esse processo. Um espaço privilegiado que preparou o caminho de Medellín a Puebla ocorreu, anos antes, no Brasil, na Ação Católica especializada e, principalmente, em uma de suas organizações, a Juventude Universitária Católica.

Faustino L. C. Teixeira, em seu livro *A gênese das CEBs no Brasil*[2] coloca a Ação Católica Brasileira como um dos movimentos que, nos anos 1950 e

---

1. Revisão de texto publicado em SCHÜHLY, KONÏG, SCHNEIDER, *Consciência social, a história de um processo através da doutrina social da Igreja*, São Leopoldo, Ed. Unisinos, 1993.

2. Faustino Luiz COUTO TEIXEIRA, *A gênese das CEB's no Brasil*, São Paulo, Paulinas, 1988.

início dos anos 1960, estiveram na origem das CEBs das décadas seguintes. No prólogo que escrevi para essa obra, tive a ocasião de assinalar que ela "retifica estudos anteriores, que reduziram as influências precursoras a umas poucas, e talvez não as mais decisivas... Ousaria dizer que algumas análises freqüentemente se fixaram em semelhanças aparentes, sem descer aos parentescos reais mais significativos". Para descobrir as filiações, propunha que, "na gênese de uma prática, não basta descobrir práticas anteriores materialmente semelhantes, numa simples filiação por parecenças, mas há que chegar até aquelas outras práticas, atravessadas pela mesma energia, capazes de contagiar e dar vida nova a um espaço que se abre — matéria em potência, mas ainda indeterminada". Partia para isso da tradicional distinção aristotélica entre os aspectos meramente materiais e a forma, que dá vida enquanto *energéia*. Daí podia concluir, junto com o autor do livro, que se chegava a "ligações mais relevantes e radicais (no sentido de raízes comuns) com práticas antecipadoras, como as da Ação Católica especializada em alguns de seus movimentos juvenis e do MEB. Elas se encontram em sintonia com as CEBs na criação de uma nova reflexão teológica, na crítica comum ao sistema social imperante, na esperança compartida, ainda que em momentos históricos distintos, pelo movimento popular emergente, uns como aspiração, as CEBs como prática já em realização"[3].

Num primeiro momento traçarei a evolução da Ação Católica. Em seguida, indicarei alguns elementos de sua reflexão que podem ser intuições fundamentais renovadoras, a ponte entre esse período e a década seguinte, para concluir com os desafios de nossos dias e sua relação com os períodos anteriores.

A Ação Católica na gênese da pastoral dos anos 1970

A Ação Católica começou na Itália, durante o pontificado de Pio XI (1922-1939). Já a idéia de um movimento organizado de católicos leigos aparecia, até mesmo com esse nome, em documentos de Leão XIII e de Pio X, mas foi Pio XI quem deu uma estrutura mais precisa ao que ele definiu como "participação dos leigos organizados no apostolado hierárquico da Igreja fora e acima dos partidos, para estabelecer o reino universal de Jesus Cristo"[4]. A idéia de participação de leigos no apostolado da hierarquia causou espanto em

---

3. Luiz Alberto GÓMEZ DE SOUZA, Prólogo, in F. L. Couto Teixeira, *A gênese...*, op. cit., 10-12.
4. Ver D. Clemente ISNARD, O Cardeal Leme e a promoção do laicato brasileiro, *Revista Eclesiástica Brasileira*, Petrópolis, v. 27, fasc. 4 (dez. 1967) 832.

alguns círculos tradicionais. Era a entrada de não-clérigos no preservado espaço que parecia exclusivo dos sacerdotes. O papa seguinte, Pio XII, atenuou a expressão para colaboração. Surgia a figura do mandato, isto é, de uma responsabilidade oficial da Ação Católica, que alguns assimilariam a um sacramental. No contexto italiano, num regime político totalitário, diante dos movimentos fascistas todo-poderosos, os membros da Ação Católica, por seu estatuto particular, puderam com isso ter uma certa margem de autonomia, no mesmo momento em que o Estado fazia um pacto com a Santa Sé. Essa experiência de movimento oficial de leigos passou logo depois para outros países. Sacerdotes latino-americanos que estudavam em Roma trouxeram, já nos anos 1920, esse modelo à cidade do México, Rosário ou Recife. Em 1923, o novo bispo do Rio de Janeiro, D. Sebastião Leme, publicava um livro sobre a Ação Católica, e em 1929 o arcebispo de Porto Alegre, D. João Becker, a carta pastoral *A cristianização da sociedade através da Ação Católica*[5]. Copiava-se a organização italiana com seus quatro setores, homens e mulheres, rapazes e moças. Mas já em 1923, na Bélgica, Pe. Joseph Cardjin criava a Juventude Operária Católica, como germe do que seria mais tarde a Ação Católica especializada, desenvolvida principalmente na França, na Bélgica e no Canadá e que teria uma divisão diferente, por setores sociais de origem. Em meados dos anos 1930, já havia núcleos da JOC em cidades de São Paulo e do Rio Grande do Sul. Logo em seguida, surgiria a Juventude Universitária Católica, que fora precedida pela Associação dos Universitários Católicos.

Todo esses movimentos chegaram ao Brasil a partir da Europa e sua implantação não teve uma originalidade própria. Foram importados como outros movimentos e devoções do processo de romanização, que começara em fins do século anterior. Nos anos 1950, o grande debate no interior deles foi sobre o modelo a seguir, se o italiano ou o especializado. Em outros países da América Latina o modelo italiano prevaleceu, com a aparição, mais ou menos tolerada, de alguns setores especializados (operários e estudantes). No Brasil, a pressão de alguns assistentes eclesiásticos, dirigentes leigos e a influência marcante dos padres Hélder Câmara e José Távora (futuros bispos auxiliares do Rio de Janeiro) levaram à transformação total, em 1950, para o modelo especializado, com os movimentos masculinos e femininos de jovens da área rural (JAC), estudantes secundários (JEC e JECF), de setores da classe média urbana (JICF, juventude "independente"), operários (JOC e JOCF) e universitários (JUC). A eles corresponderiam, teoricamente, organizações

---

5. Para informações sobre a história da ACB nesse e nos parágrafos seguintes, ver L. A. GOMEZ DE SOUZA, *A JUC: os estudantes católicos e a política*, op. cit., 58-72, 91-96.

adultas, ditas ligas, que tiveram vida efêmera, umas poucas LIC e LOC, que seriam origem das futuras ACI e ACO.

A Ação Católica seria cenário de várias disputas de orientação. Seu presidente nacional na primeira etapa, Alceu de Amoroso Lima, o crítico literário conhecido pelo pseudônimo de Tristão de Athayde, convertera-se ao catolicismo em 1928 e estava ligado ao pensamento neotomista de Jacques Maritain, muito atacado por setores tradicionalistas. Em contraposição, em São Paulo, o dirigente leigo da Ação Católica, Plínio Correia de Oliveira, era de tendência oposta, apoiado pelo vigário-geral da arquidiocese, Pe. Castro Mayer. Plínio escreveu o livro *Em defesa da Ação Católica* (1943), para denunciar "os erros liberais e modernistas", opondo-se a Amoroso Lima, que publicara seu *Elementos de ação católica* (1938). De um lado, havia um esforço para entender o mundo contemporâneo, para repensar o problema da liberdade, da democracia e da participação social e, de outro, a atitude de rejeição a tudo o que era moderno e considerado anticristão. O modelo e referência destes últimos era a velha cristandade medieval, sobre a qual Correia de Oliveira ensinava na universidade. Fazendo frente a ela, Maritain, em seu livro *Humanismo integral*, de 1936, falava de Nova Cristandade, numa sociedade pluralista. O conflito ideológico era profundo e irreconciliável. Cruzava-se também com a discussão sobre a liturgia; a direção nacional da Ação Católica, com Tristão de Athayde, assumia a reforma litúrgica, que tinha como centro o Mosteiro de São Bento, no Rio de Janeiro, sob a influência de mosteiros europeus como o de Maria Laach.

Em 1943, com a morte do arcebispo de São Paulo, e a nomeação de D. Carlos Carmelo de Vasconcelos Motta, cessava a influência de Castro Mayer (logo depois nomeado bispo de Campos), e três sacerdotes canadenses da Congregação de Santa Cruz trariam a experiência especializada para a Ação Católica paulista, reforçados por dois dominicanos que voltavam de seus estudos na França, um dos quais, frei Romeu Dale, seria por muitos anos o assistente nacional da JUC. Quase ao mesmo tempo, morria D. Sebastião Leme, no Rio de Janeiro. O novo cardeal, D. Jayme de Barros Câmara, não tinha a mesma afinidade com Amoroso Lima, que se afastou então da Ação Católica. Os dirigentes do movimento que o sucederam voltaram-se principalmente para a reorganização institucional interna, ainda que sem renegar as influências ideológicas do período anterior. Os setores tradicionalistas se desligariam do movimento em quase todo o país. Além desse integrismo radical, nos anos 1930, a Ação Católica fora influenciada em alguns lugares pelo integralismo de Plínio Salgado, calcado no pensamento corporativo, com fortes influências do salazarismo português. O próprio Amoroso Lima, sem nunca ter pertencido a essa corrente, chegara a recomendar aos católicos uma possível adesão ao integralismo. Logo depois tomava distância dessa organização, assim como Pe. Hélder Câmara, que fora em 1932 um importante líder integralista em Fortaleza. Até 1950, em alguns poucos centros (Porto Alegre foi um deles), se podiam encontrar certas simpatias pelo integralismo, que logo iriam desaparecendo.

Na nova Ação Católica especializada, de 1950 em diante, o pensamento de Maritain estaria presente, especialmente no setor universitário, com a influência crescente da teologia européia do pós-guerra (Chenu, Congar, De Lubac) e do movimento de economia e humanismo de Pe. Lebret. Entretanto, num país de grandes dimensões, o esforço principal se dava principalmente no âmbito da organização e da expansão da Ação Católica. Mais do que sobre idéias, a insistência era sobre a metodologia do trabalho, o método ver–julgar–agir, que nascera na JOC e passava aos outros movimentos especializados. Mas o próprio método, por sua lógica interna, que privilegiava o conhecimento da realidade (ver) e tinha um direcionamento para as práticas (agir), tendia a sair de um pensamento mais abstrato e essencialista, cotejando a reflexão com o real (julgar). A idéia de formação na ação era muito criticada por aqueles que julgavam necessária uma orientação teórica mais voltada para a contemplação da verdade e que temiam pelo vigor de um conhecimento imerso nas contingências concretas. O perigo de ativismo era um alerta de grupos conservadores, como décadas mais tarde outros falariam de riscos de horizontalismo social. A isso os militantes da Ação Católica retrucavam que seu aprendizado correspondia muito mais às necessidades do mundo e favorecia uma melhor encarnação dos cristãos em seu meio de vida (falava-se então de uma teologia e de uma espiritualidade das realidades terrenas). O neologismo engajamento, que provinha do pensamento existencialista europeu do pós-guerra e chegava principalmente por meio do personalismo comunitário de Emmanuel Mounier, indicava uma necessidade de compromisso social.

O problema era articular formação e ação, Igreja e mundo, espiritual e temporal, humanização e evangelização. Um texto mimeografado de 1953, publicado pela Conferência Nacional dos Bispos do Brasil, *Ajuda para um pronunciamento sobre os estatutos da Ação Católica Brasileira*, referido basicamente ao meio universitário, alertava para o "perigo das soluções parciais: — uma JUC que se formasse unicamente em torno do ideal de preparar futuros líderes e cristianizar a inteligência e a cultura poderia cair no perigo da 'torre de marfim' da linguagem hermética... — uma JUC inteiramente absorvida pelos problemas sociais, econômicos, do universitário e da sociedade, poderia tornar-se um movimento de caráter político, vivo, atuante, presente, combativo, mas quem sabe esquecido de que o apostolado é, em primeiro lugar, obra sobrenatural... — enfim... uma JUC que se limitasse à vida cristã profundamente vivida e integralmente proposta aos companheiros, abandonando de todo, ou quase, a participação no terreno humano da vida universitária [estaria] fugindo ao senso cristão da realidade, que quer tenhamos a humildade de fazer passar o divino nas nossas palavras e gestos humanos..."[6]

É interessante notar como a CNBB acompanhava de perto, durante esses anos, o movimento mandatado da Ação Católica. D. Hélder Câmara, nomeado bispo em 1952, era, ao mesmo tempo, secretário-geral da CNBB e assistente nacional da ACB. Aliás, a CNBB foi criada por ele, em 1952, com a colaboração imediata de vários assistentes dos movimentos da ACB e a participação direta de leigos que trabalhavam em tempo integral nesta última organização (eram chamados "permanentes" dos movimentos); vários, especialmente algumas dirigentes, seriam responsáveis pela montagem da estrutura da conferência nacional episcopal. Com o passar dos anos, e uma sempre maior visibilidade dos bispos na CNBB, esquece-se sua origem a partir da experiência e das práticas de um movimento de leigos. Voltarei ao tema mais adiante.

Os movimentos de juventude (conhecidos como a-e-i-o-u), tinham uma articulação em comum no plano nacional, no Rio de Janeiro, onde viviam suas equipes nacionais, das quais participavam dirigentes que vinham de diferentes regiões do país para um intenso trabalho de viagens, preparação de reuniões e redação de boletins e de programas nacionais. Em sua maioria bastante jovens, ao lado de alguns assistentes eclesiásticos, acompanhavam de perto os rumos da Igreja no país. Durante os anos 1950, várias vezes reuniram-se com dezenas de bispos para definir os rumos da Ação Católica em seu conjunto e dos movimentos especializados em particular. Estavam também presentes na preparação dos documentos da CNBB, principalmente entre 1952 e 1964, e na elaboração de seus planos pastorais. Fui membro da equipe nacional da JUC de 1956 a 1958, com 20 anos, e Lúcia, minha companheira de vida, ali chegou, vinda de Juiz de Fora, em 1957.

Um dos movimentos da Ação Católica, a JUC teria uma trajetória especialmente significativa. Por tratar-se de uma organização de estudantes, foi onde o impacto das idéias se deu de maneira mais direta, o que fez dela um espaço pioneiro que preparou algumas posições pastorais dos anos 1970.

Como os outros movimentos da Ação Católica, a JUC escolhia cada ano um tema em torno do qual articulava suas atividades. Graças a ele — que até 1954 constituía o programa nacional — se pode descobrir idéias-força cen-

---

6. CNBB, *Ajuda para um pronunciamento sobre os estatutos da Ação Católica Brasileira*, material preparatório para a reunião de 17 de agosto de 1953 (mimeo.), Rio de Janeiro, 1953, Arquivo do Instituto Nacional de Pastoral (INP), CNBB, Brasília. Para maiores detalhes sobre a evolução da JUC, ver L. A. *Gómez de Souza, A JUC...*, op.cit.

trais e as prioridades dadas às atividades da organização. Em 1951, o tema do primeiro conselho nacional foi a inserção do universitário em seu meio e na vida, incluindo-se aí a participação nas associações de estudantes. A ênfase era posta no compromisso (engajamento) na universidade. Nos anos seguintes, os programas anuais estiveram centrados no tema da cultura: o testemunho cristão da cultura (1952) e de Cristo através da cultura (1953). Entre os autores citados nos documentos, encontramos principalmente estrangeiros, Lebret, Guardini, Marmion, Maritain, cardeal Newman, Guido Gonella, Mounier. A idéia de cultura é ainda tradicional, de conhecimentos intelectuais, com a inclusão também da criação artística. Só mais tarde, no começo da década seguinte, é que se chegaria a um conceito antropológico da cultura, como resultado da ação transformadora dos homens e à noção de cultura popular. A cultura brasileira ocupava um espaço ainda reduzido; os temas e os autores eram principalmente europeus. O movimento talvez corresse o risco da torre de marfim, como lembrava o documento da CNBB de 1953 antes citado, o qual alertava também para o perigo de perder "o contato com as realidades prementes da vida atual... movimento de elite que não fermentaria a massa ao redor de si".

Já desde 1951, alguns núcleos locais da JUC propunham o tema da questão social. Este seria escolhido para o programa de 1954: o universitário e a questão social. Foi a abertura para uma realidade que se situava além da vida universitária e obrigava a colocar esta última no âmbito dos problemas nacionais. Não podemos esquecer que eram os anos do último período presidencial de Getúlio Vargas (1950-1954), quando se dava um intenso debate sobre o nacionalismo e sobre as reivindicações trabalhistas. A JUC participava de certa maneira, ainda que com um certo distanciamento, das polêmicas do momento. Pe. Lebret, que assessorava o governo de São Paulo nesses anos, teve bastante influência, como se pode ver nas publicações do movimento. E chegava-se à consciência de que o universitário, no espectro nacional da divisão de classes, era um privilegiado e devia se pôr a serviço da luta pela justiça social. Uma idéia era central: inserção no meio e na sociedade em geral e, em conseqüência, aproximação aos setores populares mais pobres. Assim, o movimento ia embebendo-se cada vez mais no clima sociopolítico nacional. Nos anos seguintes, a consciência da diversidade do país levaria a não mais escolher um programa comum para os diversos núcleos locais, mas permanecia uma exigência: o conhecimento da realidade e uma procura de instrumentos científicos para a "caracterização do meio universitário", tarefa permanente para o movimento. Do interesse pela cultura e por temas filosóficos e teológicos, passava-se às ciências sociais e ao conhecimento mais rigoroso da sociedade.

Em 1957, realizou-se um encontro de um grupo representativo de bispos com dirigentes da Ação Católica, com a presença do núncio apostólico D. Armando Lombardi. O documento final, assinado por 24 bispos, reflete bem o clima da época, não só na JUC, mas na Ação Católica em geral. Indicam os bispos: "urge, de fato, como recomendou nossa Conferência Nacional dos Bispos do Brasil, iniciar na sociologia religiosa padres e leigos, para que nos livremos quanto antes do impressionismo religioso e possamos basear, de modo sólido, nossos planos de apostolado". É significativo o ponto seguinte: "no domínio econômico-social, a palavra que mais nos calou foi o quíntuplo aviso: — evitar e fazer evitar as aparências de compromisso da Igreja com as estruturas capitalistas; — evitar, diante do comunismo, uma atitude negativa, de simples anticomunismo, sem combater também o materialismo capitalista que trouxe a revolta e portanto o comunismo; — conhecer e levar a conhecer o movimento operário e o problema operário em sua realidade total para não sermos incapazes de falar uma linguagem acessível aos trabalhadores; — evitar e fazer evitar em relações com os movimentos operários a atitude paternalista de quem simpatiza com os trabalhadores, mas os considera incapazes de liderar a promoção da própria classe; — evitar, na medida do possível, em país onde a escassez do clero é alarmante, que os padres se engolfem na ação social com prejuízo de atividades especificamente sacerdotais. O campo é próprio dos leigos"[7]. Na redação deste parágrafo, influiu a intervenção de um assistente nacional da JOC, o canadense Pe. Melançon, mas o estilo inconfundível parece ser do assistente nacional, D. Hélder Câmara. A JUC trataria de responder a essa expectativa e, nos anos seguintes, daria uma contribuição particular no âmbito da reflexão e da prática.

São os tempos do governo de Juscelino Kubitschek. Depois do nacionalismo, a idéia-chave na sociedade era agora o desenvolvimento e se falava da ideologia desenvolvimentista. Os bispos do Nordeste, articulados pelo secretário-geral da CNBB, haviam proposto ao presidente a elaboração de um plano econômico e social para essa região, e tal iniciativa parece ter influenciado a criação da SUDENE. Discutia-se a necessidade de um projeto novo para o Brasil. Vivia-se o processo de modernização industrial (plano nacional de metas, indústria automobilística, obras públicas, eletrificação etc). Para os cristãos, a exigência era articular uma visão cristã do mundo com os problemas concretos do país.

---

7. Declaração dos arcebispos e bispos, *JUC, Boletim Nacional*, Rio de Janeiro, n. 2, (1957) 19-23.

Universitários católicos na descoberta da consciência histórica

EM 1959, no Conselho Nacional da JUC de Belo Horizonte, o assistente da JUC de Recife, Almeri Bezerra, com um texto sobre "a necessidade de um ideal histórico", referia-se a uma dificuldade presente no movimento: "senti que não basta saber que se tem uma tarefa a cumprir no mundo, que não basta conhecer as teses de uma teologia cósmica ou ser posto dentro de uma perspectiva de encarnação... para que saibais qual seja precisamente, *hic et nunc*, esta tarefa e como executá-la". Indicava duas atitudes que considera opostas e falsas: "atitude de desprezo pelos ensinamentos do magistério eclesiástico, e atitude ingênua de demagógica exaltação do pensamento oficial da Igreja como se lá estivessem as soluções... O magistério eclesiástico e os teólogos não nos dão senão os princípios de uma ação... numa ordem de conhecimento essencialmente especulativo e só remotamente prático. Por outro lado os sociólogos, os economistas, os planificadores, os políticos... nos oferecem... um conhecimento truncado da realidade... dentro de uma ordem de conhecimento prático desligado de um pensamento filosófico autêntico e de um pensamento teológico". E concluía: "É absolutamente necessário, em vista de um engajamento cristão eficaz na ordem temporal, que se faça uma ampla e cuidadosa reflexão sobre as realidades históricas concretas (segundo tempo e lugar), à luz dos princípios universais cristãos, em busca da fixação de certos princípios médios, que exprimem o que se pode chamar de ideal histórico cristão"[8]. Como indica um autor que comenta esse texto, tratava-se de superar "a desestimulante distância que se há de preencher entre os princípios, a doutrina e os problemas concretos do meio"[9]. Almeri Bezerra vai tomar a expressão ideal histórico do livro *Humanismo integral*, de Jacques Maritain[10].

O Conselho da JUC no Rio de Janeiro, em 1960, comemorou os 10 anos do movimento e tratou de precisar o que poderia ser esse ideal histórico. O *Boletim Nacional*, posterior à reunião, indica que "o ideal histórico surgiu como o desencadeamento de um anseio mais ou menos coletivo do que poderíamos chamar vontade de descoberta de uma linha de ação total, a partir de uma síntese global homem–temporal–espiritual". Buscava fazer a ponte entre a realidade histórica concreta e os princípios universais que se encontram no magistério da Igreja. A equipe regional do Nordeste indicava que, por meio

---

8. *JUC, Boletim Nacional*, Rio de Janeiro, n. 2 (1959) 37-40.
9. José Oscar BEOZZO, *Cristãos na universidade e na política*, Petrópolis, Vozes, 1984.
10. Jacques MARITAIN, *Humanisme intégral*, Paris, Aubier, 1936, traduzido logo depois para o português pela Companhia Editora Nacional. Tratava-se de um seminário que o autor dera num curso de verão em Santander, Espanha, em 1934.

desse ideal histórico, se chegaria a "um corpo ideológico de princípios, patrimônio do movimento — aos quais recorrerão os militantes no seu trabalho cotidiano, na vivência de seus programas e no seu engajamento no meio. É nesta zona ideológica que o ideal histórico vai atingir o método de ver, julgar e agir. Dentro desse ciclo marcará mais a etapa julgar, que se serve de princípios médios e que normalmente tende para a descoberta de um ideal a ser vivido".

A equipe de Belo Horizonte tratou de indicar quais poderiam ser esses princípios nos diversos planos da realidade, no texto "Algumas diretrizes de um ideal histórico cristão para o povo brasileiro". Ela estava consciente "da alta dose de risco (dessa tarefa)... é sempre bom ter presente que a história do cristão, desenrolando-se na faixa obscura e trágica da inserção do sobrenatural no tempo, constrói-se, entre outras coisas, de 'aventura', de um certo compromisso com o relativo, com o contingente". No âmbito econômico, o documento falava de uma opção por um desenvolvimento harmônico que exigia a superação do capitalismo. Em sua parte final, ia até mais longe e propunha um desenvolvimento socialista como uma solução para o país, a partir de um nacionalismo econômico e no marco do que naqueles anos se chamava uma terceira força internacional. Essa última proposta despertou resistências. Comentando o documento, a equipe nacional diria que isso era "adentrar um terreno concreto demais, um campo prático em excesso, perderia o caráter de princípio, a nota de universalidade. A cada jucista cabe pois fazer a opção, neste caso"[11]. Aliás, essa última proposta não será transcrita nos anais da reunião. Mas, em todo caso, o clima ideológico do momento não apenas indicava uma rejeição do capitalismo, mas também se encaminhava para uma opção socialista, ainda que sem defini-la claramente. Um problema ficava posto: até onde iam esses princípios médios do movimento e onde começava o programa concreto de um grupo político particular? Essa fronteira tênue criaria muitas dificuldades nos anos seguintes.

É importante indicar como, em 1960, o movimento procurava precisar melhor seu quadro de referências teórico, ao mesmo tempo que crescia sua inserção no meio universitário, na política estudantil e nos debates sobre a reforma da universidade. Militantes da JUC participavam dos diretórios acadêmicos, das uniões estaduais e surgiam como candidatos na própria União Nacional dos Estudantes (a UNE). Em 1961 um jucista, Aldo Arantes, seria eleito presidente da UNE (em 1960, Herbert José de Souza — o Betinho — fora pré-candidato). Como acontecia freqüentemente no país, a prática precedia a reflexão e pedia uma reelaboração teórica conseqüente.

---

11. JUC, *Boletim Nacional*. Ideal Histórico, Rio de Janeiro, n. 4 (1960) 3-35.

Por trás da procura de um ideal histórico, o que se buscava era precisar um programa que guiasse a inserção dos cristãos na sociedade. Não havia no país um pensamento democrata-cristão significativo, como no Chile ou na Venezuela, esse sim influenciado por Maritain, nem uma reflexão madura sobre cristianismo e realidade brasileira. Mas logo a noção de ideal histórico mostraria seus limites, por sua perspectiva dedutiva, que descia unilateralmente dos princípios para a realidade. A metodologia da Ação Católica procurava articular mais intimamente princípios e realidade a partir desta última (o ver). Do neotomismo maritaineano se passaria ao personalismo comunitário de Emmanuel Mounier, que tinha como ponto de partida e referência a pessoa, imersa numa situação e num tempo histórico determinados.

Uma nova noção seria decisiva nesse momento: consciência histórica. Seu teórico, um filósofo jesuíta, Pe. Henrique C. de Lima Vaz, que não fora assistente da Ação Católica, mas iria ter enorme influência na JUC, especialmente por ocasião do Conselho Nacional de Aracaju, em 1963, onde deu um curso sobre o tema. Para ele, "o sentido da história se revela no mundo humano das significações e valores — na consciência histórica — que define a configuração global de uma idade de cultura". Dirá que prefere falar de consciência histórica, e não de ideal histórico concreto, como o definira Maritain: "os ideais históricos... não recebem significação senão como prolongamentos das linhas de força da consciência da época em cujo solo florescem... e a tendência a imobilizá-los como essências puras pode representar uma fuga sutil da história real. A consciência histórica de uma determinada época não suscita seus ideais históricos como 'essências realizáveis', mas como imagens e modelos da sua essência efetiva, das suas contradições reais, do seu desdobramento concreto". Para o autor, "o Cristianismo não propõe um 'ideal histórico' — ele não se deixa nunca degradar em 'ideologia'... Ele é... uma 'consciência histórica' e sua originalidade reside precisamente nas razões últimas do prodigioso dinamismo histórico que sua aparição deflagrou no mundo ocidental". E faz a seguinte pergunta: "estaremos tocando o termo das virtualidades históricas do Cristianismo ou acaso os lineamentos da 'consciência histórica' que caracteriza os tempos modernos não se definem coerentemente senão a partir do núcleo cristão onde reside sua origem e não encontram aí ponto de referência privilegiado de onde projetar a única alternativa vitoriosa na linha de seu destino?" Dito em outras palavras, mundo moderno e cristianismo são irreconciliáveis, aquele marcado por uma atitude inevitavelmente anticristã e secularizante, este ligado a estruturas sociais de cristandade pré-modernas, ou, pelo contrário, é somente com o cristianismo que a modernidade se realizará em plenitude? É todo o problema do diálogo Igreja–mundo, que se coloca como desafio teórico e prático nesses anos da realização do Concílio Vaticano II e que será analisado de maneira renovadora na constituição pastoral *Gaudium et Spes* de 1965.

"A consciência histórica dos tempos modernos nasce quando o cosmos 'natural' do homem antigo se desfaz ao impacto da revolução científico-técnica... O homem começa a olhar o mundo de maneira nova, um novo tipo de 'subjetividade'... se manifesta." Pe. Vaz reconhece que o mundo moderno surgiu enfrentando-se com o cristianismo. Mas, para além das críticas, não se podem descobrir afinidades profundas entre uma consciência histórica moderna e o cristianismo como consciência histórica? Na verdade, diz ele, "se o que caracteriza a consciência histórica dos tempos modernos é a concepção do homem como ser que transcende o mundo precisamente enquanto o transforma e o humaniza, é possível mostrar que essa transcendência ativa do homem sobre o mundo está de tal sorte no centro da vida cristã, que esta acaba por situar a significação última do mundo na direção de um movimento criado pelas iniciativas históricas do homem". Ele considera que "o Cristianismo, como consciência histórica, constitui-se também pela afirmação do homem como subjetividade criadora face ao mundo", e por isso "sou profundamente otimista, cristãmente otimista em face da revolução dos tempos modernos". Em conseqüência, "o grande pecado do cristão será hoje o pecado da omissão histórica". O programa seria então o que se propusera Mounier ao lançar a revista *Esprit* em 1932: "refazer a renascença", provocar o reencontro de cristianismo e tempos modernos[12].

Eis um programa que provocaria entusiasmo nos jovens universitários cristãos, desejosos de participar no processo de transformações estruturais e culturais da sociedade brasileira em processo de modernização. É verdade que o pensamento de Pe. Vaz sobre o mundo moderno era bem mais complexo do que essas citações poderiam fazer supor, e seu otimismo tinha algo do otimismo trágico de Mounier. Era consciente das ambigüidades do mundo moderno e das dificuldades de um programa de *consecratio mundi* proposto por Pio XII ou do *aggiornamento* de João XXIII. Em texto posterior, "Cristianismo e mundo moderno" (1968), voltará ao tema desfazendo simplificações de uma discussão limitada, e para ele superada, entre progressistas e integristas[13]. Mas nesse texto de 1960 (e no curso de 1963)[14] o esforço foi para romper as barrei-

---

12. Henrique C. de LIMA VAZ, Consciência cristã e responsabilidade histórica, in Herbert José de SOUZA e Luiz Alberto GÓMEZ DE SOUZA (eds.), *Cristianismo hoje*, Rio de Janeiro, Ed. Universitária da UNE, 1964, 75-92.

13. Henrique C. de LIMA VAZ, *Cristianismo e mundo moderno*, Paz e Terra, Rio de Janeiro, 1968, n. 6, transcrito com modificações em ID., *Escritos de filosofia, problemas de fronteira*, São Paulo, Loyola, 1986, 141-156.

14. Publicado a partir de notas de participantes, Henrique C. de LIMA VAZ, *Cristianismo e consciência histórica*, São Paulo, 1963.

ras teóricas e emocionais que impediam os cristãos de assumir plenamente seu tempo: "em face desta prodigiosa aventura cósmica que se delineia como o movimento real da história... a consciência cristã não deve sentir-se desamparada. Ao contrário, suas intuições de base... oferecem a justificação mais audaz para um humanismo histórico"[15]. Sente-se aí, além de Mounier, a influência do pensamento de Teilhard de Chardin.[16]

Mais tarde, o conhecimento mais preciso da modernidade na realidade brasileira e nos países periféricos levará os cristãos latino-americanos a uma denúncia dos mecanismos perversos de dominação e de seu sistema socioeconômico. Mas o momento da crítica e da busca de alternativas é precedido pela caída de preconceitos e de medos miúdos (a *petite peur* do século XX que mencionava Mounier). Uma coisa era a posição antimoderna, que se punha fora ou antes da modernidade, outra a negação de dentro dela e a partir de suas contradições. Nesse sentido, o programa de libertação posterior tem suas raízes na descoberta da consciência histórica moderna, com suas virtualidades e ambigüidades.

Essas considerações sobre consciência histórica não devem levar a crer que esse movimento de juventude, como um todo, participava do debate. Ele se fazia em nível de dirigentes, mas, sem dúvida, refletia um sentimento e uma aspiração compartidos. Os membros da JUC presentes, através da política estudantil, no debate nacional, procuravam uma maior percepção da sociedade e de seus problemas mais candentes.

Um documento de universitários, em 1961, expressa bem esse clima ideológico. O Manifesto do Diretório Central dos Estudantes da Universidade Católica do Rio de Janeiro declarava que, "como ser social, o cristão se insere numa sociedade e com ela se compromete, e dela é responsável. Esta responsabilidade não se traduz por sua subserviência — ao contrário, pela sua missão de transformá-la". Depois de indicar que "a liberdade, como tema democrático, tem de ser garantida", enuncia os condicionamentos que impedem seu exercício e então considera um dever "denunciar a propriedade capitalista e provocar o advento daquela 'propriedade humana' diversificada de que falava E. Mounier". Tomando uma opção nacionalista, considera que "a

---

15. LIMA VAZ, *Consciência cristã...*, op. cit., 89.
16. Textos posteriores do Pe. Vaz indicarão uma posição mais crítica do que ele chamará a "modernidade moderna" e se distanciarão mesmo da reflexão latino-americana da teologia da libertação que surgiria logo adiante. Ver L. A. GÓMEZ DE SOUZA, A reflexão do Pe. Henrique C. de Lima Vaz e uma geração de cristãos comprometidos com a ação, in João A. MAC DOWELL, SJ (org.), *Saber filosófico, história e transcendência*, São Paulo, Loyola, 2002, 343-353. Aqui importa indicar a relevância do pensamento do Pe. Vaz naquele momento.

promoção das classes operárias-urbanas e campesinas-rurais se coloca neste momento dentro da perspectiva cristã... Somente através da democratização da nossa educação poderemos chegar à consciência cultural global que exprimirá num projeto novo as aspirações da nossa história". Volta sempre à necessidade de estar em dia com os problemas do momento, sabendo ler o que se vai chamando naqueles anos "os sinais dos tempos"[17]. Esse texto, de cuja redação participaram estudantes da JUC e o próprio Pe. Vaz, provocou a reação irada do intelectual católico Gustavo Corção, do Centro Dom Vital, que no passado tivera certa influência entre os membros da Ação Católica. Pe. Henrique Vaz, em artigo num jornal de estudantes, defendeu os "jovens cristãos em luta por uma história sem servidões". Para ele, "é este presente que os universitários cristãos, 'assumindo a crítica da própria situação privilegiada', querem viver na sua carne, denunciar na sua consciência, transformar pela sua ação... Preocupa-os o homem. E preocupa-os a imagem de Deus no homem"[18].

Esses universitários cristãos, com alguns sacerdotes que os assessoravam, buscavam elaborar um pensamento mais ou menos coerente para responder aos desafios da realidade, mas não tinham em sua retaguarda centros de formação teológica ou filosófica para ajudá-los. O Centro Dom Vital, criado nos anos 1920 por Jackson de Figueiredo, atuante até o final dos anos 1940, quando reunia um número significativo de pensadores e artistas, perdia seu impacto. Uma parte dele, com Gustavo Corção, tomava uma posição crescentemente conservadora. Alceu de Amoroso Lima, seu presidente, diante das tensões internas, se retraía. Ele, que depois do golpe de 1964 dará um profético testemunho de defesa dos direitos humanos, nesse momento passava a uma atitude mais discreta[19]. Tudo isso obrigava os jovens a suprir lacunas e a ocupar, quase sós, o espaço da produção teórica. Na verdade, a ausência de uma reflexão cristã sólida, se por um lado representava uma séria deficiência, por outro não criava obstáculos maiores à renovação de idéias e à experimentação.

---

17. Manifesto do Diretório Central dos Estudantes da Pontifícia Universidade Católica, in *Cristianismo hoje*, op. cit., 93-104.

18. Henrique C. de LIMA VAZ, Jovens cristãos em luta por uma história sem servidões, in *Cristianismo hoje*, op. cit, 59-73.

19. Em correspondência à sua filha, num certo momento tomará distância diante da nova corrente leiga que surgia, a Ação Popular (AP), e o que chamava "grupo Luiz Alberto" (carta de 9 de janeiro de 1964). Mais adiante, depois do golpe e a partir de uma releitura de Mounier, guardando uma posição crítica, diz que "por vezes me sinto tão pequeno ao lado desses moços que tudo arriscam e vejo a posição de Mounier, mesmo depois da decepção que teve com a colaboração direta com os comunistas..." (carta de 10 de janeiro de 1965, um ano depois). Ver *Cartas do pai. De Alceu Amoroso Lima para sua filha madre Maria Teresa OSB*, São Paulo, Instituto Moreira Salles, 2003.

E os jovens têm uma certa audácia para inovar. Isso explica como a reelaboração do pensamento cristão se deu, principalmente, num movimento de estudantes.

No seio da Igreja, essas posições despertaram críticas e temores. Logo depois do encontro dos dez anos da JUC (1960), D. Hélder Câmara escreveu uma nota reservada para os bispos. Falou de "rumores de influência marxista" mas considerava "que a JUC, longe de estar exorbitando ao tentar o esforço que vem tentando, está vivendo uma hora plena e merece o apoio e o estímulo do Exmo. Episcopado". Indicou que "não é de espantar que, ao se reunirem mais de 500 jovens, de mais de 50 centros universitários (jovens para quem temos tanta dificuldade de liberar assistentes adequados que os acompanhem devidamente), aqui e ali, alguma expressão oral ou até escrita se ressinta de imprecisão doutrinária ou se revista de excessiva audácia". Para ele, "o ideal teria sido que as nossas Universidades Católicas e Escolas Católicas isoladas se tivessem antecipado aos estudantes na tentativa de aplicar ao nosso tempo e ao nosso meio a doutrina da Igreja, e isso no tocante aos vários campos da cultura". E sugeria "estimular com urgência os professores universitários a que tentem esforço paralelo ao que está desenvolvendo a JUC"[20]. Mas as dificuldades da JUC no seio da Igreja continuaram. Numa reunião de bispos em Roma, em 1965, durante o Concílio, D. Cândido Padim, que fora pouco antes assistente da Ação Católica e da JUC, referindo-se às restrições à JUC, indicava: "Vejo um paradoxo no fato de, dum lado, se exigir a sacralização do temporal e, doutro lado, se impedir aos leigos essa tarefa... Não vejo, pois, possibilidade de uma linha certa da AC se os bispos pretendem que os membros da AC se abstenham de uma atuação na ordem temporal"[21].

Nesses anos, a dificuldade de precisar até onde um movimento oficial de leigos deveria posicionar-se e onde começava a responsabilidade pessoal de cada um levou a pensar no que se chamou num primeiro momento uma esquerda cristã, como movimento político autônomo. Isso encaminhou à criação, em 1962, da Ação Popular, que, desenvolvendo uma reflexão até certo ponto semelhante à da JUC, mas não limitada à participação de cristãos, não comprometia a Igreja e permitia posicionamentos mais concretos e definidos, bem além dos "princípios médios" e das afirmações gerais da doutrina social. O Documento-Base da AP, de 1963, indica na sua introdução: "A Ação Popular é a expressão de uma geração que traduz em ação revolucionária as opções fundamentais que assumiu como resposta ao desafio de nossa realidade e como de-

---

20. CNBB, *Informações objetivas sobre a JUC e o seu recente congresso nacional*, texto mimeografado, Rio de Janeiro, 1960, Arquivo do INP, CNBB, Brasília.

21. CNBB, *Reunião dos bispos em Roma. Assunto AC, 30.09.65*, texto mimeografado, Arquivo do INP, CNBB, Brasília.

corrência de uma análise realista do processo social brasileiro..." Num capítulo teórico inicial rejeita tanto as concepções idealistas como "as concepções materialistas (de consciência-reflexo, de consciência-produto, de consciência-instrumento) [que], anulando a especificidade da consciência, anulam finalmente no homem sua condição de sujeito, de pessoa". Assumindo uma opção socialista, critica as experiências socialistas em curso, nas quais "o problema do poder é alterado, mas não radicalmente transformado. Este poder é atribuído a um organismo fechado e surgem outras dominações, a política, a cultural etc. Falta uma participação real, plural"[22]. A evolução da AP seria condicionada, logo depois, pelo golpe militar de 1964 e por sua vida na clandestinidade. Tendo surgido como um movimento aberto a uma elaboração teórica criativa, na linha do personalismo comunitário de Mounier, mais adiante, a partir da influência do pensamento de Althusser em 1966 e, logo depois, do maoísmo, transformou-se numa rígida organização marxista-leninista dogmática e sem originalidade na qual não houve mais lugar para os cristãos. Num outro contexto político talvez sua história tivesse sido diferente.

Vale aqui indicar a importância dessa reflexão, dos anos 1960-1963, para a Igreja latino-americana. Gustavo Gutiérrez considera que a teologia da libertação tem suas origens na JUC dos anos 1960. Ao redigir, em 1969, seu *Teologia da libertação*, interrompeu a redação e veio ao Brasil entrevistar dirigentes e assistentes eclesiásticos do movimento naquela ocasião[23]. Pablo Richards dirá que então "o Brasil vivia antecipadamente a efervescência do 'cristianismo revolucionário' que outros países como a Argentina, o Uruguai, a Colômbia e o Chile conheceriam entre 1968 e 1970"[24]. Para Charles Antoine, a JUC "é uma espécie de laboratório de pesquisas das novas relações entre a Fé e a política"[25]. Ralph della Cava considera o movimento "o símbolo de um *turning point* na vida católica brasileira"[26]. Michael Löwy indicou que "se trata de um movimento pioneiro, com uma surpreendente criatividade intelectual e política que, apesar de seu fracasso imediato, espalhou sementes que iriam germinar mais tarde no Brasil e em todo o continente"[27]. Várias das intuições ali discutidas se desenvolveriam melhor no clima pós-conciliar e na década seguinte.

---

22. Texto transcrito em Luiz Gonzaga de SOUZA LIMA, *Evolução política dos católicos e da Igreja no Brasil*, op. cit..
23. Ver L. A. GÓMEZ DE SOUZA, *A JUC...*, op. cit., 9.
24. Pablo RICHARDS, *Morte das cristandades e nascimento da Igreja*, São Paulo, Paulinas, 1982, 155.
25. Charles ANTOINE, *L'Eglise et le pouvoir au Brésil*, Paris, Descleé, 1971, 65.
26. Ralph DELLA CAVA, Catholicism and Society in Twentieth Century Brazil, *Latin American Research Review*, v. 11, n. 2, 41.
27. Michael LÖWY, Marxisme et christianisme en Amerique Latine, *Revue Tiers Monde*, Paris, IEDES, n. 123 (jul.-set. 1990).

Logo começa no Brasil o momento autoritário dos governos militares. A Igreja que, nos anos 1970, irá defrontar-se com o Estado, num primeiro período, entre 1964 e 1968, tomou posições cautelosas, e a CNBB, com a ida de D. Hélder Câmara para Recife, se voltou para um trabalho de reorganização interna. O presidente do Secretariado Nacional do Apostolado Leigo da CNBB, D. Vicente Scherer, arcebispo de Porto Alegre, teve vários enfrentamentos com a direção da JUC e adotou uma atitude severa, apesar de ter participado em Buga, na Colômbia, do Encontro Episcopal sobre a presença da Igreja no mundo universitário da América Latina, em fevereiro de 1967, cujo documento final dos bispos apoiou a idéia de uma "educação para a libertação", insistiu na importância do apostolado universitário e, de certa maneira, preparou a reunião de Medellín do ano seguinte. O alerta diante das pressões institucionais foi dado por assistentes eclesiásticos do Rio Grande do Sul: "o esvaziamento da Ação Católica hoje seria um desastre para os leigos e para a Igreja em geral do Brasil... É preciso que se faça justiça reconhecendo que foi grande e, quem sabe, quase exclusivo o papel da Ação Católica especializada na formação de um laicato consciente e maduro". Dia 8 de novembro de 1966, a CNBB publicaria uma decisão drástica: "O Secretariado Nacional do Apostolado dos Leigos comunica a dissolução das equipes da JUC, JEC e JIC". Tratava-se da extinção das equipes nacionais, passando-se a movimentos descentralizados, sob a responsabilidade de cada diocese. Não deixou de ser uma ironia que, em 1968, quando o papel dos estudantes era protagônico no mundo inteiro, uma experiência pastoral entre leigos universitários estivesse em via de extinção[28].

Passariam vários anos para que uma nova pastoral universitária dinamizasse o meio estudantil. Ao final do livro que dediquei ao estudo da JUC indico que "a conclusão é melancólica do ponto de vista de uma Igreja que, em suas instâncias de direção, não soube compreender a situação... A Igreja brasileira, no seu nível institucional e hierárquico, em 1968, parece imobilizada e perplexa, apesar da realização recente da reunião de Medellín. Na 'comunidade dos fiéis' há entretanto uma fermentação criadora enorme, que abrirá os caminhos fecundos da década seguinte". E mais adiante: "Na Igreja Católica do Brasil, os jovens universitários foram os primeiros a intuir os novos problemas e, em geral, não foram compreendidos por outros setores da Igreja, comunidade e, sobretudo, instituição. Abriram suas pistas na solidão dos pioneiros. E o fizeram em tempos difíceis da conjuntura nacional e eclesial"[29].

---

28. Para esses fatos, ver L. A. GÓMEZ DE SOUZA, *A JUC...*, op. cit., 220-236.
29. Id., ibid., 237-238.

Giovanni Semeraro, em estudo penetrante, faz um balanço agudo das inovações e dos impasses do que chama a "esquerda católica" desses anos. Ele vê aí uma "visão de mundo inédita, ainda que inicial e imprecisa... a formulação de um pensamento pluralista e criativo... o ensaio de uma síntese nova no terreno das práticas políticas e pedagógicas de seu tempo, mais que no âmbito das especulações teóricas... Falar em socialismo, para a esquerda católica daqueles anos, significava ir além do mero socialismo na economia e da reorganização material da sociedade... insistia muito na liberdade e na participação coletiva, na vivência comunitária das pessoas, nas dimensões éticas e transcendentes do ser humano. Isso explica a grande atenção dispensada à cultura popular, à formação de uma consciência crítica da realidade e à popularização dos métodos educativos e políticos". Entre as falhas e limites falará de uma certa onipotência e ingenuidade ("atribuía-se um poder mágico ao não-diretivismo e à conscientização"), com uma visão romântica das classes populares e, ao mesmo tempo, a tendência para um vanguardismo dos estudantes e intelectuais e o racionalismo ("deixando de valorizar as relações cotidianas")[30].

Até aqui a referência foi mais à JUC do que a outros movimentos da Ação Católica. Vimos que a crise atingiu também a JEC, secundária e a JIC, do meio chamado independente. Continuariam a JAC e, principalmente, a JOC e a ACO (operários adultos) esses dois, a partir de 1968, ocupando o espaço deixado pela JUC. A JOC estivera mais voltada para o trabalho de formação de seus membros e os problemas de pedagogia e educação, assim como para um esforço de organização e crescimento. Porém, já em 1961, no Congresso de Jovens Trabalhadores, criticou o capitalismo que "nas suas conseqüências e pela falta de respeito ao homem, é um mal tão condenável quanto o comunismo" e indicou que "a corrida desenvolvimentista não significa necessariamente a promoção do meio operário, (mas) muito pelo contrário, no Brasil tem feito mais pobres os pobres, e os ricos mais ricos". O Conselho Nacional de Recife, em abril de 1968, iria mais longe, para concluir que era necessário superar o capitalismo e lutar por um sistema socialista. Esse movimento e a ACO seriam então severamente reprimidos pelo governo autoritário[31].

Essa reflexão não ficou limitada à Ação Católica. Começavam, desde 1960, várias experiências de educação popular, com Paulo Freire, no Recife, em Natal e nos grêmios estudantis. Vale ressaltar a importância do MEB, em

---

30. Ver Giovanni SEMERARO, *A primavera dos anos 60. A geração de Betinho*, Coleção Estudos Brasileiros n. 3, São Paulo, Loyola 169-197.

31. Ver Scott MAINWARING, *Igreja Católica e política no Brasil (1916-1985)*, São Paulo, Brasiliense, 1989, cap. "A Juventude Operária Católica (1947-1970)", 139-157. Ver *Uma história dos desafios. JOC no Brasil — 1935/1985*, ed. privada, Rio de Janeiro, 2003.

que participavam, aliás, vários antigos dirigentes da Ação Católica. O MEB fora criado em 1961 pela CNBB, a partir de experiências prévias de educação pelo rádio e logo se espalhou por todo o país. A leitura de seus documentos daqueles anos mostra uma grande afinidade com todo esse clima ideológico[32].

Considerações finais

A DÉCADA DE 1970 foi de uma enorme fecundidade do ponto de vista das experiências pastorais: comunidades eclesiais de base, surgimento da CPT, dinamização da CPO (Pastoral Operária), crescimento da PJ (Pastoral da Juventude), renovação bíblica, da espiritualidade e das celebrações etc. Respondiam ao mesmo tempo a velhos desafios estruturais históricos e a situações particulares novas. Não eram a continuação imediata do que se fizera antes, mas conservavam uma certa ligação com as práticas precedentes e se beneficiaram de seus acertos, erros, intuições, perplexidades e fracassos. Elas foram de certa maneira, preparadas pelas experiências e reflexões dos anos 1960.

Entretanto, a história não se detém. "Se não quisermos voltar para trás, precisamos correr", já dissera Pelágio. Os anos 1980 alargaram ainda mais as dimensões do real e de seus impasses. Se na década anterior tinham sido descobertos as dominações estruturais e os caminhos perversos do capitalismo selvagem, agora outras dominações eram pressentidas e denunciadas por novos movimentos sociais: sobre a mulher, o negro, o índio, a natureza, etc. As determinações históricas se entrecruzam na sua multiplicidade, fazendo estreitos os reducionismos, do econômico ao culturalista. Crise de um sistema socioeconômico (capitalismo ou socialismo, dilema relativamente simples e talvez enganador), ou crise mais abrangente de civilização? O que ocorreu no leste europeu indicou a necessidade de superar alternativas limitadas. Crise da modernidade, dirão uns, apostando no fim de um período histórico que atinge os cinco séculos. Crise na modernidade, dirão outros, acreditando que esta ainda tem uma história por realizar. Pouco importa. O que interessa é indicar a complexidade das tarefas. Sem renunciar a certas opções radicais que se fazem patrimônio universal (a liberdade, a democracia e a participação na sociedade, a opção pelos pobres e a libertação em suas várias dimensões, na Igreja), como situá-las numa perspectiva sempre mais ampla, atentos a novas

---

32. Luiz Eduardo WANDERLEY, *Educar para transformar*, op. cit.; E. DE KADT, *Catholic radicals*, op. cit. Kadt analisa alguns documentos do MEB pré-64, pp. 149-171.

intuições emergentes? Para pensar tudo isso não há modelos nem fórmulas feitas. A própria formulação dos problemas é ainda titubeante. Não temos diante de nós uma consciência histórica moderna para apenas absorver e abraçar, mas uma modernidade a questionar em seus fundamentos e realizações históricas. Além disso, depois de um período de ilusão cientificista e secularizante, o sagrado é colocado no centro da vida social e há uma sede crescente de espiritualidade e de renovação religiosa.

Entramos num novo milênio com muitas interrogações e poucas certezas. As épocas dinâmicas e criativas são precedidas por outras de gestação (advento). Assim foram os anos que, na Igreja Católica, durante a década de 1950 e começo da de 1960, prepararam o Vaticano II e, na América Latina, a caminhada de Medellín a Puebla. Nesse sentido, estamos hoje talvez próximo dos questionamentos desse período, como clima intelectual de interrogações, de experimentações e de indecisões, ainda que vivamos aparentemente num momento de temas congelados. Por isso, aqueles tempos nos podem ser muito úteis para entender como as novas práticas e as novas idéias vão se configurando aos poucos, num trabalho laborioso, incerto e tenso. Mais adiante, o novo que veio para ficar decanta-se naturalmente da novidade efêmera.

Devemos agora perguntar-nos onde, na Igreja da América Latina, estão ocorrendo as práticas e as idéias portadoras de futuro que alimentarão o terceiro milênio. Se os anos 1970 têm muito a oferecer como experiências fecundas e duradouras, esse tempo anterior da Ação Católica brasileira nos introduziu num clima precedente de procura, no qual as incertezas e as imprecisões poderiam ser um antídoto para receitas rígidas e dogmatismos. Atualmente, novas situações imprevisíveis poderão estar à nossa frente, talvez preparadas, sem que nos demos conta, por outras práticas ainda mais inesperadas. Assim ocorreu com aqueles cristãos da Ação Católica que ousaram inovar e buscaram entender a consciência histórica que os circundava, para vivê-la plena e criticamente e poder transformá-la em função da construção do Reino de Deus.

6

Nas origens de Medellín: da Ação Católica às CEBs e às pastorais sociais (1950-1968)[1]

Na história contemporânea da Igreja no Brasil podemos considerar quatro períodos históricos: um primeiro entre 1930 e 1950; o seguinte de 1950 a 1968; um terceiro de 1968 a 1979; e o último de 1980 em diante. Correspondem a quatro dinâmicas com diferentes acentos.

O ano de 1930 trouxe o fim da velha república oligárquica, baseada no café, centrada em São Paulo e em Minas Gerais, com a aceleração dos processos de industrialização e de urbanização. No bojo de um regime autoritário, modernizou-se o Estado e foram implantadas as leis trabalhistas. Nesse período, na Igreja, surgiu a Ação Católica Brasileira, nos moldes italianos, e se afirmou o Centro Dom Vital do Rio de Janeiro (criado em 1922), como espaço de um pensamento católico. A figura central foi Alceu Amoroso Lima, leigo e intelectual de prestígio, crítico literário conhecido pelo pseudônimo de Tristão de Athayde, presidente da AC e do Centro Dom Vital. Convertido ao catolicismo pouco antes, em 1928, teve o apoio e o incentivo do cardeal do Rio de Janeiro, D. Sebastião Leme. À diferença de países como o Chile ou a Venezuela, não se criou aqui um partido de inspiração cristã (surgirá em 1945 um PDC mas bastante marginal na política do país). Um movimento de direita, que se desenvolvera entre 1932 e 1938, com apoios em setores da Igreja, a Ação Integralista Brasileira, foi sendo marginalizado tanto pela AC quanto pelo Centro Dom Vital. A presença era significativa no mundo da cultura e indireta na política, através da Liga Eleitoral Católica, também presidida por Amoroso Lima, que apenas indicava candidatos que não se opunham aos princípios e orientações católicas.

Já em 1943, com a morte do cardeal Leme no ano anterior, Amoroso Lima se afastou de seus cargos eclesiais. Em 1947, o sacerdote Hélder Câma-

---

1. Versão revisada da revista *Concilium*, Petrópolis, Vozes, ano 38, fasc. 3 (2002).

ra foi nomeado assistente nacional da Ação Católica. Ele seria a figura central da Igreja no período seguinte, entre 1950 e 1968, como Amoroso Lima o fora no momento anterior.

A Ação Católica, de 1947 a 1950, passando para o modelo francês e canadense, transformou-se em movimentos especializados, basicamente de juventude, organizados por meios de atuação: agrários (JAC), estudantil (JEC, JECF), independente (setores médios, JICF), operários (JOC-JOCF) e universitário (JUC). Utilizavam o método ver–julgar–agir, a partir da experiência jocista, e a revisão de vida. Falava-se então de formação na ação, de inserção no meio, de compromisso e de transformação social. Do mundo da cultura e de uma atividade intra-eclesial, se passava à presença ativa na sociedade. No capítulo anterior foi analisado mais em detalhe o caso da Ação Católica.

Em 1952, D. Hélder Câmara, já como bispo auxiliar do Rio de Janeiro, foi o criador e o primeiro secretário-geral da Conferência Nacional dos Bispos do Brasil (CNBB), organismo pioneiro na Igreja, que articulou as estruturas eclesiásticas em âmbito nacional. Até então, no mundo inteiro, elas seguiam o formato medieval da articulação diocese local e Roma e, nesses anos, foram procurando se adaptar às dimensões modernas do Estado-nação. Na criação da CNBB, D. Hélder aproveitou o que aprendera na Ação Católica e aquela surgiu a partir das práticas desta. Para isso, D. Hélder se apoiou em dirigentes dos movimentos da AC, basicamente mulheres, que estiveram na origem mesmo da Conferência episcopal. Essa influência leiga e feminina nem sempre é levada em conta[2].

Com a colaboração de bispos nordestinos, D. Hélder organizou reuniões na região, para estudar seus desafios mais candentes (1951, 1952). Desses encontros nasceu a sugestão que levaria o presidente Juscelino Kubitschek a criar a SUDENE, que teve à frente o então jovem economista Celso Furtado. Outras reuniões de bispos, do Norte, trataram dos problemas da Amazônia (1952, 1957). Em 1960, a partir de experiências diocesanas de rádios educativas, D. José Távora, arcebispo de Aracaju e antes bispo auxiliar do Rio de Janeiro com D. Hélder, preparou, com o novo presidente Jânio Qua-

---

2. Na comemoração dos 50 anos da CNBB, em 2002, tive a ocasião de relembrar essa relação estreita, no Rio de Janeiro, entre o Secretariado Nacional leigo da AC da rua México e a secretaria da CNBB do palácio São Joaquim, na Glória. Por outro lado, o Sínodo dos Bispos de 2001 mostrou como, meio século depois, é ainda difícil para a Igreja integrar e fortalecer as estruturas colegiais das conferências nacionais e aplicar a ela mesma o princípio de subsidiariedade que propõe em sua doutrina social para a sociedade. Essa Igreja, durante todo o último milênio na mão dos clérigos e centralizada na Cúria romana, tem dentro dela resistências e inércias que dificultam um necessário *aggiornamento* institucional que integre o laicato e as novas dimensões nacionais.

dros, um convênio entre a CNBB e o Ministério da Educação, que levou à criação do MEB. Ele seria um dos mais importantes e criativos centros de educação popular, com programas de alfabetização através de sistemas radiofônicos. No MEB se desenvolveriam uma prática e uma reflexão de educação e de cultura popular que seriam complementares de outras iniciativas semelhantes, de Paulo Freire em Pernambuco e depois em todo o país, do Movimento de Cultura Popular de Recife (MCP), do Centro Popular de Cultura (CPC) da UNE e de muitas outras entidades. A Igreja, por intermédio do MEB, estaria presente nesse trabalho pioneiro do Brasil, que, depois do golpe, passaria aos âmbitos latino-americano e internacional[3].

Toda essa transformação se deu no bojo de um processo social, econômico e cultural mais amplo no país. Entre 1950 e 1964, do segundo governo Vargas (1950-1954) até o golpe militar, estavam presentes duas idéias-chave: nacionalismo e desenvolvimento. De um lado, a afirmação do Brasil como nação, a procura de sua identidade e a necessidade de superar suas frágeis estruturas de país periférico. De outro, o processo de industrialização colocava no centro do debate a noção de desenvolvimento, elaborada nesses anos em organismos regionais como a CEPAL. Esses temas foram trabalhados então no Instituto Superior de Estudos Brasileiros (ISEB), ligado à presidência da República. Foi o tempo do Plano de Metas do governo Juscelino Kubitschek (1955-1959) e da construção de Brasília. Havia um amplo clima de otimismo e de esperança.

Logo depois, entre 1961 e 1963, vão ser propostas reformas sociais inadiáveis. Em 1962 a CNBB, à luz do Concílio Vaticano II que começava, lançou a idéia de um "plano de emergência" para a Igreja. Partia dos desafios da realidade: "... da ditadura esmagadora do econômico ou do egoísmo das estruturas atuais que esterilizam nossos esforços de cristianização". Começava uma experiência de "pastoral de conjunto" que se afirmou e precisou nos anos seguintes, articulando as atividades pastorais com a realidade do país[4].

Entre 1962 e 1964, leigos cristãos estiveram presentes num grande número de programas de educação popular, de sindicalização rural ou de reforma universitária. É verdade que isso vinha provocando reações e temores em setores conservadores da Igreja, com denúncias pela imprensa. Foi assim que, já em 1960, diante de críticas à atuação da JUC, D. Hélder Câmara, numa nota reservada ao episcopado, citada em capítulo anterior, indicava que esse movimento, "longe de estar exorbitando... está vivendo uma hora plena e merece o apoio e o estímulo do Exmo. Episcopado".

---

3. Luiz Eduardo WANDERLEY, *Educar para transformar*, op.cit.
4. Raimundo Caramuru DE BARROS, *Brasil. Uma Igreja em renovação*, op. cit.

As posições foram se polarizando. Setores da Igreja organizaram Marchas com Deus, pela Família e pela Liberdade, denunciando um perigo esquerdista, e outros setores participavam de movimentos pelas reformas. Com o golpe de 1º de abril de 1964, os primeiros apoiaram os militares e alguns participaram no governo do general Castello Branco; os outros tiveram de interromper suas atividades, responderam a processos policiais, foram presos ou partiram para o exílio[5].

Logo depois do golpe, D. Hélder Câmara foi transferido para a Diocese de Olinda e Recife e deixou a Secretaria Geral da CNBB. Ocorreram mudanças drásticas nas conjunturas nacional e eclesial. O episcopado estava dividido. A JUC foi a primeira a sentir as dificuldades da nova situação. Por pressões no interior da própria CNBB, entre 1966 e 1967, sua coordenação nacional foi eliminada e o movimento praticamente desapareceu.

Mas mesmo em julho de 1966, apesar da censura e dos expurgos, apareceu a revista *Paz e Terra*, inspirada em encíclica de João XXIII, com a participação de cristãos evangélicos, católicos e marxistas. O subtítulo indicava: "Ecumenismo e humanismo; encontro e diálogo". O clima na Igreja, ao final do Concílio Vaticano II (1962-1965), permitia esse exercício. No primeiro número da revista colaboraram, no lado católico, Alceu Amoroso Lima, Pe. Henrique de Lima Vaz, Luiz Eduardo Wanderley e o autor deste texto.

D. Hélder Câmara, em correspondência com D. Manuel Larraín, bispo chileno de Talca e presidente do CELAM, lançava a idéia de um encontro na região, para aplicar as resoluções conciliares. Chegava-se assim à reunião de Medellín de 1968, que, mais do que mera aplicação do Concílio, foi de fato um verdadeiro "concílio ou sínodo regional", como os que se realizaram no Oriente nos primeiros séculos da Igreja. Ele deu um passo adiante na crítica de uma sociedade desigual, na denúncia de um "pecado social", no anúncio do pobre como opção preferencial e na abertura de uma perspectiva ampla e evangélica de libertação.

Aliás, 1968 foi um ano especialmente significativo em muitos níveis. No mundo inteiro brotaram os movimentos da contracultura e da rebelião juvenil, especialmente nos *campi* universitários. Não só em Paris, Berkeley, Colúmbia ou Praga; na Universidade Católica de Santiago do Chile, depois de sua tomada pelos estudantes, começou uma criativa experiência de reforma que teve como orientador o filósofo brasileiro Ernani Maria Fiori, exilado naquele país, figura importante do laicato gaúcho.

---

5. Márcio MOREIRA ALVES, *O Cristo do povo*, op. cit.

Mas no Brasil, nesse mesmo ano, em 13 de dezembro, produziu-se um endurecimento do regime, um golpe dentro do golpe, com o Ato Institucional nº 5. Fecharam-se por vários anos os espaços de relativa liberdade que sobreviviam precariamente depois de 1964. Seguiu-se um tempo de repressão, insurreições, torturas e desaparecimentos de líderes políticos. A Igreja denunciou a doutrina da segurança nacional dos militares, por intermédio do bispo Cândido Padim e suas Comissões de Justiça e Paz, valentes defensores dos direitos humanos. Passou então a ser a "voz dos sem voz". Desenvolveram-se, nesses anos difíceis, as CEBs, nasceram as pastorais sociais, da terra (1975), indígena (1972), operária, de juventude etc. Foi quando, em contraposição a um panorama civil extremamente repressivo e asfixiante na região (golpe no Chile em 1973, golpes na Argentina e no Uruguai), a Igreja na América Latina, entre a reunião de Medellín de 1968 e a de Puebla em 1979, viveu o que se poderia chamar de uma "década gloriosa" em práticas, criatividade e presença profética, como se indicará no capítulo seguinte.

Começou então um novo período, preparado certamente pelo que analisamos aqui, a partir da AC especializada, da CNBB, da presença profética de D. Hélder e da inserção de tantos cristãos em atividades sociais e eclesiais. As CEBs e as pastorais sociais dos anos seguintes, por sua vez, estarão em parte na origem de uma renovação do movimento sindical, do surgimento do Partido dos Trabalhadores (1980) e de tantos novos movimentos sociais, entre eles o MST nos anos 1980, movimentos de mulheres, étnicos ou ecológicos. É toda uma densa rede de práticas cristãs que foram testemunhando, no Brasil desses anos, a relação vital e evangélica entre Fé e vida concreta.

7

A caminhada de Medellín a Puebla[1]

Neste começo de 2004 estamos a mais de 35 anos de Medellín, e 25 anos de Puebla. Os dois momentos estão intimamente unidos. Para apreendê-los bem, há que começar um pouco antes, no Concílio Vaticano II (1962-1965). Uma Igreja que observava com desconfiança os quase cinco séculos da modernidade faria seu *aggiornamento*, nas iluminadoras imagens do papa que abriu as portas e janelas de sua instituição aos sinais dos tempos. Um concílio com forte presença européia realizou o diálogo Igreja–Mundo, a partir dos desafios dos chamados países desenvolvidos e modernos que, depois da Segunda Guerra Mundial, viviam o que se chamou "os trinta gloriosos". Mas o irônico desse encontro tardio é que ele se deu no momento imediatamente anterior ao esgotamento desses tempos de crescimento econômico e da própria modernidade. Em 1968, pouco depois do Concílio, os jovens saíram às ruas para protestar contra uma sociedade autoritária e sem rumo. Logo adiante, em 1971 e 1972, a crise do petróleo e o fim da conversibilidade do dólar fariam desmoronar a economia do mundo industrial. A Igreja caminhava, com atraso, ao encontro da modernidade, quando esta já começava a ser questionada, a partir das intuições premonitórias de seus jovens...

Vaticano II, Vaticano III

Nos corredores do Concílio, um bispo-profeta, nosso D. Hélder Câmara, com alguns sacerdotes, teólogos e poucos colegas do episcopado, tentava levantar o tema da Igreja dos pobres, indicado por João XXIII no discurso aos padres conciliares de setembro de 1962. Outros temas vieram à tona —

---

1. Atualização de *Perspectiva Teológica*, Belo Horizonte, ano XXXI, n. 84 (maio-ago. 1999).

colegialidade, diálogo Igreja–Mundo, povo de Deus (não este, aludido apenas de raspão). D. Hélder tornou-se vice-presidente do CELAM e, com seu grande amigo chileno, D. Manuel Larraín — D. Manuelito, como ele carinhosamente chamava —, presidente da entidade, começou a pensar na "aplicação", à América Latina, do Concílio. Isso se encontra na correspondência dos dois. D. Manuel morreria num acidente de automóvel logo depois de dar os primeiros passos nessa direção.

Mas já em 1965 D. Hélder encontrava Ivan Illich, nas últimas sessões do Concílio, e ambos concluíram que o Vaticano II chegara ao limite de suas possibilidades e que era necessário começar a pensar... um Vaticano III. Não se podia ficar na comemoração dos resultados alcançados, sempre parciais e precários. Eles deveriam dar o impulso para seguir adiante. Voltarei em detalhe ao tema na quarta parte deste livro.

Os sonhos e os projetos freqüentemente são um pouco ingênuos e nem sempre se concretizam, ou melhor, muitas vezes encaminham a outros resultados, inesperados e às vezes surpreendentes. Mesmo agora, um novo concílio não é previsível nos horizontes próximos, já que estamos mais perto do clima centralista e personalizado de Pio XII do que do ensaio de colegialidade do bom papa João. Mas o Vaticano III de certa maneira se realizou entre nós, como antecipação, em dois momentos, Medellín 68 e Puebla 79. Não podemos também deixar de pensar naqueles concílios ou sínodos regionais dos primeiros séculos, lá no Oriente, onde, à luz da prática e da reflexão teológica de Alexandria ou de Antioquia, se prepararam os concílios ecumênicos seguintes[2]. Esses encontros latino-americanos não se reduziram à aplicação ou à transposição mecânica do Vaticano II entre nós. Eles foram mais longe, a partir do impulso das práticas das Igrejas da região, por onde parece ter passado o sopro vivificante do Espírito.

1968 da Igreja: Medellín

PRESTEMOS ATENÇÃO na data: 1968. Cada século tem um ano decisivo, seu *turning point*. 1848 fora o tempo das lutas sociais, do manifesto de Marx e do começo do pensamento social católico, com os sermões de Von Ketteler e o "passemos aos bárbaros" de Ozanam. Não foram ouvidos por uma Igreja prisioneira do *ancien régime* aristocrático e monárquico. Mas estavam

---

2. H. MAROT, Conciles antenicéens et conciles oecuméniques, in B. BOTTE et al., *Le concile et les conciles*, Paris, Cerf, 1960, 16ss.

lançadas as sementes que levariam à *Rerum Novarum*, de 1891. No século XX, tudo indica que a data decisiva de uma virada histórica foi 1968: rebelião dos jovens, prenúncios de uma "crise secular", com o esgotamento do período de longa duração da modernidade[3]. No mesmo ano, os bispos latino-americanos se reuniram em Medellín, para sua segunda assembléia. A primeira ocorrera em 1955, no Rio de Janeiro, quando da criação do CELAM. Meses antes de Medellín, em Chimbote, no Peru, um jovem teólogo, assistente dos universitários católicos, Gustavo Gutiérrez, numa reunião para sacerdotes, apresentava suas "notas para uma teologia da libertação", como indicado anteriormente. Também aí encontraríamos o dedo dos jovens. No ano precedente, em 1967, o próprio CELAM, em Buga, na Colômbia, fazia dois encontros sobre universidade e sobre pastoral universitária, com anterioridade às explosões juvenis em Paris, Berkeley e Columbia e meses antes que os estudantes ocupassem a Universidade Católica de Santiago, no Chile (outubro de 1967). Ali, na mesma Colômbia do Medellín seguinte, discutimos a idéia de uma "educação para a libertação", a partir de minha exposição sobre esse tema[4].

Nesse contexto histórico ocorreu Medellín, num país devastado por décadas de violência. Os relatórios dos grupos de trabalho dessa reunião — inaugurada por Paulo VI, com um discurso mais cauteloso — indicam resultados desiguais. Mas em algumas comissões, Paz, Justiça, Pobreza na Igreja, as conclusões foram criativas e ousadas. Vale constatar que, como freqüentemente ocorre, a memória coletiva do encontro seletivamente reteve esses tópicos e relegou ao esquecimento outras afirmações mais rotineiras e previsíveis. Quando lembramos de Medellín, vêm à mente as denúncias da violência institucionalizada (Paz), da miséria "como feito coletivo, injustiça que brada aos céus" (Justiça) e de "uma situação de pecado" (Paz). O encontro vai falar de um clamor por uma "libertação que não chega de nenhum lugar" (Pobreza). E pede uma "verdadeira libertação" que exige "uma profunda conversão para que venha a nós o Reino de justiça, de amor e de paz" (Justiça). Solicita que se "apresente de maneira cada vez mais nítida na América Latina o rosto de uma Igreja autenticamente pobre, missionária e pascal, desligada de um poder temporal e audazmente comprometida com a libertação de todo o ho-

---

3. Para as noções de longa duração, crise secular, esgotamento da modernidade, ver Fernand BRAUDEL, *Civilisation matérielle, économie et capitalisme, XV-XVIII siècle*, v. 3: *Le temps du monde*, Paris, Armand Colin, 1979, 56-73, 537-548.
4. Para os encontros de Buga, ver L. A. GÓMEZ DE SOUZA, Problemática da educação na América Latina, in ID., *Classes populares...*, op. cit., 93-107.

mem e de todos os homens" (Juventude). Um sujeito se destaca a partir de Medellín: o pobre[5].

Uma década fecunda

ABRIA-SE UM novo horizonte em Medellín, que não era fruto de improvisação nem carecia de antecedentes. Os bispos holandeses, em carta coletiva de 1960, preparando o Vaticano II, disseram que um concílio era "a concretização, particularmente expressiva, do que já ocorria, de maneira mais ou menos despercebida, na vida do povo de Deus"[6]. Algo semelhante aconteceu em Medellín. Não foi uma reflexão no vácuo, mas recolheu, visibilizou o que já fermentava nos meios eclesiais das Igrejas locais, em suas experiências pastorais, na Ação Católica de juventude, nos movimentos familiares, camponeses, operários, entre os índios... Medellín foi o ponto de chegada e de amadurecimento de uma caminhada dos anos 1960 e o ponto de partida daquela que será a década realmente gloriosa da Igreja latino-americana, e que vai de Medellín 68 a Puebla 79.

À luz de Medellín, as experiências pastorais renovadoras explodiram por todo o continente e se desenvolveu o enorme potencial das comunidades eclesiais de base. Quantas vezes criticamos, com razão, um certo atraso da Igreja em relação aos problemas e temas de alguns momentos históricos, sem poder esquecer, é claro, sua presença pioneira nos acontecimentos dos séculos que construíram a Europa. Pois bem, olhando em retrospectiva, nessa década não houve propriamente *aggiornamento*, pois a Igreja já estava em dia e, em certos aspectos, se adiantava, prenunciando os novos sinais dos tempos, a partir de suas práticas pastorais. Muitos cientistas sociais partiam dos textos da Igreja para seus diagnósticos. Aí se realizavam profecia e antecipação.

Mas cuidado, não idealizemos o passado, isso não se deu sem tensões, ingenuidade e simplificações, como qualquer experimentação nova. Também foi uma caminhada de grupos pequenos, às vezes malvistos, ignorados e mesmo combatidos pelas práticas oficiais dominantes. Tratava-se daquelas minorias abraâmicas a que se referia D. Hélder. Minorias subversivas e criativas, ameaçando hábitos e rotinas estabelecidas.

---

5. Para uma análise do encontro de Medellín, em comemoração aos seus 30 anos, ver o número especial da revista *Páginas*, Lima, n. 152 (ago. 1998), com a contribuição de vários autores. Apoiei-me no artigo de Gustavo GUTIÉRREZ, Actualidad de Medellín, 6-17, indispensável testemunho de um participante decisivo. Aí contribuí com: Una mirada desde Medellín, 37-40.

6. Carta dos bispos holandeses, *Documentation Catholique*, Paris, n. 1354 (18 jun. 1961).

Foi nesse contexto que se começou a preparar o encontro seguinte de Puebla. Ele deveria realizar-se dez anos depois, em 1978. A morte de Paulo VI e a passagem fugaz de João Paulo I atrasaram o evento em alguns meses, que passou para o ano seguinte. Na preparação, os setores conservadores, que desde 1972 ocupavam a direção do CELAM, trataram de mudar a direção e de buscar outras orientações. Os documentos de consulta e preparatório, prévios ao encontro, deixavam de lado as intuições de Medellín, para fixar-se numa idéia de cultura latino-americana abstrata e carente de tensões. Criticando o documento de consulta preparado pelo CELAM, tive ocasião de indicar que sua orientação era "filosoficamente idealista e liberal, sociologicamente modernizante, ideologicamente desenvolvimentista". E perguntava qual a opção de base do próximo encontro: "cultura dominante ou classes emergentes". "Querem analisar os valores legitimadores dos grupos dominantes ou a capacidade transformadora dos setores populares? Dito em outros termos: um estilo de vida difuso ou o pobre incômodo e questionador"[7].

A confirmação em Puebla

E ASSIM DE MEDELLÍN chegamos ao encontro de Puebla. Muito se tem escrito a respeito[8]. Retomo apenas alguns tópicos de textos anteriores. Houve um filtro de segurança cuidadoso para evitar a presença, no recinto da reunião, de assessores embaraçosos para os que queriam controlar os resultados. Mas um bom número de teólogos, sociólogos, educadores, cientistas políticos, dirigentes de movimentos eclesiais, nos encontramos na cidade mexicana, "do lado de fora"[9]. Trabalho intenso. Numerosos bispos saíam das sessões e, à tarde, se reuniam com esses assessores externos e oficiosos. Tive a especial

---

7. L. A. GÓMEZ DE SOUZA, Uma opção de base: cultura dominante ou classes emergentes, in ID., *Classes populares...*, op. cit., 153-169.

8. Um número da *Revista Eclesiástica Brasileira*, v. 39, fasc. 153 (mar. 1979), dedicou vários artigos ao evento, tendo como título geral "Os avanços de Puebla". No livro *Classes populares...*, op. cit., os capítulos X, XI, XII e XIII tratam do encontro (153-223). A editora PPC de Madri publicou seis volumes a respeito, entre eles, *Los pasillos de Puebla, Puebla vivida por los teólogos*, 1979. A Indo-american Press de Bogotá também editou seis livros, entre eles *Estudios sobre Puebla*, 1979. Colaborei em vários deles.Ver Frei BETTO, *Diário de Puebla*, Rio de Janeiro, Civilização Brasileira, 1979.

9. As contribuições desses especialistas foram recolhidas pelo saudoso amigo Xabier GOROSTIAGA (ed.), *Para entender América Latina, aporte colectivo de los científicos sociales en Puebla*, San José, Costa Rica, Educa Editorial, 1979; publicado também no Panamá (Ceaspa, 1979), em que fui um dos organizadores. Gorostiaga faleceu em setembro de 2003, personalidade fulgurante, lúcido e cheio de idéias.

graça de sentar-me com D. Oscar Romero, que queria perguntar sobre aspectos do pensamento de Marx. "Acusam-me injustamente de ser marxista. Quero conhecer mais de perto essa doutrina com a qual não me sinto em afinidade." Eu havia preparado um texto para a *Revista Eclesiástica Brasileira*, "Breve nota sobre a análise marxista", que percorremos juntos[10]. Documentos de trabalho chegavam às nossas mãos, encaminhados por bispos amigos, elaborando-se então propostas de sugestões, ou modos, para usar a expressão empregada já no Concílio (lembro que eles se dividiam em modos normais, modinhos, questões de detalhe, e *modazos*, em espanhol, nos quais valia a pena insistir). Profundo diálogo entre delegados e especialistas. Ao mesmo tempo, estes últimos participavam de debates que atraíam a atenção de centenas de jornalistas, postos à margem do trabalho interno, bastante resguardado. Criava-se assim uma espécie de "opinião pública", como em 1950 já tinha pedido Pio XII para a vida da Igreja.

Ao mesmo tempo, a presença de João Paulo II — novo papa no vigor de suas forças, com seu carisma enorme — e o entusiasmo delirante do povo mexicano diante dele faziam um contraponto à reunião. Alguns chegavam a dizer que bastava selecionar partes das alocuções papais e com elas armar o documento final do encontro. Seu discurso de abertura, na primeira parte do texto, fizera várias menções de alerta aos riscos de excessos, ainda que ao final abrisse perspectivas. É função, às vezes ingrata, do magistério chamar a atenção para possíveis distorções e isso, mal compreendido, pode passar a ser fator de inibição e de bloqueio. Houve um momento de indecisão e de dúvidas nas primeiras horas. Mas o próprio papa, em sua viagem pelo interior do México, tivera palavras corajosas diante das injustiças sociais e de alento às comunidades indígenas. E, em sua alocução à reunião, ele sugeriu tarefas, mas "entre tantas outras que vossa clarividência pastoral indicará". Logo depois o presidente do CELAM, cardeal Aloísio Lorscheider, colocou a assembléia diante de grandes pistas de trabalho, lembrando o grito de esperança e de angústia do povo latino-americano, que "pede uma resposta profética". E sugeria que "o mais urgente é a defesa ou a proclamação da dignidade da pessoa humana, a proclamação dos direitos fundamentais da América Latina à luz de Jesus Cristo"[11]. Desanuviou-se o clima de inseguranças e os debates começaram intensos, com o abandono praticamente total dos documentos preparatórios timoratos e sem relação com os graves problemas da região.

Vinte e um grupos de trabalho discutiram intensamente, articulados por uma comissão eleita pela assembléia, onde se destacaram D. Luciano Mendes

---

10. Ver *Classes populares...*, op. cit., cap. III, 41-54

11. Aloísio LORSCHEIDER, Relación introductoria a los trabajos de la III Conferencia General del Episcopado Latinoamericano, *SEDOC*, Petrópolis, 11 (79) 943-946.

de Almeida (que seria figura-chave no encontro seguinte de Santo Domingo, em 1992), D. Luis Bambarém, do Peru, e D. Marcos Mac Grath, do Panamá. Daí saiu um longo documento, inevitavelmente desigual, com parágrafos de compromisso entre as tendências, mas, em seus eixos centrais, aberto e criativo[12]. Muito se tem falado de seu incisivo diagnóstico, tão diferente daqueles apresentados pelos documentos preparatórios. Ele confirma o encontro anterior e vai até além. Parte do "dinamismo de Medellín, cuja visão da realidade assumimos e que se tornou fonte de inspiração para tantos documentos pastorais na última década" (n. 25). Afirma no texto aprovado na reunião que, "à luz desta ótica de libertação integral, descortinamos a década de Medellín a Puebla como fase de mudanças, de frustrações e de contrastes" (esse parágrafo, aliás, desapareceu no texto definitivo oficial revisado). E indica que, "nessa angústia e dor a Igreja discerne uma situação de pecado social, cuja gravidade é tanto maior quanto se dá em países que se dizem católicos (n. 28)". O diagnóstico é severo: "depois dos anos cinqüenta, e não obstante as realizações obtidas, têm fracassado as amplas esperanças do desenvolvimento e aumentado a marginalização de grande parte da sociedade e a exploração dos pobres" (n. 1260).

Tudo encaminha para o eixo central do documento: a opção preferencial pelos pobres. No futuro trataram de matizar (amor preferencial, opção não-excludente etc.), porém a idéia sai em Puebla clara e incisiva. Mas o documento avança mais. Os pobres não são apenas objeto de atenção preferencial, porém também sujeitos da evangelização: "o compromisso com os pobres e oprimidos e o surgimento das Comunidades de Base ajudaram a Igreja a descobrir o potencial evangelizador dos pobres: enquanto estes a interpelam constantemente chamando-a à conversão..." (n. 1147). A idéia é precisa: os pobres evangelizam. Em pinceladas vivas e certeiras o documento reconhece os traços do sofrimento de Cristo nos rostos de índios, afro-americanos, camponeses, operários, populações marginais, subempregados e desempregados, jovens, crianças e anciãos (n. 34). O texto definitivo alterou a ordem das citações, que começavam pelos mais graves, e a versão brasileira empobreceu o vigor, traduzindo rostos por feições. Mas isso não tirou a força das afirmações.

A continuidade com Medellín é constante. Na opção preferencial indicou que "volta a assumir, com renovada esperança na força vivificadora do Espírito, a posição da II Conferência Geral, que fez uma clara e profética

---

12. III CONFERÊNCIA GERAL DO EPISCOPADO LATINO-AMERICANO, *A evangelização no presente e no futuro da América Latina*. Puebla: *conclusões*, São Paulo, Loyola, 1979. A Introdução, de João Batista Libanio, SJ, é a mais completa análise do texto: seu contexto, suas chaves de leitura e seus aspectos fundamentais (55-79).

opção" (n. 1134). E apoiou fortemente as comunidades eclesiais de base, "expressão do amor preferencial da Igreja pelo povo simples" (n. 643).

A formação de um consenso eclesial

ALGUNS ANALISTAS querem estudar a dinâmica dos encontros eclesiais à luz das correlações de força de grupos políticos. Não entendem, em conseqüência, como uma minoria dinâmica pode levar ao consenso, em afirmações que vão além do que normalmente pensa a maioria do episcopado, em geral mais cautelosa e freqüentemente pouco informada. Não podemos utilizar aqui o que se aplica na análise dos politólogos a grupos políticos ou ideológicos. Entre os bispos, geralmente, não há alinhamentos com limites muito precisos, e eles, em geral, não vão às reuniões como representantes de setores ideológicos determinados. Suas próprias sensibilidade, propensão ou aversão a certas idéias, ainda que predisponham, não inibem definitivamente. Podem mudar suas opiniões. E ainda uma orientação catalogada de conservadora pode coexistir com experiências pastorais, em outros domínios, abertas e mesmo radicais. Como também certos prelados, considerados aqui e ali extremistas ou subversivos, podem estar ligados a experiências pastorais ou a posições diante de certos temas (afetividade e sexualidade, por exemplo) bem mais moderadas do que seria previsível.

Mas o fundamental, e isso se aplica também às reuniões da CNBB em Itaici, é que os bispos que terminam por se impor e indicar as orientações que vão ser adotadas são aqueles que têm uma prática pastoral mais vital e vigorosa a apresentar, ainda que sejam minoria na assembléia. Em torno de suas declarações se vão configurando consensos, recebendo apoios que uma simples análise de posições ideológicas não explicaria. O definitivo ali não é o embate das idéias ou o poder de convencer, nem a habilidade para manejar assembléias, mas a força irradiante das práticas e das realidades apresentadas. Elas se impõem e recebem uma aprovação que a princípio pareceria impossível. Há um poder intrínseco de convencimento das ações fecundas e dinâmicas. Em torno delas, aliás, se polarizam as posições, para indicar suas potencialidades ou alertar para seus perigos. Para bem ou para mal, todos terminam por falar de alguma situação relevante e desafiante e ela centraliza os debates e não pode mais ser omitida[13].

---

13. Tratei mais em detalhe desses pontos em Uma minoria leva ao consenso e A criação do consenso a partir das práticas pastorais, in *Classes populares...*, op. cit., 190-194, 201-203.

Analisando de perto as discussões nas comissões de Puebla e a elaboração das diferentes versões de seus documentos, salta à vista o contraste entre a força das experiências vitais da pastoral popular e de uma reflexão teológica vigorosa em torno ao tema da libertação e a falta de resultados significativos dos setores tradicionais, com seus discursos vagos, carregados de lugares-comuns, enredados em medos e cautelas. Os primeiros se impuseram naturalmente, à medida que se faziam presentes nos debates. Isso era bem claro, aliás, nas entrevistas com a imprensa, nas quais era possível sentir o impacto de certos testemunhos (cardeal Arns; D. Moacyr Grechi, do Acre e Purus; D. Leonidas Proaño, de Riobamba, no Equador; Pe. Arrupe, superior dos jesuítas) e a impaciência diante de intervenções gerais ou apenas acauteladoras, freqüentemente pequenos sermões de conselhos piedosos. O mesmo ocorria no interior do encontro, onde intervenções mais incisivas convenciam e superavam incertezas e dúvidas, contagiando todos os que não tinham a mente e o coração fechados e que procuravam entender os caminhos misteriosos por onde ia soprando, através de práticas às vezes surpreendentes, o Espírito de Deus.

É claro que há ausências no documento de Puebla, como a falta de uma afirmação clara diante das mortes e dos mártires da caminhada. Ali estava presente D. Oscar Romero, que descreveu emocionado a situação de seu país e que, um ano depois, daria com seu sangue o testemunho pela vida e pela defesa dos oprimidos. Mas o importante não é o documento nele mesmo, em sua coerência ou incoerência interna, mas suas orientações básicas de denúncia de um pecado social e de anúncio de uma pastoral renovada, em torno à opção pelos pobres .

Não podemos esquecer que há no documento outra opção, menos valorizada nas análises do momento, mas não menos significativa vista hoje: a opção pelos jovens. Os bispos, talvez não totalmente conscientes, pressentiam e indicavam o vigor que dez anos antes, no momento de Medellín, naqueles meses de maio a setembro, brotava pelo mundo afora das novas gerações, que questionavam profundamente a modernidade e uma civilização em crise.

De Puebla para cá

PUEBLA TORNOU-SE assim o ponto de chegada de uma década riquíssima em práticas pastorais, completando e ampliando Medellín. Mas a história não pára e a década de 1980, uma "década perdida" para os economistas, terrível do ponto de vista do aumento da exclusão e dos desequilíbrios sociais, foi entretanto um tempo de crescimento da sociedade civil e de ampliação dos horizontes dos movimentos sociais: movimentos femininos e feministas, negros, ecológicos, indígenas etc. Alargamento da consciência da diversidade e da potencialidade dos rostos latino-americanos. Ficar imóvel num presente fluido ou na repetição do proclamado é perder o pé e, pouco adiante, passar para trás.

A leitura criativa de Puebla teria de ser um convite para não deixar de estar atentos às suas intuições fundamentais, porém sem perder de vista novos e imprevistos desafios. A Igreja latino-americana, pelo menos através de suas pastorais sociais mais dinâmicas, à luz de Medellín e de Puebla, tinha se situado na linha de frente da defesa em favor da justiça social e pela causa dos pobres, dos camponeses, dos índios, das populações urbanas, do subemprego, do desemprego e do biscate. Ela foi sendo convocada a abrir-se também aos novos temas do gênero, da afetividade, de raça/etnias e da ecologia, diante de mutações sociais muito profundas e de valores culturais emergentes. Não foi fácil para ela entender novas problemáticas e, sem renunciar às opções tomadas, tentou integrá-las com timidez num marco mais amplo, nem sempre com êxito e freqüentemente com temor e excesso de cuidados.

Para alguns estudiosos, pouco a pouco os dinamismos de Medellín e de Puebla e, principalmente, as práticas das pastorais sociais foram sendo esvaziados. A situação real não corresponde a esses vaticínios feitos à ligeira. Na verdade, em diagnósticos apressados, corremos o risco de idealizar e de simplificar o passado, incluindo aí os resultados de Medellín e Puebla, e de não saber ler a complexidade e as contradições do presente. Não esqueçamos que a caminhada descrita até aqui não estava isenta de incertezas e de ambigüidades, que as pastorais sociais renovadas conviviam com setores bem mais conservadores e que sempre enfrentaram resistências, às vezes quase insuportáveis. Mas, por outro lado, inquestionavelmente, é só viajar pelo país, elas continuam ainda hoje presentes nas bases, coexistindo é claro com outras práticas de direções divergentes. Tanto é errôneo crer que só elas eram decisivas no passado — ainda que este chegue até nós filtrado, retendo os aspectos mais criativos — como afirmar que desapareceram hoje, diante de novos movimentos e de outras experiências pastorais. Deixaram de ser moda, e logo os analistas novidadeiros correm afoitos para proclamar sua morte desejada. Mas, olhando mais de perto e com cuidado, descobrimos sua ação decisiva e vital, nem sempre nos mesmos lugares de origem e, necessariamente, em novos moldes, sem o qual seriam experiências embalsamadas. Aliás, o desafio para essas práticas pastorais não é seguirem presentes, mas continuarem a se renovar.

A Assembléia de Santo Domingo, em 1992, como indicarei adiante, mostrou uma conjuntura de poder eclesiástico muito mais fechada do que a dos encontros anteriores. Mas mesmo assim voltou a afirmar opções fundamentais no campo da promoção humana, ainda que seu relato histórico, no marco desafiante de uma celebração de cinco séculos, tenha sido lamentavelmente deficiente, e sua cristologia, perdido toda a riqueza acumulada de uma reflexão latino-americana anterior, que vinha trabalhando o seguimento de Jesus. Enfrentou com criatividade o tema da inculturação, mas lhe faltou audácia para reconhecer a dívida insolvente com o negro e com o índio ou para avançar no tema da mulher e do gênero.

O Sínodo das Américas, mais perto de nós, colocou-nos num contexto mais amplo, com vantagens para um diálogo com as Igrejas-irmãs do Norte, mas com o risco de perder de vista certas especificidades e urgências da região. Terão terminado os espaços latino-americanos, como aconteceram de Medellín a Santo Domingo? O passo seguinte poderia, quem sabe, ser um encontro planetário ou, em linguagem eclesial, um novo concílio ecumênico? Os sínodos atuais, gerais ou regionais, são demasiado centralizados, mantendo-se numa posição cuidadosa e consultiva, dependente da Cúria romana, ainda que o asiático e o da Oceania tenham tido momentos desafiadores, omitidos nos documentos finais. A preparação do Vaticano II se encaminhava nessa direção de controle pela burocracia, mas a ousadia de alguns bispos, com o apoio discreto mas firme de João XXIII, produziu uma virada na primeira sessão. Não afastemos a possibilidade de outra inesperada primavera mais adiante. Já se começa a falar de outro encontro regional em 2005, há cinqüenta anos da criação do CELAM. Porém, o que interessa mais, como foi dito anteriormente, não são reuniões nem documentos, pontos de chegada de um processo, mas práticas pastorais fecundas.

Temos de estar atentos, pois, às práticas vitais emergentes, muitas das quais poderão surpreender aos que se acostumam com rotinas. Não esqueçamos que mesmo as inovações de hoje podem virar hábitos mecânicos logo adiante. O Espírito se manifesta de muitas maneiras, e ser fiel à caminhada que foi de Medellín a Puebla não é encantoar-se defensivamente em seus achados, mas redescobrir, em novas situações, o dinamismo vital e a ousadia criadora que percorreu a Igreja naqueles tempos, como profecia e como anúncio de esperança.

8
Santo Domingo, um encontro difícil[1]

A Igreja Católica, na segunda metade do século XX, realizou encontros de seus bispos praticamente em cada década, em verdadeiros concílios regionais, como os que, em seus primeiros séculos, reuniam as Igrejas locais de uma região, na Ásia Menor em torno de Antioquia ou da África do Norte, convocadas por Alexandria.

O primeiro, em 1955, no Rio de Janeiro, por ocasião do Congresso Eucarístico Internacional, criou o CELAM. Em 1968, em Medellín, logo depois da visita de Paulo VI à Colômbia, as conclusões do encontro denunciaram o pecado social das estruturas de nosso capitalismo dependente e lançaram a idéia-força de libertação. Em 1979, na reunião de Puebla, no começo do pontificado de João Paulo II e por ocasião de sua primeira visita à nossa região, o documento final retomou o diagnóstico de Medellín, indicando que a situação social se agravara ainda mais, mostrou os rostos sofredores do povo latino-americano, fez solenemente a opção prioritária pelos pobres e falou do potencial evangelizador desses pobres, assinalando as comunidades eclesiais de base como lugares singulares de evangelização e de promoção social.

O quarto momento, em 1992, aproveitou a celebração dos 500 anos da chegada dos europeus em terras americanas e foi inaugurado por João Paulo II, dia 12 de outubro. Dois anos de intensa preparação tinham produzido cinco documentos, dois dos quais — o documento de trabalho e a chamada "secunda relatio" — recolhiam a reflexão e as propostas das Igrejas locais. A própria data provocou discussões: tempo de comemoração, de denúncia ou de revisão crítica? As comunidades de índios e afro-americanos, nos meses anteriores,

---

1. Escrito a partir de dois artigos: O encontro de Santo Domingo, *Vermelho e Branco*, Rio de Janeiro, ISER, n. 34 (dez. 1992), e Santo Domingo, *Mutações Sociais*, Rio de Janeiro, CEDAC, n. 2 (out.-dez. 1992).O primeiro foi publicado em espanhol com o título Un encuentro difícil, *Nueva Tierra*, Buenos Aires, ano 7, n. 20 (abr. 1993).

fizeram a análise severa destes cinco séculos de genocídio e de escravidão. O debate histórico foi bastante polêmico e controvertido. O resultado disso foi que as conclusões do encontro pouco falaram desse período, imobilizadas por opiniões divergentes. A seção sobre os 500 anos é bastante reduzida e um dos trechos de menor impacto, ainda que indique como as "sementes do verbo" já estavam nas culturas pré-colombianas, em seus aspectos positivos (n. 17) e fale de um dos "episódios mais tristes da história latino-americana e do Caribe... o inumano tráfico escravagista". Em conseqüência, acrescenta, "queremos com João Paulo II pedir perdão por este 'holocausto desconhecido' no qual participaram batizados que não viveram sua Fé" (n. 20)[2]. Entretanto, a proposta de um ato penitencial solene oficial não foi acolhida. Realizou-se com a presença reduzida de uns poucos bispos, tendo o arcebispo da capital fechado sua catedral nessa ocasião. Não só os gestos realizados são eloqüentes; também os silêncios, as covardias e os medos são significativos.

A reunião foi bem mais difícil do que as anteriores, com uma tentativa violenta de controle por parte da burocracia romana e de seus aliados na região, com um regulamento interno e uma dinâmica que limitaram drasticamente a participação e a iniciativa dos bispos. Poucas vezes presenciei um clima tão terrível de manipulação, como em certos congressos estudantis com cartas marcadas por vanguardas autoritárias. Há, nos meios conservadores, um enorme medo das iniciativas mais férteis das pastorais latino-americanas e um esforço incansável para tolhê-las. Por essa razão, e apesar desse clima, é interessante constatar como do documento final se desprendem algumas linhas de ação que continuam o trajeto anterior de outros documentos. As leituras de um texto complexo como as conclusões de Santo Domingo serão variadas, cada um recolhendo o que lhe interessa. Um documento desses não é unívoco e espelha a heterogeneidade de posições.

Ao encontro concorreram cerca de 200 bispos, com assessores e peritos convidados oficialmente por Roma. João Paulo II esteve presente na abertura. À diferença de Puebla, que via chegar um papa jovem e atlético, agora ele voltava, logo depois de uma grave operação, abatido e cansado. Era sua terceira visita à República Dominicana, que não teve, o que aliás é normal, a repercussão das anteriores, já sem o sabor da novidade. De seus pronunciamentos no país, um foi importante, quando, na véspera da abertura, se dirigiu às comunidades indígenas e afro-americanas. Indicou assim dois interlecutores privilegiados.

---

2. Tive como referência, ao relatar este texto, o documento aprovado em Santo Domingo, com sua numeração, e não o documento final aprovado.

O documento final, fruto do trabalho de trinta comissões, que produziram quatro redações, de debates em plenário e de mais duas ou três redações finais, depois de algumas votações mais ou menos confusas e de uma dinâmica muito menos nítida e participativa do que a de Puebla, revela a pluralidade de posições teológicas e pastorais da região. Nesse sentido, é um espelho fiel das diversidades e até dos conflitos que atravessam as práticas e as reflexões, assim como de certos impasses atuais. Mostra os problemas e tensões vividos pela Igreja Católica na América Latina e no Caribe. Medellín e Puebla talvez, de maneira mais direta, indicaram as novas pistas que se abriam nas décadas anteriores e, sendo obra do magistério, tiveram, entretanto sabor de profecia. Sabemos que a função do magistério é diferente da profética. Ela é um "vir depois", manifestando-se sobre coisas que foram surgindo, aprovando e corrigindo. Em Medellín e Puebla, os bispos ratificaram práticas e orientações pastorais bem recentes, que já germinavam em muitas Igrejas locais (denúncia do pecado social, opção pelos pobres, CEBs), mas que para a grande opinião pública apareciam como novidades. Nas décadas de 1960 e 1970, a Igreja latino-americana tinha sido especialmente criativa, renovadora, e os dois encontros episcopais refletiam em parte esse dinamismo. Na última década, essas práticas continuaram, até se ampliaram, mas também despertaram fortes resistências em setores mais tradicionais. Ainda que a realidade social tenha introduzido novas temáticas na região (os movimentos alternativos das mulheres, ecológicos, de negros e índios), elas não foram absorvidas com a mesma intensidade no âmbito eclesial, apesar de estarem brotando nas próprias práticas pastorais, tendo aparecido parcialmente inclusive nas conclusões da conferência. Nesse sentido, Santo Domingo foi certamente menos inovador, ainda que reconfirmando alguns processos da Igreja na América Latina e no Caribe nas últimas décadas, fazendo avanços na área das culturas oprimidas (negros e índios).

Todo o documento foi pensado à luz de "Jesus Cristo, ontem, hoje e sempre" (Hb 13,8), mais um *pantocrator* a-histórico dos murais bizantinos do que o Jesus de Nazaré concreto. A primeira parte, cristológica, "Jesus Cristo, evangelho do Pai", indica uma posição teológica bastante tradicional, anterior ao Vaticano II (não recolhe, por exemplo, o conceito de "povo de Deus"). O tema sobre "o seguimento de Jesus" na América Latina tem sido tratado de maneira bem mais fecunda em obras teológicas e outros documentos do magistério. Uma proposta alternativa a essa seção, baseada no texto evangélico dos discípulos de Emaús e apresentada como substitutivo por bispos de vários países, não foi retida na redação final, tendo aparecido, ainda que sem muito vigor, na mensagem final, que acompanhou as conclusões de Santo Domingo. É verdade que também o documento de Puebla, do ponto de vista teológico, não teve a mesma criatividade que sua parte pastoral. Aliás, os bispos deveriam ser antes de tudo pastores, e é nesse plano que se esperaria sua contribuição principal.

Entretanto, em vários lugares do texto foi sendo reafirmada a opção pelos pobres. Ao concluir, os bispos declararam: "Fazemos nosso o clamor dos pobres. Assumimos com renovado ardor a opção evangélica preferencial pelos pobres, em continuidade com Medellín e Puebla. Esta opção, não exclusiva nem excludente, iluminará, à imitação de Jesus Cristo, toda nossa ação evangelizadora. Com tal luz, convidamos a promover uma nova ordem econômica, social e política, de acordo com a dignidade de todas e de cada uma das pessoas, impulsionando a justiça e a solidariedade e abrindo para todas elas horizontes de eternidade" (n. 296). Aliás, as conclusões são claras. Na mesma linha das prioridades pastorais, indicou-se o "protagonismo especial" dos leigos e, entre eles, dos jovens (n. 293). Uma Igreja que durante todo o segundo milênio se estruturou em torno dos clérigos, a partir das práticas da Ação Católica e de outros movimentos leigos nas últimas décadas, afirmara naquele momento a presença destes últimos e a importância de uma pastoral da juventude.

Essas prioridades deram também especial destaque à inculturação do Evangelho nas culturas indígenas e afro-americanas e na cultura urbana moderna (n. 298 e 299). Estes são elementos novos em relação a Medellín e Puebla: a presença do índio e do negro e a pastoral urbana. Os rostos dos pobres de Puebla aqui aparecem mais diversificados. O texto que fala sobre "descobrir nos rostos sofridos dos pobres o rosto do Senhor" (n. 178) é um dos mais expressivos do documento.

Já numa primeira leitura, a seção que aparece mais vigorosa é a que se refere ao eixo da "promoção humana" (cap. 2), que inova em relação à ecologia e à terra (n. 169-177), reafirma os direitos humanos (n. 164 a 168), assinalando que a consciência sobre eles "progrediu notavelmente desde Puebla... ainda que se tenham incrementado as condições sociais e políticas adversas" (n. 166), reafirma a importância do mundo do trabalho (n. 182-189) e de uma pastoral dos migrantes (n. 186-189). Uma parte especialmente central, nesse capítulo, se refere ao empobrecimento e à solidariedade, indicando que "o crescente empobrecimento em que estão jogados milhões de nossos irmãos até chegar a intoleráveis extremos de miséria é o mais devastador e humilhante flagelo que vive a América Latina. Assim o denunciamos tanto em Medellín quanto em Puebla e hoje voltamos a fazê-lo com preocupação e com angústia" (n. 179). Mostra como as estatísticas deixam claro o crescimento da pobreza, em termos tanto absolutos como relativos, e denuncia "a insuportável passagem para a miséria assim como diversas formas de exclusão social, étnica e cultural". Mais adiante, indica que "a política neoliberal que predomina na América Latina e no Caribe aprofunda ainda mais as conseqüências negativas destes mecanismos" (n. 179). Logo depois faz considerações importantes sobre a ordem democrática (n. 190-193), a nova ordem econômica (n. 194-203) e a integração latino-americana (n. 204-210).

Sabe-se, pelo testemunho de tantos participantes, que esse capítulo foi basicamente redigido por D. Luciano Mendes de Almeida, na ocasião fragilizado fisicamente, depois de um sério acidente. Em D. Luciano se unem, ao lado de uma capacidade de trabalho assombrosa, uma inteligência penetrante e uma espiritualidade irradiante, que fazem dele um dos bispos mais notáveis da Igreja contemporânea.

Um momento significativo, paralelo ao encontro, ocorreu quando Rigoberta Menchu, índia e catequista guatemalteca, foi escolhida, no dia 15 de outubro, prêmio Nobel da Paz. Como lhe escreveram todos os bispos da Guatemala presentes na reunião, "em você vemos, com justiça, reconhecido o valor de milhões de mulheres e de homens indígenas que na América Latina, rejeitando a violência, se esforçam cada dia para construir, passo a passo, a 'civilização do amor', sustentada pela Fé em Jesus Cristo, a quem você aprendeu a amar e invocar desde pequenina". Foi talvez o sinal mais expressivo para celebrar esses 500 anos complexos e contraditórios. A esse respeito, entretanto, a conferência como tal permaneceu silenciosa.

segunda parte

AS CEBs: ATUALIDADE E RELEVÂNCIA

Igreja que nasce do povo pelo Espírito de Deus.
I Encontro Intereclesial, Vitória, 1975.

9

Centralização ou pluralidade? O caminho criativo das CEBs[1]

O velho mundo industrial

Do final do século XVIII até agora, vivemos as grandes transformações da chamada revolução industrial, o mundo das fábricas e das chaminés. Em lugar da pequena produção dos artesãos, familiar ou apenas um pouco ampliada, chegava o tempo da produção em grande escala, com muitos operários, a maioria de baixa capacitação, ampla oferta de mão-de-obra — um exército de reserva disponível —, altos índices de exploração, acumulação de capital e níveis de lucros nunca vistos antes. Da produção de bens individualizados e artesanais, chegou-se à produção em massa e, em conseqüência da fabricação de larga escala, com um custo menor.

Mudou a maneira de produzir, transformou-se a tecnologia, com conseqüências em todos os níveis da vida. As grandes fábricas, nas regiões industriais, levaram à concentração da mão-de-obra e do exército de reserva, que passaram a morar nas novas periferias das cidades, criando um fenômeno de urbanização acelerada. Mudavam os padrões de vida e de comportamento.

Isso exigia também uma reorganização na própria estrutura das empresas. A fábrica tinha que ser "racionalizada", centralizada, com canais de decisão e de supervisão bem definidos. Também as cidades, para evitar as explosões de violência e diante de novas necessidades sociais, exigiam um controle policial e legal bem mais efetivos e serviços novos. Fortalecia-se a administração pública em todos os níveis e foi surgindo uma burocracia mais eficiente, mais racional e mais centralizada. Junto com as grandes fábricas criou-se assim a grande máquina do Estado e o fenômeno moderno do Estado-nação burocrático.

---

1. Ver *Mutações Sociais*, Rio de Janeiro, CEDAC, n. 1 (set. 1992); *Nueva Tierra*, Buenos Aires, ano 6, n. 19 (out. 1992).

Na resistência às novas estruturas da fábrica e do Estado, os setores dominados também tinham de usar os mesmos meios de eficiência. Nas fábricas centralizadas surgiram os movimentos sindicais, organizados em centrais e ligados a partidos políticos com suas burocracias e lideranças. Basta lembrar os *trade-unions* ingleses e o Partido Social Democrata alemão, que contou com o estímulo de Friedrich Engels. Os próprios partidos políticos nacionais foram uma invenção do século XIX, a partir da Inglaterra, em função do novo Estado-nação; também os partidos revolucionários se criaram no mesmo clima de modernização socioeconômica.

A racionalização da produção levou aos monopólios, aos oligopólios e ao surgimento, posteriormente, das grandes empresas multinacionais. Do lado da reação anti-sistema, já no século XIX foi lançada também a proposta de uma internacional proletária. Grandes estruturas, não apenas no nível dos Estados-nações, mas do próprio planeta. Idade do imperialismo, diriam os historiadores, das correntes ideológicas e propostas políticas em âmbito mundial e dos organismos internacionais[2].

Nesse contexto, foi se desenvolvendo o capitalismo moderno e aí nasceu, ao mesmo tempo, sua contestação, até chegar às experiências do socialismo real. Alguns socialistas utópicos, como Saint-Simon e Owen, já insistiam na racionalização. A vertente do chamado socialismo científico também apostaria na organização e na eficiência. Os movimentos e partidos revolucionários procurariam estruturação sólida nacional e internacional. Tanto o capitalismo como o socialismo correspondiam bem a esse mundo moderno e industrial e se adequavam a uma concepção de organização social e de ciência que lhes era própria, como veremos adiante.

Ora, talvez o que esteja agora em crise seja esse mundo industrial, moderno, de produção em massa, centralizado, com controle burocrático, em grandes aglomerados. E não apenas por uma reação de nova sensibilidade, mas ainda a partir de sua própria base material e suas forças produtivas novas.

O novo quadro pós-industrial[3]

COM A AUTOMAÇÃO e a informática, nas últimas décadas, surge uma nova maneira de produzir bens, flexível, com processos rápidos, alguns instantâ-

---

2. E. J. HOBSBAWM, *Industry and empire*, Nova York, Pantheon Books, 1968.

3. Domenico DE MASI, *A sociedade pós industrial*, São Paulo, Senac, 1999; Daniel BELL, *O advento da sociedade pós-industrial*, São Paulo, Cultrix, 1977; J. K. GALBRAITH, *O novo Estado industrial*, São Paulo, Nova Cultura, 1988; Alain TOURAINE, *La société postindustrielle*, Paris, Denoël, 1969.

neos. O trabalho manual direto cede lugar a um trabalho de programação da máquina, trabalho que dá ordens e exige uma capacitação de quem o realiza. Fala-se do surgimento de um "trabalho simbólico" — para diferenciá-lo do trabalho material anterior —, em que o conhecimento vai ocupar o lugar da força física, e a informação é a principal matéria-prima. A velha dicotomia capital–trabalho do mundo industrial não serve para entender os diferentes componentes da produção pós-industrial. Não são apenas novas tecnologias que surgem, mas a tecnologia e o conhecimento são fatores centrais da própria produção. Da produção em massa passamos à possibilidade da produção de bens personalizados, requeridos diretamente pelos consumidores, que se ligam, através da informática, ao próprio processo produtivo. A produção de bens sofre transformações, e as pequenas unidades independentes voltam a ser mais funcionais do que as velhas grandes fábricas. No mercado informatizado, a comunicação rápida pelos computadores permite a descentralização e o surgimento de empresas de porte médio, e mesmo pequeno, mais eficientes que as enormes e pesadas organizações[4].

As grandes indústrias estão sendo obrigadas a repensar suas estruturas burocráticas internas, para fazê-las mais ágeis. Os próprios computadores sofreram uma transformação nas duas últimas décadas. Até então havia os grandes computadores, com sua memória central, nas mãos dos diretores das empresas. Com o surgimento dos microcomputadores, a informação armazenou-se na mesa de cada técnico, descentralizando-se o poder dessa informação. Os micros subvertem as estruturas organizativas piramidais e rígidas e, na prática, as substituem por redes de computadores pessoais, interligados horizontalmente. Isso muda a própria organização das empresas e a maneira como se tomam as decisões e se distribui o poder dentro delas.

Velhas multinacionais, do petróleo e dos automóveis, entram em crise, vítimas de seu gigantismo. A falência da Pan-American foi um sinal disso. A General Motors, a maior empresa do mundo, um dos maiores PIBs do planeta, fechou muitas de suas fábricas e despediu milhares de empregados. Na luta pelas inovações da informática, a IBM, novo gigante industrial, perdeu num certo momento para concorrentes menores e mais eficientes e teve de repensar sua estrutura organizativa.

As inovações são rapidíssimas. Em poucos anos o fax chegou e tornou obsoleto o telex. As multimídias cada mês trazem novas surpresas: não mais a produção em massa, mas as pequenas e médias unidades flexíveis de produção.

---

4. Alvin TOFLER, *A terceira onda*, Rio de Janeiro, Record, 1995.

A crise das burocracias e dos centralismos

TAMBÉM NO NÍVEL do estado, o fenômeno da burocratização introduziu, num primeiro momento, o tempo do planejamento central, dos programas operacionais etc. Tudo isso foi entrando em crise, com os novos ritmos das demandas sociais e econômicas dos últimos anos, e os grandes planos, distantes das novas realidades, foram ficando defasados e ineficientes.

O exemplo dramático foi a senilidade rápida dos países socialistas, com sua economia centralizada — e seus planos qüinqüenais obsoletos. Tiveram sucesso num primeiro momento, na criação da indústria pesada, da siderurgia e depois na terrível indústria bélica e na indústria espacial. Sempre incapazes de responder às necessidades dos bens de consumo, também ficaram cada mais atrasados na criação de inovações. Lentos, em função de projeções globais imprecisas, sem iniciativas nem incentivos, foram exemplos de ineficiência, rigidez, autoritarismo, criação de novos privilégios e de corrupção. Estancaram-se como grandes dinossauros à margem da criatividade tecnológica dos últimos trinta anos.

A crise das indústrias gigantescas e dos Estados centralizados tornou obsoleta a discussão tradicional entre estatização e privatização. O problema não é tanto se a produção está nas mãos do Estado ou do empresário particular — ambos podem ser ineficientes, autoritários e exploradores —, mas de uma nova maneira de produzir bens, em unidades descentralizadas. A palavra socialização recupera inclusive sua acepção original, de entregar a produção à sociedade, múltipla e variada, confundida tantas vezes no passado com estatização, que de certa maneira é sua própria negação.

Fala-se muito da crise do socialismo real, mas tem se dado menos importância à crise do capitalismo real — que vem ocorrendo talvez menos espetacularmente, mas não menos decisivamente. A economia americana, ligada à produção industrial tradicional, está envelhecendo rapidamente e historiadores como Wallerstein analisam a crise de seu país e o dinamismo asiático, que poderia estar se adequando melhor à produção pós-industrial mais flexível. De certa maneira, capitalismo real e socialismo real são frutos de uma mesma maneira moderna de produzir bens.

À crise das estruturas produtivas e da burocracia se liga a crise dos próprios Estados nacionais. Estes procuram unidades mais amplas, como a União Européia. E ao mesmo tempo, no lado oposto, vemos a irrupção dos regionalismos, os bascos e catalães na Espanha, a dissolução violenta da Iugoslávia e o fim da União Soviética. O Estado-nação é atacado do lado supranacional e a partir dos localismos sempre mais visíveis. Aliás, os meios de comunicação, as imagens da televisão através dos satélites, trazem até nossas casas as realidades mais diferentes e contraditórias. Se de um lado a televisão trata de uniformizar e massificar, por outro lado deixa aparecerem as diversidades sociais, econômicas e culturais. Instrumento utilizado para a dominação e manipulação, é potencialmente capaz de permitir também a eclosão da diversidade e do pluralismo, assim como deixar visíveis as contradições escandalosas em nível mundial, especialmente a grande e principal contradição entre o Norte industrial e o Sul cada vez mais pobre e periférico[5].

A crise do mundo industrial e o Brasil

MUITOS ESTARÃO perguntando o que toda essa descrição tem a ver com a realidade brasileira e com a realidade eclesial em particular. Não seria problema dos países industriais? No nosso caso, boa parte da produção, especialmente rural, ainda é pré-industrial. Nossos problemas agudos são a distribuição da terra, o acesso ao trabalho, à educação, à saúde, aos transportes. Os dilemas do mundo pós-industrial têm alguma coisa a ver conosco? A questão é que têm muito mais do que podemos pensar à primeira vista. Em primeiro lugar, a informática já chegou até nós. Basta observar o uso do microcomputador entre os profissionais e os próprios movimentos sociais e eclesiais, mudando até mesmo nossos hábitos mentais e a circulação das informações. É preciso também conhecer a dinâmica segregacionista do próprio mundo pós-industrial, para avaliar a dramática e crescente separação entre o Norte auto-suficiente e o Sul cada vez mais marginalizado. As esperanças de um desenvolvimento através da modernização industrial e do planejamento econômico tradicional se fazem sempre mais remotas para nossos países do Sul. Teremos de repensar nossa inserção no mercado mundial, nossa maneira de produzir bens, e desconfiar das receitas industriais centralizadas que querem repetir o que o Norte fez no passado. Há uma busca de tecnologias alternativas diferentes que pode até beneficiar-se, pelos meios da informática, de experiências locais que estão sendo feitas com êxito em outros lugares do planeta, até pouco tempo atrás consideradas atrasadas para os padrões da modernidade vigente. Se temos, dentro de nosso país, a coexistência complexa do pré-industrial, do industrial e também do pós-industrial, podemos tratar de não querer repetir o percurso de modernização do mundo industrial e procurar caminhos mais

---

5. Edgar MORIN, Sami NAÏR, *Politique de civilisation*, Paris, Arlea, 1997.

originais, sem copiar modelos, seja do chamado neoliberalismo, seja dos socialismos reais. A saída difícil para nossas sociedades empobrecidas está na experimentação bem diversificada e num esforço para unir tradições e velhas sabedorias locais com muita capacidade de inovação.

Os modelos de produção e de sociedade que surgiram durante o processo de modernização industrial — do lado capitalista e do lado socialista — não parecem adequados às novas possibilidades da tecnologia e às dimensões dramáticas de nossos problemas sociais. Em lugar de modelos prefixados, temos de fazer experimentações concretas, nesse clima de descentralização e de novas iniciativas. Quem está acostumado a só agir depois de planos bem definidos terá dificuldades para adaptar-se a uma nova situação em que as certezas ideológicas vão caindo, a complexidade ficando cada vez mais visível e a possibilidade de soluções gerais sendo cada vez mais questionada. O futuro de países como o Brasil não está em repetir, com atraso, o que fez o mundo chamado desenvolvido, mas em procurar novos estilos de transformação.

Crise dos paradigmas científicos — Movimentos sociais e redes

ALIÁS, É INTERESSANTE constatar que isso não ocorre apenas na área das chamadas ciências sociais. As ciências físicas e naturais atravessam o que se chama hoje de crise dos paradigmas e são mais corajosas que as ciências sociais[6]. Depois da física de Newton, com suas leis universais, a física neste século caminha por trilhas mais modestas, com hipóteses de trabalho parciais, propostas às vezes contraditórias, como as que existem entre a física quântica e a teoria da relatividade, consciência da fragilidade dos instrumentos de trabalho etc. Se isso ocorre com as grandes investigações da física contemporânea (Prigogine, Hawkings, Capra), como não ver que algo semelhante ocorre nas ciências sociais?[7] É um tempo de procurar explicações parciais, provisórias e modestas e, sobretudo, de muita experimentação diversificada.

A informática introduziu uma idéia cada vez mais presente: redes de comunicação. Redes entre usuários de computadores, redes entre movimentos e experiências. Em vez de grandes organizações verticais, a intercomunicação horizontal de pequenas unidades.

---

6. Thomas KUHN, *The Structure of Scientific Revolutions*, Chicago, The University of Chicago Press, 1962.

7. Ilya PRIGOGINE, I. STENGERS, *A nova aliança*, Brasília, Ed. Universidade de Brasília, 1984; Fritjof CAPRA, *O tao da física. Um paralelo entre a física moderna e o misticismo oriental*, São Paulo, Cultrix, 1985.

Ao lado do Estado foram surgindo organizações não-governamentais (ONGs), que de maneira mais flexível e mais atual estão presentes na transformação da sociedade. Os movimentos sociais, até bem pouco tempo, eram considerados inferiores aos partidos políticos, uma vez que não tinham a visão de totalidade destes; muitos queriam que fossem subordinados e mesmo instrumentalizados pelos partidos. Hoje nos perguntamos se o caráter parcial dos movimentos, longe de ser um defeito, não pode ser uma vantagem, fazendo-os mais inventivos e menos rígidos. E há toda uma defesa da autonomia dos movimentos, para permitir que desenvolvam melhor sua criatividade. Em lugar de amarrá-los a uma organização central, deveriam intercomunicar-se em rede, com articulações flexíveis. Não é por acaso que, cada vez mais, se dá atenção aos movimentos sociais e que os novos movimentos alternativos (de mulheres, ecológicos, afros etc.) são laboratórios de intensa experimentação, talvez mais inovadores que os programas e propostas ideológicas dos partidos.

Também como defesa diante do anonimato das grandes cidades — a "multidão solitária" de Riesman — e da perda das identidades originais, a sensibilidade pós-1968 exige a criação de pequenas estruturas de integração e de solidariedade. A própria palavra solidariedade vai adquirindo um conteúdo valorativo cada vez mais contagiante, ao lado da idéia de participação e da possibilidade de iniciativas a partir das bases locais. O tão criticado "basismo" é redescoberto como vantagem diante das propostas que chegam de cima. Assim, no nível da produção, da organização social e política, do conhecimento científico e da nova sensibilidade, há como que uma procura de descentralização, de diversidade e de autonomia, o que corresponde a uma procura de maior participação nas decisões, a um anseio de democratização e pluralismo.

Isso não quer dizer que as tendências à centralização estejam desaparecendo em nosso horizonte histórico imediato. Em algumas áreas, pelo contrário, elas se reforçam (ver a concentração nos meios de comunicação de massa). O que desejo indicar aqui é que emerge com força histórica uma tendência nova e promissora, que se enfrenta com a tendência tradicional ao gigantismo. Chamo a atenção para um processo de longo prazo, e até certo ponto ainda indeterminado. O futuro está em aberto e não há um resultado inexorável. Está em nossas mãos fazer todo o possível para que uma tendência supere a outra. Penso que a descentralizadora está mais de acordo com os avanços no nível das forças produtivas e, se houver empenho, esforço social e vontade política, pode ser aquela que desenhe o cenário do mundo no próximo milênio[8].

---

8. Em meu livro *A utopia surgindo no meio de nós* (op. cit.), desenvolvo os argumentos apresentados acima e chego a algumas conclusões na terceira parte (211-227).

A Igreja Católica e as CEBs nesta nova situação

AS TRANSFORMAÇÕES dentro de uma instituição socialmente importante como a Igreja Católica, no Brasil, não podem deixar de ser atingidas pelo processo que estamos descrevendo. Um bom exemplo é a história das comunidades eclesiais de base, que surgiram nas últimas décadas, aos poucos, em várias regiões do país, com diferentes fisionomias e a partir de problemas específicos. Elas foram crescendo, na diversidade, sem receitas prefixadas em manuais, sem institucionalização tradicional, ligadas à história das Igrejas locais. Descobrimos então a atualidade e a potencialidade dessa maneira de ser Igreja e os riscos de uma volta atrás, aos velhos modelos de organização e de institucionalização próprios de um tempo anterior de modernização e de centralização.

Aliás, uma rápida incursão na história da Igreja pode ser ilustrativa. A organização diocesana corresponde a uma estrutura feudal pré-moderna, de pequenas unidades territoriais quase auto-suficientes. Com o surgimento dos Estados-nações, na modernidade, houve várias vezes a tendência da criação de Igrejas nacionais (regalismo na França, josefinismo na Áustria). Finalmente, coexiste a diocese local articulada, para não dizer subordinada, com o centro em Roma. O processo de romanização, de fins do século XIX, foi a tentativa de adaptar a Igreja aos tempos modernos e centralizados. Roma modernizou-se, com a atualização de sua Cúria, como burocracia internacional de controle. Através de novas congregações religiosas, houve interferência nas práticas da religiosidade popular e um esforço de uniformização, às vezes com violência sobre tradições e devoções locais. A própria Ação Católica, iniciativa a partir de Roma, foi parte desse processo centralizador e de modernização. Porém mais recentemente surgiram as conferências episcopais nacionais e o Vaticano II levantou a idéia de colegialidade.

Nesse sentido, as CEBs surgem, na América Latina, no novo clima pós-1968, e poderíamos dizer pós-Vaticano II, respondendo a diferentes situações locais, rurais e urbanas, pré-industriais e industriais, do posseiro e das lavadeiras do Acre ao pequeno agricultor de Santa Catarina, ao operário e ao subempregado da periferia de São Paulo. Elas foram mais respeitosas dessa diversidade, permitindo que aflorassem os problemas específicos de cada um, a sensibilidade e a cultura particulares. A modernização imediatamente posterior ao Vaticano II agrediu freqüentemente a religiosidade popular. Os próprios agentes de pastoral, formados numa cultura moderna, e influenciados por ideologias políticas da esquerda tradicional, também moderna, muitas vezes tiveram a tendência de trazer do exterior e de cima suas soluções predeterminadas, numa tentativa de ser vanguardas ou "intelectuais orgânicos" de um povo que julgavam sem consciência crítica. Mas esse mesmo povo os foi envolvendo e educando, com sua maneira de ser, seus valores, suas celebrações e sua diversidade. E agora, quando o mundo moderno entra em crise, tanto no Norte industrial como no Sul crescentemente empobrecido, essa diversidade e essas raízes locais parecem muito mais adaptadas tanto ao Sul, que não conseguiu entrar com força no processo de industrialização e precisa descobrir novos caminhos, como a uma produção pós-industrial de ponta, flexível e intercomunicativa que vai se disseminando a partir do Norte.

As organizações que recebemos do passado — partidos, movimentos e mesmo sindicatos — eram fortemente centralizadas, se articulavam em torno de programas bem definidos, estratégias e táticas prefixadas e se propunham controlar o Estado para daí transformar a sociedade. A luta pelo poder consumia boa parte de suas ambições. Hoje, vamos tendo a consciência de que a crise de civilização é bem mais profunda, e que não se resolve apenas pela conquista dos mecanismos de decisão, mas exige um processo de transformações em todos os níveis da sociedade. Aí os movimentos sociais adquirem uma relevância particular, e fica clara a necessidade de preservarem sua autonomia e sua criatividade diante dos partidos políticos e dos programas globais. As CEBs, no nível eclesial, são também movimentos sociais, guardadas as especificidades de sua natureza religiosa. Elas têm um papel da maior importância no processo social multiforme e descentralizado de transformações na Igreja e também na sociedade.

No que se refere à Igreja Católica, a centralização faz parte, hoje, das metas de movimentos restauradores como Opus Dei e Comunhão e Libertação. Anos atrás, no Sínodo sobre os Leigos, os cardeais Martini e Lorscheider, de Milão e de Fortaleza, criticaram esses movimentos, que muitas vezes atropelavam a caminhada das Igrejas locais.

Há aliás, no espaço restaurador, uma tentativa de centralização e de controle, própria do esforço de modernização. Entrar nessa mesma lógica, ou colocar a estratégia na disputa pelo poder eclesiástico, é duplamente equivocado. Em primeiro lugar, as forças conservadoras ainda são mais poderosas no curto prazo, numa conjuntura desfavorável para as pastorais renovadoras. Mas, além disso, essa estratégia já não aparece como a mais eficaz, num processo de mais longa duração e maior profundidade. As transformações mais decisivas se fazem no interior da sociedade, pela experiência de novas práticas e de novos comportamentos e não a partir das estruturas de poder. As análises de conjuntura que se limitam a refletir sobre as estruturas de decisão — social ou eclesial — encaminham às disputas limitadas do poder, sem iluminar as pistas mais eficazes das mudanças na base da sociedade. Mesmo numa situação desfavorável do ponto de vista das correlações de forças, pensadas em função do acesso aos mecanismos decisórios, o processo de renovação pode ser bem mais eficaz quando concentra sua atenção no nível da base, da rede de comunidades que, com estilos diversificados e flexíveis, vão experimentando, na prática, novas maneiras de ser Igreja.

Nesse sentido, a caminhada pode considerar-se, no médio prazo, irreversível. Ela não se propõe, superficialmente, substituir um tipo de poder por outro, mas fazer surgir, num processo talvez bastante longo, novas práticas eclesiais e um novo clima de viver a fé. A estrutura eclesiástica que temos diante de nós, articulada em torno dos clérigos e bastante autoritária, surgiu lentamente, nos anos que precederam o segundo milênio, e se consolidou na reforma gregoriana do século XI e na Contra-Reforma do Concílio de Trento. Preparar a Igreja do terceiro milênio não é propor um novo modelo já determinado, mas confiar na criatividade do povo de Deus, mediante múltiplas experimentações. E nesse sentido as CEBs podem ser extremamente fecundas e abrir novos caminhos. Suas maiores flexibilidade e diversidade, numa experimentação pluralista e participativa, estão bem mais de acordo com os novos tempos do que os hábitos centralizadores, de luta pelo poder e de eficácia no curto prazo. Estão adequadas às novas situações materiais e sociais (forças produtivas, organização social) e também mentais (busca de novos paradigmas de explicação, nova sensibilidade).

Num país que se julgava atrasado diante das nações do Norte, a meta da modernização parecia um ideal a atingir. Hoje ela mostra seus impasses e seu esgotamento. O mundo que temos pela frente, mais diversificado e mais democrático, não se desenha num modelo uniforme, mas possivelmente está se recriando a partir da multiplicidade de situações, de muita inventividade e do respeito pela pluralidade de opções. Na medida em que as CEBs se inscrevem nesse marco, elas estão sendo mais atuais do que se imaginava e demonstram uma capacidade transformadora, o que, em termos eclesiais, poderíamos chamar de fecundo potencial evangelizador.

10

Trindade 86: o lento e penoso aprendizado da prática democrática[1]

Anotações a partir do VI Encontro Intereclesial

São muitas as imagens, idéias e sensações que se atropelam na memória, depois de ter vivido, com muita intensidade, um grande encontro em Trindade, periferia de Goiânia, com mais de 1.500 participantes de todo o país e vários companheiros da América Latina, da Europa, da África e do Canadá. Presenciamos ali enorme criatividade, testemunhos fortes, canto, muito canto (principalmente as músicas do Zé Vicente, poeta inspirado de Crateús, ainda vivas na nossa memória auditiva), ritmo, liturgia sempre nova, debates em pequenos grupos, nos miniplenários, no "plenarião" do grande estádio de Trindade, lugar de romaria do Santuário do Divino Pai Eterno. Religiosidade popular intensa, carregada de vivo acento de Pentecostes (a descida do Espírito sobre a comunidade em forma de línguas de fogo abrasadoras), tão diferente de uma liturgia asséptica e secularizada das classes urbanas cultas e temerosas de expressar emoções, de viver a pulsação do corpo, preferindo a verbalização racional ao gesto significativo e denso. E essa expressividade, tão cara a um povo mestiço que entende de ritmo e de dança, vinha ligada a um sério compromisso com os pequenos, com a celebração dos mortos que caíram na luta pela justiça — Josimo, assassinado pouco antes, lavradores anônimos, o santo mártir da América Central Oscar Romero —, fora de um clima autocomplacente e necrófilo, mas carregado de vida, e até de alegria — misturada às lágrimas inevitáveis —, numa direção de esperança escatológica. O texto escrito não consegue reproduzir, na mistura de sensações contraditórias, policiadas pelos velhos hábitos da racionalidade do mun-

---

1. Publicado na *Revista Eclesiástica Brasileira*, Petrópolis, v. 46, fasc. 183 (set. 1986).

do intelectual em que navego, o tanto de cor, movimento e força expressiva. Deixo a pena caminhar pelo papel em branco, sem excessivo cuidado de análise, tratando de recolher pontos de reflexão, ainda com o calor de pão recém-saído do forno. Somente gostaria de me perguntar o que tudo isso trouxe de novo, que perplexidades ainda continuam e que vivências têm a ver com uma experimentação política que se vem fazendo pelo país afora, em meses pré-eleitorais, dos pacotes econômicos e dos conflitos de terra crescentes e dramáticos.

Voltando de Goiânia, no aeroporto confuso e provinciano de Brasília, capital isolada e hierática (quem um dia escreverá sobre a arquitetura da cidade, de belíssimos traços estéticos no detalhe e forte marca massificadora de urbanismo, que tem alguma coisa a ver com as correntes totalitárias do século XX?), caí, pela leitura dos jornais, como numa ducha fria, na outra realidade das notícias minúsculas e de análises políticas que se perdiam em meandros de crônicas e intrigas miúdas, tão desproporcionais ao tamanho dos problemas e às dimensões planetárias do país...

Como em 1945, saímos de um período escuro de arbítrio e de ditadura, e se abriu, em 1986, o tempo para pensar uma nova realidade política e para elaborar uma outra Constituição. Foi um momento importante num amplo debate nacional, porém cuidadosamente recuperado por uma autoproclamada nova república de rápido envelhecimento. Mas logo depois não se falava quase em Constituinte, tudo virou um encolhido balé de pequenas guerras para escolher candidatos a governador: figuras em sua maioria medíocres, com ar de coisa já vista, tiradas de bolsos de colete, saindo dos liquidificadores enferrujados das máquinas partidárias ou inventadas pelos próprios meios de comunicação e seus cronistas menores. Tantos personagens opacos, com forte cheiro de oportunismo, profissionais da sobrevivência, uma classe política de imaginação rarefeita. Excetuando-se alguns candidatos que eram sinal, seja de uma história a resgatar, seja de um novo estilo por criar (e assim mesmo alguns obrigados a alianças espúrias), o que sobrava? É verdade que 22 anos de ditadura militar ceifaram a imaginação almejada e reforçaram velhos hábitos de rotina. O problema era, entretanto, bem mais profundo e se relacionava, de certa maneira, com tudo que vivemos em Trindade.

As práticas autoritárias estão profundamente internalizadas em todos os níveis do intricado tecido das relações sociais, desde as relações homem—mulher, no núcleo familiar, no encontro de brancos com negros, índios e mestiços, nas relações de produção, nas práticas político-partidárias até o encontro da sociedade com o aparelho do Estado. Superar esses velhos hábitos supõe inventar novos gestos, outras atitudes, comportamentos inéditos. Aprendizado longo e difícil, numa pedagogia do cotidiano que não se esgota nos rituais espasmódicos da representação eleitoral de 15 de novembro. A campanha das "Diretas Já" mostrou a potencialidade latente, que assustou os políticos de velha e tradicional experiência (como lidar com esse povão, que escapava das conversas de gabinete das velhas raposas?). Um próprio pacote econômico proposto, mesmo limitado pela lógica tecnocrática e pelos interesses da racionalidade de autoperpetuação do sistema, despertou um dinamismo participativo que as esquerdas tradicionais não entenderam e negaram rapidamente, em nome de suas opções ideológicas predeterminadas. E toda essa força social que aí estava podia diluir-se, escorregar para o desencanto, ou ouvir cantos de sereia populistas, se não se criassem ou reforçassem logo, na sociedade, espaços e mediações (associativos, político-partidários, sindicais) capazes de articular necessidades graves, demandas meio formuladas, consciência emergente e ainda insegura. Daí a urgência de ir descobrindo lugares de aprendizado, de participação e de prática democrática. Trindade nos terá ensinado alguma coisa nesse sentido? Ainda de maneira fragmentária e preliminar, quero indicar alguns pontos pressentidos. Interrogações que foram surgindo, com esperanças e receios, na ambigüidade própria de uma realidade sempre contraditória.

Aliás, a Igreja Católica e outras Igrejas e religiões teriam alguma coisa com que contribuir nessa direção? De saída deparamos com um enorme paradoxo: uma instituição hierárquica e vertical como a Igreja Católica, com velhos hábitos autoritários, dentro da qual se reproduz uma casta dirigente cuidadosamente preparada nas escolas de clérigos, com as velhas receitas da Contra-Reforma do Concílio de Trento, pareceria abrigar novas e inesperadas experimentações. Talvez a própria carência de sacerdotes tenha ajudado em parte para isso. As antigas atividades da Ação Católica especializada, dos anos 1950 e 1960, com o surgimento de lideranças leigas, deram iniciativa aos não-clérigos, nessa instituição que desde o começo do milênio anterior, nos tempos de Gregório VII, reforçara o poder do clero[2]. Depois, nos anos 1970, brotaram, principalmente nos meios populares, ministros da palavra, catequistas, agentes de pastoral, que foram aos poucos, sem plano predeterminado, armando um tecido ainda a meio fazer, de novos jeitos de ser Igreja. É um processo criativo cheio de tensões, na emergência de uma rede capilar de comunidades, com seus encontros periódicos, momentos de oração e de celebração, de festa e de narração de lutas e de sofrimentos, debates, cursos, seminários, planos de pastoral. Todos esses elementos colaboram, parcial e tantas vezes

---

2. Por meio do estudo da Juventude Universitária Católica tentei reconstruir esse itinerário, que está nas origens das CEBs e da própria teologia da libertação, como reconhece Gustavo Gutiérrez. Ver L. A. GÓMEZ DE SOUZA, *A JUC: os estudantes católicos e a política*, op. cit.

precariamente, para urdir novas tramas de relações sociais. Isso teve visibilidade em Trindade, momento de encontro maior em âmbito nacional.

Vejamos alguns aspectos da reunião relacionados com esse tema da criação de hábitos de participação e de democracia. O grande número de participantes, sua origem popular, uma significativa maioria chegando pela primeira vez apenas permitiam a enunciação de temas e de problemas. Eles só poderiam ser analisados, com mais cuidado e com certa profundidade, em grupos reduzidos e a partir do fornecimento de uma informação sólida e da elaboração de alguns marcos de referência mais ou menos bem articulados. Outros elementos devem ser levados em conta: a heterogeneidade do país e sua diversidade regional tornam quase impossível chegar a linhas de ação comuns e a conclusões em plano nacional. Daí a dificuldade de dar ao encontro um caráter deliberativo, como exigiam alguns no primeiro dia. Esses participantes tinham se preparado com cuidado, em reuniões prévias, e sentiram uma certa frustração ao ver suas expectativas diluírem-se na vastidão do encontro e na diversidade de seus delegados.

Entretanto, mais do que chegar a conclusões, a maioria desejava se expressar, transmitir sua experiência local, entrar na longa "fila do povo" dos plenários, para dizer sua palavra. Para os que estão acostumados às disciplinas militantes das discussões bem-ordenadas, as enormes dispersões das intervenções, sobre os temas mais diferentes, poderiam confundir e até irritar. Entretanto, poucas coisas são tão fecundas quanto os testemunhos vividos e sofridos de um lavrador, de uma empregada doméstica, de um pescador ou de um "brasiguaio". Já vai sendo o exercício mesmo, balbuciante, dessa democracia almejada.

Vale a pena examinar a presença de cerca de trinta assessores na reunião. Fiéis a uma tradição que vem de outros encontros, chegavam ali para escutar, numa posição o mais discreta possível. Na preparação, alguns chegaram a questionar a presença de assessores. Ousaria dizer que essa reação partia, mais do que das bases populares, de agentes intermediários — freqüentemente religiosos e religiosas — que, trabalhando junto ao povo, sem se dar conta, não deixam de exercer funções semelhantes às dos assessores, organizando atividades, fornecendo informação, animando debates. Falando em nome das "bases" e opondo-se aos assessores, às vezes inconscientemente, poderiam até estar defendendo sua posição de únicos interlocutores do movimento popular. Vemos essa desconfiança também se repetir diante das lideranças sindicais, político-partidárias ou associativas, que chegam para ocupar espaços que limitam a esfera de influência (e de poder) desses agentes. O curioso é que, já no começo do segundo dia do encontro, começou a surgir a indagação, aqui e ali:

por que os assessores ficam calados? Por que não intervêm em certos momentos dos debates, trazendo informações, tratando de formular perguntas-chave e, se possível, resumindo debates? Foi o que se fez, nos miniplenários e, ainda, no grande plenário, com rápidas intervenções de alguns assessores, que aparentemente não bloquearam nem inibiram as discussões, os resultados dos grupos ou a longa fila do povo, mas introduziram ou sintetizaram temas para aprofundamento posterior. Num dos miniplenários, como o relato das comissões ocupou mais tempo do que o previsto (o que ocorre tão freqüentemente), a intervenção dos assessores iria diminuir o espaço previsto para a fila do povo. Alguns agentes pediram que se sacrificasse essa intervenção. Foram calados pelo zunzum e pelo protesto da maioria, que desejava ouvir alguns dados complementares ao debate. Ao contrário do que proclama um certo basismo ingênuo e simplista, o povo tem necessidade e exige ser informado de elementos da realidade que não chegam à sua comunidade local e espera receber certas idéias mais elaboradas, para entender melhor e poder tomar posições mais firmes. Isso já mostra um amadurecimento crescente no processo de consciência das comunidades. A dialética da "troca de saberes" a que se refere Clodovis Boff (relação entre a sabedoria da vida e a ciência das coisas)[3] se dá cada vez com maior naturalidade. Assim vão sendo superados, na prática — ainda que parcialmente —, seja o basismo referido acima ("só o povo é que sabe"), seja o vanguardismo das lideranças com suas posições "corretas" e pré-fabricadas. Assessores e agentes se tornam indispensáveis para o debate e o exercício democrático, e vão sendo obrigados a se posicionar como companheiros de caminhada e de serviço, já que têm acesso a certo tipo de informação e a elementos analíticos, e por isso são aceitos; em conseqüência, são considerados elementos insubstituíveis para a caminhada do movimento popular. Toda a relação intricada prática–teoria–prática está implícita nesse encontro de experiências e saberes, que se alimentam uns aos outros.

Um bom ângulo para perceber os problemas da participação é o das relações entre o trabalho e as atividades políticas. Creio poder afirmar que houve um avanço, desde o IV Encontro Intereclesial de Itaici. Neste, partia-se de uma desconfiança maior em relação ao político-partidário: "a gente faz o bolo [o trabalho popular], enfeita a noiva e o outro [o político] casa com ela"[4]. Em

---

3. Clodovis BOFF, Agente de pastoral e povo, *Revista Eclesiástica Brasileira*, v. 40, fasc. 158 (jun. 1980); separata, col. Teologia Orgânica, n. 1.

4. Ver meu artigo A política partidária nas CEBs (Análise a partir do IV Encontro Intereclesial das CEBs em Itaici, abril de 1981, *Revista Eclesiástica Brasileira*, v. 41, fasc. 164 (dez. 1981); separata, col. Teologia Orgânica, n. 6; reproduzido como capítulo XVII em *Classes populares e Igreja nos caminhos da história*, op. cit.

Trindade, já nas comissões do primeiro dia, ainda que alguns receios permanecessem, se afirmava mais positivamente: "Quem participa de comunidade de base deve participar da política partidária" (grupo 15, plenário B). E, ainda, outro grupo lançava uma observação crítica às estruturas eclesiais: "Por que os cristãos, quando passam a militar nos partidos, são discriminados pelas hierarquias e pela base?" (grupo 17, plenário B). E vinham dos miniplenários, ainda no primeiro dia, perguntas como esta: "Por que a oposição ou a omissão por parte de setores da Igreja [em relação à política], se Cristo morreu por causa política, pela libertação integral?" E outro questionamento, que vai à medula do tema que nos interessa aqui: "Como realizar a missão profética numa sociedade democrática?" Há que notar que 71 dos participantes já tinham sido candidatos a algum cargo eletivo. Num dos plenários foram apresentados os candidatos do momento, tanto ao Congresso Nacional Constituinte como a deputados estaduais. Os aplausos espontâneos e calorosos indicaram o interesse por essa militância. Ficou no ar a questão: A Igreja, que num primeiro momento anima a militância partidária, tem a capacidade de acompanhar aquele que faz essa opção, de ajudá-lo e de ser solidária com ele? Ou simplesmente se afasta, em nome de uma exigência mais ou menos ambígua de não se comprometer? Não está aí o nó de uma dificuldade e também a necessidade de se pensar mais profundamente numa "pastoral da política"? Uma pedagogia participativa e democrática não teria muito que aprender dos cristãos que se lançam numa atividade partidária?

Um ponto mais complexo foi o da relação do movimento popular e de suas organizações com o Estado. No segundo dia, um dos miniplenários analisou os projetos governamentais em curso. Os resultados dos 16 grupos de trabalho repetiam monotonamente a mesma idéia: os projetos atrapalham ("bonitos no papel"; "são como chupetas: botam na boca de dois e deixam três chorando..."). Dois grupos, entretanto, conseguiram indicar pistas mais positivas. Um declarou que, se o povo já tem uma certa consciência, pode e deve dialogar com o Estado e mesmo aproveitar projetos governamentais, fazendo isso como um direito de cidadãos e não como um favor de clientes. Outro grupo insistia que, diante dos projetos, era importante discutir seriamente a validade de cada um deles, a partir das situações particulares.

De modo geral, entretanto, o clima foi de desconfiança diante do Estado e da nova república. As experiências nesse sentido eram negativas, especialmente no que se refere à região rural. Não só continuavam as repressões e mortes, como ainda haviam aumentado. E testemunhos como o do ministro da Justiça do momento, em sua visita ao Bico do Papagaio (que expressou com meridiana clareza sua consciência de classe de fazendeiro e sua afinada solidariedade com seus colegas), só reforçavam essa convicção. Projetos ambíguos e megalômanos como o Nordestão (com o título indefinido de "Apoio ao Pequeno Agricultor"), sob o patrocínio do Banco Mundial, e as promessas ainda vagas de 12 bilhões de dólares em 15 anos, formulados no fim do governo autoritário, ineficiente em sua estrutura rígida e burocrática, não ajudavam a melhorar o clima. Um *ABC* de Francisco, lavrador de Sobral, lido pela primeira vez numa reunião da Emater do Ceará, na frente dos próprios técnicos governamentais e apresentado no Encontro, dizia em uma de suas estrofes:

> Urubu é uma ave
> que vive pelo sertão;
> eu estou me referindo
> aos urubus da nação;
> não tem mais bicho morrendo,
> mas eles estão comendo
> a verba do nordestão.

E sobre a reforma agrária assim cantou em outra letra do *ABC*:

> Reforma agrária é um nome
> que nós devemos mudar.
> Quem foi que já viu no mundo
> uma reforma prestar?
> Parece que estou vendo,
> é só botando o remendo
> e rasgando noutro lugar.

Uma posição principista, de desconfiança diante dos projetos governamentais, tem, não esqueçamos, suas ambigüidades. Por um lado, mostra um grau de criticidade exigente que não aceita qualquer proposta e exige coerência dos que a apresentam. Por outro lado, uma rejeição em bloco de tudo o que vem do Estado, apenas por sua origem governamental, não deixa de fortalecer um certo maniqueísmo, que pode ser politicamente desmobilizador. Esse maniqueísmo se expressou em várias dramatizações trazidas ao plenário, onde o movimento popular era sempre o herói, bom e valente, e as classes dominantes e o Estado (e até mesmo a Igreja institucional) os inevitáveis vilões da história. Uma simplificação dessas não ajuda muito a aprofundar a análise e fazer crescer as práticas democráticas (e a necessidade das alianças no processo político). Mais ainda, pode levar a um processo de radicalização ideológica que traz no bojo atitudes emocionais e aventureiras e o perigo de um retrocesso nos espaços participativos, penosamente conquistados numa frágil transição política. Aqueles de nós que lembramos o clima de emocionalidade verbal que antecedeu ao golpe de 1964 temos motivos para ficar preocupados diante de certas posições simplistas. Aliás, os meios eclesiais são lugares propícios para análises puristas, feitas em nome de uma ética abstrata (um dever ser imperativo e a-histórico) e não de uma reflexão realista (que não se confunde com oportunismo), em que os limites do possível e os momentos do processo devem ser claramente indicados. Fica patente aqui como o debate realizado no mundo eclesial precisa ser complementado por aquele dos espaços político-partidários e sindicais e pelo afinamento de instrumentos teóricos. São as mediações indispensáveis, sem as quais as práticas correm o risco de ser deduzidas automaticamente de princípios gerais ou de valores universais, numa lógica linear e perigosamente rígida.

Sempre vale chamar a atenção para o cuidado que se deve ter ao analisar as experiências das CEBs, para não cair num certo triunfalismo. Do exterior, detratores as atacam sem conhecê-las, e defensores as "reificam" em situações ideais que não existem. Essa polarização é enganosa. A própria teologia da libertação tem sido vítima, seja do ataque mesquinho, seja da defesa romântica. Quem conhece de dentro a caminhada das CEBs sabe quantas dificuldades e ambigüidades povoam a experimentação. Crítica e autocrítica permanentes são indispensáveis, assim como a consciência dos limites do espaço eclesial em relação a outros lugares de participação e de organização da sociedade civil.

Além disso, uma coisa é o clima de um encontro nacional — em que se celebra a caminhada sofrida mas esperançosa — e outra, o momento do trabalho concreto e pequeno, sujeito às limitações internas e externas, às repressões do meio (materiais e ideológicas) e da própria instituição eclesial (ou das várias Igrejas, lendo a caminhada numa ótica aberta de ecumenismo). Acompanhando experiências locais se pode facilmente encontrar juntos, contraditoriamente, um discurso participativo, no nível ideológico, e uma prática tradicional e impositiva, que reproduz o autoritarismo hegemônico (isso, aliás, acontece mais freqüentemente do que se pensa). Pode também a ideologia, como conjunto de idéias-força, ser participativa, mas apoiar-se em instrumentos de análise que fortalecem uma prática não-democrática (a teoria das vanguardas, do centralismo, do enquadramento militante). Nas diversas situações, é importante ver de perto como se realiza a prática, como se respira o ideológico e que ferramentas são utilizadas nas análises. Elas nem sempre são coerentes entre si. Indo mais longe, um discurso (ideologia) participativo muitas vezes oculta e fortalece a boa consciência de uma prática autoritária. Da mesma maneira, uma reflexão teórica de disciplina e de eficiência a todo custo justifica as dominações no concreto que destroem o aprendizado de democracia e de participação.

O aprendizado democrático é lento e exige uma pedagogia paciente e atenta aos pequenos fatos. Deve ser vivido no cotidiano e permanentemente questionado. É frágil, como nossa tênue experiência participativa, sempre sujeito a involuções, já que a história não é um romântico caminhar de "amanhãs que cantam". Quem viveu a esperança do Chile de 1970 sabe que tudo o que ali se passou foi frutificando mais adiante, mas depois de muito sofrimento. Se os retrocessos não são inevitavelmente irreversíveis, podem deixar feridas fundas e difíceis de curar. Num encontro de que participei, uma testemunha lúcida de muitas experiências históricas falava com razão de "esperanças desfeitas". Eu ousaria completar: desfeitas e refeitas, numa história aberta e não fatalista.

A construção da democracia se faz em muitos espaços. O trabalho eclesial é apenas um deles e não o mais decisivo. É, porém, aquele que pode — mas nem sempre o faz — levantar as questões na radicalidade última de um horizonte escatológico que relativiza, ao mesmo tempo que reforça, todo o trabalho humano. Em outro texto insisti na seriedade da crise de nossa civilização e na força transformadora do sagrado[5]. Sagrado que não se reduz a uma religião, nem mesmo às próprias religiões estabelecidas. Neste mundo, que vai redescobrindo as dimensões sempre mais profundas do humano e sempre maiores do planeta, brotam e crescem experiências para enfrentar as dominações (que são muitas e bem entrelaçadas). Por essas experiências se vai buscando inventar uma sociedade mais libertária e menos opressiva. A essa tarefa podemos chamar de construção democrática e aos seus instrumentos, práticas de participação. As experiências nessa direção, laboratórios de democracia, portadoras de futuro, parecem às vezes minúsculas diante das fortalezas da dominação. Entretanto, elas estão surgindo por toda parte, armando aos poucos e com paciência uma rede de solidariedade capaz de fazer ruir um dia, com o clamor dos pobres, as muralhas aparentemente inexpugnáveis das Jericós contemporâneas.

---

5. Secularização em questão e potencialidade transformadora do sagrado, texto de 1986, reproduzido como capítulo 15 em *A utopia surgindo no meio de nós*, op.cit.

11

Santa Maria 92: o trem das CEBs com bitola larga[1]

Uma imagem vem acompanhando a caminhada das CEBs: a de um trenzinho que a cada intereclesial incorpora um novo vagão. Já eram oito vagões na espera do nono, do Maranhão, e do décimo, de Ilhéus. O encontro em Santa Maria, em 1992, representou um salto qualitativo. A introdução do tema "culturas oprimidas" fez implodir os parâmetros da reflexão e alargar enormemente os horizontes da problemática. Principalmente as realidades da mulher e do negro subverteram as temáticas bem comportadas: foram entrando, exigentes, o corpo, a sexualidade, o prazer, a gratuidade, a diferença. Não se punha de lado o pobre como sujeito e a libertação como meta, mas elas radicalizaram e ampliaram as perspectivas. Para aproveitar a metáfora, em Santa Maria, antigo eixo ferroviário do Rio Grande do Sul, o trem passou da bitola estreita das discussões já tradicionais para a bitola larga onde cabiam os temas do feminino emergente e das raças insurgentes. O próprio rumo da caminhada teve de ser revisto, para direções inéditas e estradas ainda não trilhadas.

Nos últimos vinte anos, o mundo católico amadureceu sua sensibilidade para com a justiça social e os direitos humanos. Entretanto, ele tem dificuldades e bloqueios para repensar a ética sexual, revisar o machismo e sair da sensibilidade branca e ocidental. Há resistências inconscientes difíceis de remover. Aliás, entre a consciência de uma dominação (européia ou masculina) e a criação de novos hábitos que a superem corre um tempo longo de contradições e de atitudes defensivas, doloroso e sofrido. O intereclesial mostrou, em alguns incidentes significativos, ao mesmo tempo, a eclosão ruidosa da nova problemática e a complexidade do processo para absorvê-la. Duas atitudes

---

1. Revisto e atualizado de *Tempo e Presença*, Rio de Janeiro, n. 265 (out. 1992).

simplistas podem surgir para sair de uma tensão para muitos intolerável: um gesto superficial e apressado de reconciliação entre sexos e raças, que não resolve o fundo das coisas, ou, de outro lado, o conflito azedo e a ruptura. No passado, o senhor podia receber com tolerância o escravo num dia de festa na casa-grande, mas logo depois este voltava à senzala e tudo seguia como dantes. A agressão e a separação também são uma maneira fácil de querer superar uma dificuldade, simplesmente eliminando-a e destruindo assim a possibilidade de um real encontro mais adiante. Ambas as soluções destroem um momento difícil, mas necessário: confrontar diferenças e avaliar a profundidade dos preconceitos. Isso requer muita ousadia e uma enorme dose de paciência. "A história não caminha ao ritmo de nossa impaciência", escreveu dias antes de morrer, derrotado no exílio, o poeta Antonio Machado[2]. Mas caminha. Um jornalista polonês, que estuda a pobreza no mundo, Ryszard Kapuscinski, declarou algo parecido: "Não podemos ir ao futuro tomando atalhos"[3]. A pedagogia da pastoral popular no Brasil tem procurado combinar perseverança e audácia, fidelidade e rebeldia.

Certos choques são salutares e pedagógicos. Dois ocorreram em Santa Maria. Ali tinham comparecido um pajé, duas mães-de-santo e um pai-de-santo. Num certo momento, nesses intereclesiais, comparecem ao palco os bispos católicos presentes. A partir do sétimo intereclesial de Duque de Caxias, passou a ser normal que a eles se juntassem os evangélicos, bispos, pastores e pastoras (estas últimas provocando ainda mal-estar, como quando participaram da celebração ecumênica do encontro anterior). Em Santa Maria veio o pedido do plenário: que ali se apresentassem também os representantes das religiões afro e indígena. Negada a sugestão, começaram os protestos; um dos poucos bispos que assume com orgulho sua negritude desceu do cenário, para ficar com seu povo. Vi lágrimas e desalento em sacerdotes e agentes de pastoral. Isso valeu denúncias posteriores, que chegaram até Roma, no anonimato covarde das acusações imprecisas. Lembro de ter dito a vários companheiros: é útil que haja crises, elas serão superadas nas práticas cotidianas dos próximos anos, na caminhada discreta e firme lá nas bases e nas celebrações comunitárias, longe das proibições canônicas. Dito e feito. No intereclesial seguinte, em São Luís, na grande celebração de abertura, lá estavam, ao lado do pastor e da pastora, o pajé e a vistosa mulher, roupa branca esfuziante, balançando um candeeiro fumegante de incenso e ervas.

---

2. Antonio MACHADO, *Prosas*, Havana, Arte y Literatura, 1975, 350.

3. Essa frase foi lembrada pelo príncipe de Astúrias, na Espanha, ao entregar um prêmio ao presidente Lula, em outubro de 2003, fazendo notar sua "valentia e [sua.] prudência". Ver *Páginas*, Lima, n. 184 (dez. 2003) 675.

A leitura das conclusões do plenário das mulheres também provocou reações. Elas indicavam como, sendo a grande maioria nas comunidades, encarregadas da grande parte das atividades, eram afastadas das estruturas de decisão e de poder. E pediam participar "em todas as instâncias dos ministérios". Ficou registrado o pedido incômodo. Ele vai surgindo pelo mundo afora, na construção futura de um novo *consensus ecclesiae*.

As CEBs certamente serão, nos próximos anos, espaços de experimentação e de novas práticas, em que mulheres, negros e índios, jovens, trabalhadores e migrantes de todas as origens introduzirão mudanças nas celebrações, nas liturgias, na espiritualidade e na reflexão. Surgirão novas dificuldades, muitos se escandalizarão, outros farão denúncias. Tudo isso será sinal de muita vida e de um enorme esforço de renovação.

Sempre acreditei que os movimentos sociais são o espaço privilegiado de transformação profunda da sociedade — não apenas reforma ou revolução, mas real mutação histórica. E os novos movimentos alternativos entraram pelas CEBs adentro enriquecendo sua problemática. No intereclesial de Santa Maria esse processo ficou bem visível.

Os intereclesiais, sucedendo-se, poderiam cair na rotina de uma continuidade histórica inercial e repetitiva. Em Santa Maria ficou evidente a vitalidade de sua história. Análises apressadas falavam, aqui e ali, da crise ou do fim das CEBs — para outros elas são meros produtos da fantasia de agentes de pastoral ou de assessores afoitos. Só quem não acompanha as CEBs de perto, ou se atém a certas situações particulares, pode seguir afirmando tais coisas tão fora de lugar. Freqüentemente nessas análises há a idealização de um passado menor e mais simples, aparentemente tranqüilo, comparado com as dificuldades inevitáveis de um presente mais complexo. As próprias crises podem ser sinais positivos de renovação e de reordenação.

O oitavo intereclesial foi um momento muito especial em que se manifestou a enorme vitalidade pastoral de muitas Igrejas locais, tanto mais fecunda quanto mais diversificada e plural. As CEBs não são um modelo prefixado nem outro movimento religioso (como a Ação Católica antes, ou novos movimentos mais ou menos neointegristas, mais recentemente). Elas são práticas diferenciadas umas das outras, a partir de situações múltiplas e de bases culturais bem variadas. Intercomunicam-se numa rede flexível de encontros (os intereclesiais) e não têm uma coordenação uniformizadora. O fato de serem freqüentemente frágeis e instáveis — aparecem e desaparecem — evita que sobrevivam por inércia. Nelas se vão experimentando muitos jeitos novos de ser Igreja, participativos e comunitários, refazendo estruturas eclesiais num longo processo histórico que entra neste novo milênio.

A atual estrutura eclesial (eclesiástica) da Igreja se desenvolveu por dez séculos a partir do fim do primeiro milênio, até os últimos anos desse segundo que finalizou. Não estaremos preparando, lentamente, novas articulações eclesiais, algumas ainda imprevisíveis? Voltei do oitavo encontro intereclesial revigorado e convencido de que as CEBs são um lugar singular de permanente eclesiogênese. Para isso, que Deus continue a dar-lhes boas doses de paciência agressiva e muita ousadia criadora.

12

As CEBs vão bem, obrigado[1]

Afirmações discutíveis

Dois motivos me levam a escrever este capítulo. Estudiosos da religião e a imprensa vêm repetindo uma afirmação extremamente discutível: o esgotamento das comunidades eclesiais de base, com o crescimento correspondente dos carismáticos. Como se estivéssemos diante de um jogo de soma zero, em que um ganha quando o outro perde, ou de uma gangorra, em que um desce para o outro poder subir. Entretanto, mais inquietante é ler, em pessoas que acompanham a caminhada das CEBs, conclusões de desalento, lamentando a diminuição do apoio institucional, nostálgicas de um passado que teria sido mais feliz.

Os primeiros se apressam a tirar conclusões, facilmente acolhidas por todos aqueles para quem as CEBs e as pastorais sociais perturbam, com suas incômodas críticas ao sistema social dominante e a estruturas religiosas autoritárias. Outros pareceriam perder confiança em suas propostas e, colocando-se numa atitude defensiva, dão sintomas de sentir-se ameaçados e talvez, mesmo, derrotados por antecipação[2].

---

1. Texto atualizado a partir de artigo publicado na *Revista Eclesiástica Brasileira*, Petrópolis, fasc. 237 (mar. 2000).

2. Ver notícias na imprensa: CEBs se interrogam sobre seu papel, *Jornal do Brasil*, 31 out. 1999, 11. Comparações entre CEBs e Renovação Carismática em A força católica, *Veja*, 20 out. 1999, 150-151, e A festa no altar, *Época*, 18 out. 1999, 28-31. Alguns rapidamente se apressam em anunciar a morte de uma teologia da libertação mal entendida — materialista! Ver Otávio FRIAS FILHO, Réquiem para a libertação, *Folha de S.Paulo*, 21 out. 1999, 1-2, e a resposta oportuna de João Batista Libanio, SJ, ressituando a Igreja da libertação e indicando seu futuro (*Folha de S.Paulo*, 28 out. 1999, 1-3). Temos lido "brasilianistas" proclamarem o fim das CEBs por não as encontrarem mais no centro das atenções da mídia ou da academia.

Gostaria de questionar esses diagnósticos, aparentemente opostos, mas na verdade mais próximos uns dos outros do que parecem à primeira vista, pois possivelmente trabalham com alguns pressupostos semelhantes: a visibilidade na mídia como critério de relevância, não saber ler as contradições inevitáveis da realidade e privilegiar a dimensão do poder e da autoridade. Aliás, para entender as análises, há que começar desocultando os pressupostos implícitos em muitas delas. Serei rápido no primeiro dos pressupostos, alongando-me mais nos dois outros.

Sabemos que a mídia corre atrás de novidades e tem pouca paciência para acompanhar o que se faz habitual. Em geral ela não inventa fatos novos, mas pode engrandecê-los ou negar-lhes importância. Produz freqüentemente uma profecia auto-realizada: insistindo no possível impacto de um determinado acontecimento e dando-lhe muita exposição, acaba induzindo os leitores e os auditores a apoiá-lo, com o que prova logo adiante o que apenas indicava como hipótese. Leva o público a orientar-se na direção de suas afirmações. Aparecer com freqüência na mídia não é necessariamente prova da relevância de um fato, que é testada em sua ação concreta e não apenas em seu reflexo na informação.

Além disso, assim como a mídia pode superestimar um fato, pode também ignorar ou boicotar outros, aos que não dá atenção ou sobre os quais gostaria de baixar um véu de silêncio intencional. Passou por alto ou minimizou grandes manifestações de protesto em Brasília ou marchas dos sem-terra, muito mais decisivos do que insignificantes episódios do dia-a-dia de figurões políticos que têm sua imagem permanentemente exposta à opinião pública.

A leitura da realidade

MAS O SEGUNDO ponto é mais importante. A realidade é sempre complexa e carregada de contradições, com as quais uma leitura linear ou maniqueísta dela tem grande dificuldade de lidar, levando a um estranho fenômeno: a idealização e a simplificação do passado, encolhido em apenas alguns de seus aspectos, esquecidas suas contradições; logo depois, as tensões e as dificuldades do presente são rapidamente tomadas por sinais de esgotamento e de possível desaparecimento do fato analisado.

Vejamos isso exemplificado nas próprias CEBs e em análises de conjuntura da Igreja. Quando se fala das CEBs nos anos 1970, tempo em que eram novidade para os estudiosos de então, ficam na memória experiências pioneiras em Goiás, Vitória, Crateús, João Pessoa ou Rio Branco e, logo depois, na periferia de São Paulo. Essa memória é seletiva e retém os aspectos mais significativos e o que eles trouxeram de impacto. Passa-se por alto as dificuldades, os tropeços e até os fracassos. Esquecemos que essas práticas, por mais fortes que tenham sido, eram enormemente minoritárias na Igreja brasileira de então — as minorias abraâmicas de D. Hélder —, sendo violentamente resistidas em um bom número de dioceses.

Analisando os primeiros encontros nacionais das CEBs, os dois primeiros Intereclesiais de Vitória (1975 e 1976), descobrimos ali um pequeno número de participantes, agentes de pastoral, assessores e bispos. A partir de então o número cresce e é do VI Encontro de Trindade para cá (1986) que a participação vai chegando aos 2 mil delegados e os bispos presentes se aproximaram da centena³. Além disso, se feito o mapeamento de sua distribuição geográfica, ela se amplia enormemente, cobrindo áreas novas. Houve crises em lugares históricos, no Espírito Santo ou em áreas do Nordeste, por exemplo, mas desabrocharam no Alto Uruguai ou no interior de Santa Catarina. A quantificação do número das CEBs sempre foi imprecisa, desde as primeiras estimativas, até a pesquisa CERIS/ISER, que tratou com um recorte um pouco diferente as comunidades eclesiais católicas. Porém, o que se pode dizer com certa segurança é que elas se mantiveram, nos últimos anos, no mínimo entre 60 mil e 80 mil⁴.

Mas a quantidade não é de forma alguma o mais decisivo, mas sim o impacto e a relevância na vida eclesial e social. Ao que tudo indica, as CEBs foram se integrando cada vez mais naturalmente na prática de um número crescente de dioceses e se tornaram elementos determinantes nos planos de pastoral. Não são corpos estranhos no tecido eclesial. Estão presentes nos momentos significativos da realidade religiosa e social brasileira. E o fato de serem criticadas e questionadas pode ser até mesmo um sinal indireto de sua importância, por serem incômodas, dentro da própria instituição ou na sociedade, para os que gostariam de anunciar rapidamente sua morte. Os encontros regionais das CEBs têm sido a ocasião para visibilizar seu dinamismo

---

3. Ver Faustino Luiz COUTO TEIXEIRA, *Os encontros Intereclesiais de CEBs no Brasil*, São Paulo, Paulinas, 1996.

4. Frei Betto, vinte anos atrás, calculava as CEBs em cerca de 80 mil, reunindo aproximadamente 2 milhões de fiéis (do autor, *O que é comunidade de base*, São Paulo, Brasiliense, 1981). Outro livro na mesma ocasião falava de 100 mil (Helena SALEM (ed.), *A Igreja dos oprimidos*, São Paulo, Brasil Debates, 1981). Ver, para as comunidades católicas, Rogério VALLE, Marcelo PITTA, *Comunidades eclesiais católicas: resultados estatísticos no Brasil*, Petrópolis, Vozes/CERIS, 1994. A partir dessa última informação, Pedro de A. RIBEIRO DE OLIVEIRA em CEB: unidade estruturante de Igreja, chega a uma quantidade em torno de 70 mil (in Clodovis BOFF et al., *As comunidades de base em questão*, São Paulo, Paulinas, 1997, 131).

pelo Brasil afora. É só estarmos atentos às informações que chegam das Igrejas particulares e às análises feitas por aqueles que as acompanham de perto para poder perceber sua presença ativa[5].

Quando uma experiência deixa de ser novidade para integrar-se no cotidiano de uma instituição, podem ocorrer duas coisas, e às vezes se dá um pouco de cada uma delas. Por um lado, as rotinas e os hábitos tradicionais tentam reabsorvê-la, cooptando-a e integrando-a em seu velho marco. Mas ela pode também passar a dar impulso e energia a novos jeitos de ser e de fazer. Isso já foi pressentido quando se passou do carisma ofuscante de Francisco ou de Domingos para a história dos franciscanos ou dos dominicanos — com crises complexas como a dos *fraticelli*, esmagados pelo poder eclesiástico e vítimas de seus próprios excessos.

Quanto às CEBs, têm havido, é claro, a tentativa de ressituá-las ou de enquadrá-las dentro das estruturas eclesiásticas tradicionais, como uma espécie de subparóquias no velho sistema. O documento de Santo Domingo, em 1992, dá indicações nessa direção, ao contrário das conclusões de Puebla, em 1979, onde as CEBs são apresentadas com seu carisma próprio e no que têm de original[6]. É verdade que aqui e ali, por sob o seu nome, sobrevivem velhos hábitos, mas vendo-as numa análise mais cuidadosa pelo Brasil afora, para quem viaja e participa de cursos e treinamentos, elas foram solidificando um novo espaço popular de intensa participação dos cristãos, de testemunho de fraternidade concreta, de criatividade celebrativa, de fértil leitura bíblica enraizada no cotidiano e de compromisso com a transformação da sociedade. Chegaram para ficar e para renovar as práticas eclesiais. Dificuldades, recuos, crises? Claro que sim. Mas isso não é novidade alguma na história. Freqüentemente, inclusive, as crises são sinal de vida. Não têm crise as experiências mumificadas e empalhadas, que simplesmente sobrevivem por inércia.

---

5. Para sentir a situação das CEBs, num balanço ao mesmo tempo concreto e analítico, ver *10º Encontro Intereclesial, CEBs: povo de Deus, 2.000 anos de caminhada*, Texto-base, Paulo Afonso, Fonte Vida, 1999.

6. Ver *Conclusões da IV Conferência do Episcopado Latino-Americano, Santo Domingo, texto oficial*, São Paulo, Paulinas, 1992, onde no n. 61 se diz que a CEB " é célula viva da paróquia, entendida como comunhão orgânica e missionária" (p. 104). Em Puebla elas tinham sido apresentadas como "centros de evangelização e motores de libertação e de esperança"(n. 96), onde se ensaiam "formas de organização e estruturas de participação, capazes de abrir caminho para um tipo mais humano de sociedade" (n. 273). Nelas se expressa "o amor preferencial da Igreja pelo povo simples" e se realiza "a participação na tarefa eclesial e no compromisso de transformar o mundo" (n. 643). III CONFERÊNCIA GERAL DO EPISCOPADO LATINO-AMERICANO, *A Igreja na atual transformação da América Latina à luz do Concílio*, Petrópolis, Vozes, 1979.

A idealização e a simplificação do passado e a dificuldade de ler a complexidade do presente também permeiam algumas análises de conjuntura da Igreja brasileira nas últimas décadas. Vejamos o caso dos bispos, tão citados nas análises, ainda que não devamos reduzir a história das Igrejas particulares à de seus pastores. Escreve-se com nostalgia sobre os bispos pioneiros das CEBs e das pastorais sociais, uma geração que chegou à aposentadoria — D. Tomás Balduíno, D. Antônio Fragoso, D. Waldyr Calheiros, D. José Rodrigues, o cardeal Arns —, sem falar da morte do primeiro de todos, o bispo-profeta D. Hélder Câmara, ou de D. Luís Fernandes, também falecido, que foi quem impulsionou os intereclesiais desde o início. Lembra-se a geração seguinte, D. Moacyr Grechi, ou D. Pedro Casaldáliga, já pressentindo a saída deste último do governo diocesano. Mas nem sempre se percebe que a história continua para diante, com a chegada de outros protagonistas, trazendo novas energias e estilos diferentes[7]. Aliás, os bispos eméritos, liberados de cargas administrativas, podem exercer uma função pastoral mais livre e mais profética, como vemos com D. Tomás Balduíno, D. José Maria Pires ou D. Cândido Padim. Esquecemos também que algumas figuras centrais da Igreja latino-americana se transformaram, vindo de posições conservadoras, do integrismo religioso ou, entre nós, do integralismo político. Tudo indica que alguns, quando nomeados, não representavam ameaças aos figurinos curiais de então. O caso clássico é o de D. Oscar Romero, transferido de Santiago de Maria para San Salvador, com a desconfiança das comunidades eclesiais da capital e de seus assessores. Hoje se insiste que a escolha de novos bispos se realiza dentro do perfil próprio de uma Igreja "da volta à grande disciplina". As nomeações, enquanto persistir esse processo de indicação do alto, sem diálogo nem participação das Igrejas particulares, normalmente têm

---

7. Em entrevista, o cardeal Aloísio Lorscheider aponta nessa direção: "Eu sinto que esses bispos novos que estão surgindo vão ser muito parecidos... com a velha guarda. Nós, antigos, tivemos uma época muito difícil... Houve totalitarismo no Brasil e podemos dizer que a única voz que podia se fazer ouvir era a voz da Igreja... Hoje a gente vive uma conjuntura diferente, a conjuntura do neoliberalismo, que é também muito difícil. É uma conjuntura mais econômica e... de sobrevivência do povo... não tenho dúvida de que o novo episcopado brasileiro irá continuar toda a nossa trajetória e, certamente fará ainda melhor, porque as possibilidades são bem maiores, a começar pela comunicação". E sobre os novos movimentos que aparecem na mídia, e que serão tratados neste texto mais adiante, afirma: "Eu pessoalmente não bato palmas para isso. Acho que não é por aí que nós vamos conseguir aquilo que o papa chama de 'nova evangelização'. É um meio, mas eu não diria que aí está a solução... a Igreja tem de continuar com seu trabalho orgânico, humilde, sempre confiando no Espírito Santo e lembrando que nosso Senhor gosta muito daquelas ações silenciosas, que não são publicadas" (*Jornal de Opinião*, Belo Horizonte, 8-14 nov. 1999).

sido feitas a partir dos modelos hegemônicos nos centros de poder. Porém a história traz surpresas e produz transformações inesperadas. Se isso aconteceu antes, por que não seguirá ocorrendo ainda agora? É enganoso comparar o passado, no que já tem de definitivo, com um presente ainda incerto, aberto a avanços ou também, não esqueçamos, a recuos às vezes bem curiosos. Afinal, pensando na história da Igreja, temos visto processos nessas duas direções...

Mas cuidado, com isso não queremos ignorar que há conjunturas mais favoráveis do que outras. Parece inegável que a Igreja latino-americana viveu, de Medellín 68 a Puebla 79, uma década aberta à experimentação e à audácia. Quem assistiu ao clima quase asfixiante de Santo Domingo 92 pode dar-se perfeitamente conta de que a etapa seguinte foi bem mais difícil. Estamos hoje mais perto do estilo centralizado e magisterial de Pio XII do que do jeito do bom papa João, nos tempos do Vaticano II. Entretanto, por que não ousar pressentir movimentos subterrâneos que já podem, quem sabe, estar preparando um outro concílio? João XXIII falou do concílio que convocou como uma flor de inesperada primavera. Por que não esperar e ajudar a preparar outra primavera mais adiante? O inesperado não cai do alto já pronto. Ele se gesta nos caminhos submersos da história e nas práticas do cotidiano — podemos participar de sua criação. Nem o passado foi isento de dificuldades e fracassos, nem o presente está fechado. Nós é que às vezes colaboramos para deixá-lo sem saídas, com nossas inseguranças, frustrações e falta de confiança.

As ciladas do poder

TENHO A IMPRESSÃO de que o pessimismo de certas análises vem da parte de pessoas muito condicionadas pela instituição — especialmente clérigos e religiosos —, sujeitas mais diretamente às pressões da autoridade eclesiástica. Talvez os leigos, vivendo na sociedade, certamente com outras dificuldades ali, mas também com outros centros de interesse, estejamos menos submetidos às conjunturas eclesiais — ou eclesiásticas — mais fechadas. Em algumas situações de Igrejas latino-americanas, com episcopados fortemente conservadores, isso pode ser bastante difícil e sofrido. No caso brasileiro, a situação está mais aberta. E aqui nos aproximamos do terceiro suposto, talvez o de maior importância. Falseamos nossas análises se privilegiamos em demasia a dimensão da estrutura de poder e de autoridade, fazendo uma leitura de cima para baixo, a partir dos atos do magistério e não da vida eclesial concreta, onde as CEBs continuam a ser determinantes, se levamos realmente em conta as informações que nos chegam das Igrejas particulares.

As análises de conjuntura eclesial freqüentemente põem a ênfase nos aspectos institucionais, dando atenção central às relações com o poder, como se elas fossem as mais determinantes. Sobra pouco espaço, às vezes, para descrever a dinâmica concreta das práticas. Com isso se dá mais relevância ao eclesiástico — o mundo dos clérigos e das regulamentações — do que ao eclesial — o mundo da comunidade de fé.

No que se refere ao poder eclesiástico, as reações às vezes são contraditórias. Alguns temem que a aprovação e a oficialização levem à cooptação para, um pouco mais adiante, lamentar a falta de apoio mais explícito da autoridade. Como dirigente da Ação Católica de juventude vivi, faz umas décadas, as ambigüidades do "mandato" que o episcopado conferia aos movimentos, oficializando-os. Isso lhes dava uma posição de certo privilégio diante de outras organizações eclesiais, ajudava seus dirigentes a penetrar em dioceses arredias, ou a enfrentar setores relutantes do clero. Por outro lado, outras vezes inibia ousadias e novas experimentações, como as que viveu a Juventude Universitária Católica na política estudantil do começo dos anos 1960, em suas relações com outros grupos jovens da esquerda política[8]. O apoio pode ser incentivo, mas também pode asfixiar — depende de como é exercido e recebido.

Mas não sejamos simplistas. Leonardo Boff estudou com maestria a relação entre carisma e poder[9]. Isso lhe valeu não poucos problemas, já que mexeu num vespeiro de suscetibilidades. Os dois elementos convivem na realidade e toda institucionalização não pode escapar de estruturas formais e de mecanismos de regulação e de poder. Os carismas precisam até mesmo da sombra do poder para difundir-se e legitimar-se, e assim o santo Francisco de Assis procurou um dia o poderoso e não tão virtuoso papa Inocêncio III.

Entre nós, ninguém experimentou melhor isso do que D. Hélder Câmara, profeta e carisma vivo, mas ao mesmo tempo, quando necessário, hábil e malicioso utilizador do poder[10]. É interessante ver, em seu itinerário, a presença entrecruzada e sucessiva dos elementos de poder e de profecia. Trabalhei perto dele de 1956 a 1958 e, novamente, de 1962 a 1964 e pude constatar como tinha enorme influência no país e junto ao poder político. Veio o golpe de 1964 e o novo poder se voltou contra ele. Desassombrado, denunciou a

---

8. L. A. GÓMEZ DE SOUZA, *A JUC: os estudantes católicos e a política*, op.cit.

9. Leonardo BOFF, *Igreja, carisma e poder*, Petrópolis, Vozes, 1981.Um dos capítulos vale ser relido, em relação ao tema aqui tratado: Cap. IX, "A comunidade eclesial de base: o mínimo do mínimo", pp. 196-203.

10. O subtítulo de uma excelente biografia de D. Hélder aponta a tensão entre dois elementos: Nelson PILETTI, Walter PRAXEDES, *Dom Hélder Câmara. Entre o poder e a profecia*, São Paulo, Ática, 1997.

repressão e lutou pelos pequenos e pelos perseguidos. Seu nome foi excluído dos meios de comunicação, mas ecoou pelo mundo afora. Há como que dois momentos, nas últimas fases da vida de D. Hélder: influente junto ao poder no Rio de Janeiro, enfrentando com valentia o poder no Recife, como "voz dos sem voz". Da mesma maneira, quem fora tão decisivo na vida da Igreja brasileira foi sendo marginalizado a partir de certo momento e não chegou ao cardinalato[11] nem conseguiu influir em sua sucessão, sofrendo dolorosamente com as violentas mudanças na sua ex-diocese. No decorrer de sua vida foi optando sempre mais pela profecia e viveu a renúncia ao poder civil e eclesiástico.

D. Hélder, como secretário-geral da CNBB, por ele fundada em 1952, abria caminho para as audácias que, como assistente nacional da Ação Católica desde 1947, permitia que os leigos realizassem. Aqueles de nós que acompanhávamos de perto suas ações sabíamos que o segredo de D. Hélder era que, confiando nos leigos e nos jovens, não usava o poder eclesiástico para coibir experiências. Pelo contrário, sem deixar de alertar e mesmo de criticar, paternal e fraternalmente, ele estava atento para que a criatividade e a experimentação não fossem esmagadas pelo medo e pela prudência. Para exemplificar, é muito significativa uma "nota reservada" de D. Hélder aos bispos, em 1960, sobre o encontro dos dez anos da JUC, já citada anteriormente. Nela afirmava categoricamente "que a JUC, longe de estar exorbitando ao tentar o esforço que vem tentando, está vivendo uma hora plena e merece o apoio e o estímulo..." Ele pressentia que ali estava uma experiência da maior relevância para a Igreja no Brasil.

Mais adiante, já tendo D. Hélder deixado os cargos na CNBB e na Ação Católica, o mandato criou problemas para um compromisso crescente dos jucistas na política universitária, e o caráter oficial e mandatado da JUC esteve, em parte, nas origens das crises que levaram à sua extinção. Algo semelhante ocorreu na França e no Canadá com os movimentos equivalentes[12]. As CEBs, em outro contexto eclesial, podem viver situações até certo ponto análogas. Ligadas organicamente às Igrejas particulares, solicitam o apoio, a orientação e o estímulo dos pastores, mas sem perder as margens da experimentação e da criatividade.

Poder e influência mal compreendidos podem levar a equívocos, não apenas nas análises dos fatos, mas também nas estratégias propostas, na organização das práticas e nos planos de ação. O exemplo do paradigma mar-

---

11. "Il mio cardinalletto", o teria chamado carinhosamente João XXIII. Não seria um dos cardeais "in pectore", a que se referiu certa vez aquele papa? Ver L. A. GÓMEZ DE SOUZA, D. Hélder, irmão dos pobres, in *Classes populares e Igreja*, op. cit, p. 292.

12. ID., *A JUC...*, op. cit., pp. 213-250.

xista, desse ponto de vista, é interessante. A análise de Marx, com todas as suas limitações, é um instrumento útil para apreender e criticar os mecanismos do sistema capitalista e suas estruturas de poder econômico, político e social. Torna-se bem mais discutível quando é utilizada para desenhar um projeto socialista que, em sua vertente leninista, privilegia os próprios mecanismos de poder do sistema, para tentar criar um caminho alternativo impositivo, a partir da tomada do poder por uma revolução política. O socialismo real não é apenas uma distorção acidental, mas está inscrito na própria lógica de uma proposta que nasceu autoritária. Também a categoria gramsciana de hegemonia, útil para conhecer a "direção intelectual e moral" dos setores dominantes, pode ser ambígua se proposta como receita para a criação de outra hegemonia, que simplesmente inverte a situação vigente, sem questioná-la em seus fundamentos e em sua lógica interna. Nesse sentido, o marxismo é terrivelmente prisioneiro dos paradigmas da modernidade e da razão instrumental. Criticando certeiramente o capitalismo, não consegue negá-lo dialeticamente — apesar de fazer todo um discurso sobre a dialética — para tentar ir mais além de seus mecanismos habituais de poder. Utilizar esses mesmos mecanismos — a coerção de Gramsci — para destruir a hegemonia anterior pode levar a cair prisioneiro de seus supostos, reproduzindo-os pouco mais adiante, e ser incapaz de superá-los. Capitalismo real e socialismo real foram sendo verdadeiros irmãos siameses, filhos da mesma modernidade. Um processo violento contra a violência, ou autoritário contra a autoridade, torna-se autodestrutivo. Às vezes, o que vemos é a reação contra uma certa utilização do poder, não a crítica radical do poder constituído com seus mecanismos perversos. Sempre teremos de conviver com algum tipo de poder e com sua presença na transformação da sociedade, mas é necessário repensá-lo e revisá-lo em profundidade e em sua lógica interna de funcionamento.

A transformação da sociedade não se faz de cima para baixo, mas se prepara dentro dela, em suas diferentes estruturas e seus vários espaços. É esse o sentido do chamado de Betinho, em lúcido e certeiro artigo pouco antes de uma eleição presidencial, que tinha o título "Opção pela sociedade". Ali ele alertava que as mudanças societais mais profundas não podem ficar na dependência de trocas na cúpula do poder político[13]. Depois das apostas nas revoluções políticas, nos dois últimos séculos — a de Outubro se liqüefez, vítima de seus limites —, sentimos que há alguma coisa mais profunda, um

---

13. Herbert José DE SOUZA, "Opção pela sociedade", *Jornal do Brasil*, Rio de Janeiro, 18 ago. 1994. E dizia: "sem mudar a sociedade não adianta mudar o governo. A mudança é aparente, é uma armadilha".

verdadeiro processo de mutações sociais, no contexto de uma crise de civilização, que recria, a médio e longo prazo, todo o tecido social[14].

Talvez algo semelhante devesse ser dito em relação às transformações eclesiais. A história da Igreja não se resume às crônicas dos pontificados — alguns bem pouco edificantes — ou dos documentos dos episcopados, mas vai se processando em todo o corpo eclesial, sacudido pela ação do Espírito, através dos carismas dos fundadores e dos reformadores e, principalmente, da Fé e da Caridade, sem esquecer a atenta Esperança, na vida concreta e na prática dos cristãos. A caminhada das CEBs certamente é uma contribuição nesse processo mais amplo da Igreja.

Um paradigma de pluralismo

POR QUE DIGO tudo isso? É o momento não apenas de criticar os pressupostos implícitos nas análises que andam por aí, mas de procurar caminhos teóricos e práticos para propostas alternativas e para novas práticas, a partir de outros paradigmas. E um deles é o paradigma da diversidade e do pluralismo, em reação à tentação totalitária e totalizante do século XX e que, em termos eclesiais, se realiza como integrismo. O mundo que está nascendo vai se abrindo ao pluralismo e à diversidade, apesar dos esforços do velho sistema — capitalismo real ou socialismo real, não importa — para homogeneizar, massificar e centralizar. Ou da tentação de cristandade ou de nova cristandade.

Talvez o leitor se pergunte pela razão destas considerações, num texto sobre as CEBs. É que estas, talvez não conscientemente, nasceram e se inscrevem já no âmbito experimental de um novo paradigma. Em capítulo anterior fiz a pergunta: centralização ou pluralidade? E veio logo a indicação: o caminho criativo das CEBs. Indiquei que as CEBs surgiram "no novo clima pós-68, e poderíamos dizer pós-Vaticano II". Elas correspondem a um novo tipo, inédito, de organização. Em lugar dos movimentos centralizados, com direção nacional e mesmo internacional, próprios do mundo industrial moderno, como foi inclusive o caso da Ação Católica especializada de minha juventude, as CEBs são sobretudo uma rede de experiências eclesiais diversificadas, diferentes entre si, não seguindo uma receita prefixada, mas respondendo aos desafios de realidades sociais e eclesiais específicas[15].

---

14. Ver L. A. GÓMEZ DE SOUZA, *A utopia surgindo no meio de nós*, op. cit.
15. Pedro de A. RIBEIRO DE OLIVEIRA, estudando o problema estrutural das CEBs, trata da "organização em rede". Ver CEB: unidade estruturante de Igreja, in Clodovis BOFF et al., *As comunidades de base em questão*, op. cit., pp. 135-138 e 157-160. Para a idéia de rede, ver Francisco Whitaker FERREIRA, Rede: estrutura alternativa de organização, *Vida Pastoral*, São Paulo, n. 173 (nov.-dez. 1993) 15-20.

Uma CEB de Goiás nasceu diferente de outra de Crateús ou de outra ainda de São Paulo. Sem secretariado nacional, apenas uma "comissão ampliada" faz a ponte entre os encontros nacionais, significativamente chamados de intereclesiais, isto é, que intercomunicam Igrejas particulares. Trata-se de outra concepção, diferente daquela dos movimentos centralizados como Opus Dei ou Comunhão e Libertação, muito voltados para a obtenção de poder e com laços bem palpáveis com o mundo industrial capitalista moderno. As CEBs experimentam, talvez sem se dar bem conta, um novo paradigma de atuação. Nesse sentido, elas são mais originais do que imaginam. O século XIX, depois da primeira revolução industrial, nos deu as centrais sindicais, as grandes burocracias e preparou as gigantescas urbanizações e a produção fordista em série de enormes conglomerados. Hoje, as forças produtivas da nova revolução tecnológica da informática nos permitem entrar nas redes de intercomunicação, com a possibilidade de novas maneiras de produzir bens e de organizar-se em sociedade, a partir de unidades menores descentralizadas.

As CEBs são novos jeitos de ser Igreja. Prefiro o plural, já que não há uma receita única prefixada. E tenho dificuldade com a idéia de que já constituam a nova maneira de toda a Igreja ser, o que pareceria a imposição precipitada de um modelo, dentro dos velhos hábitos mentais da fórmula única. No segundo milênio, um processo que começou com a reforma gregoriana do século XI articulou-se em torno aos clérigos, para defender a instituição, naquele momento, do poder político feudal. Não estaremos experimentando, aos poucos, outras maneiras de ser, de fazer e de viver a fé neste terceiro milênio? As CEBs não poderão estar sendo laboratórios dessa eclesiogênese do futuro?[16]

Mas o pluralismo não é apenas uma exigência interna, ele se impõe diante de outras experiências, do ecumenismo ao diálogo inter-religioso e, evidentemente, ao diálogo dentro do próprio mundo católico. Disputar hegemonia com outros movimentos, ou ficar na defensiva diante deles, é cair na velha tentação da intolerância e da fórmula única, ainda que camuflada. Às vezes, há mais compreensão com os cultos afros ou as experiências orientais do que com os pentecostais evangélicos ou com os carismáticos católicos.

Comunidade e massa

O CRESCIMENTO DO movimento carismático é sinal de uma enorme sede de sagrado que sacode o mundo moderno em crise, mundo que apostava num

---

16. Leonardo BOFF, Eclesiogênese: as Comunidades eclesiais de base re-inventam a Igreja, *SEDOC*, Petrópolis, Vozes, v. 9 (out. 1976) 393-438.

processo de secularização e de superação do religioso. Hoje, o religioso está mais presente do que nunca. Não é que tenha ocorrido uma volta do sagrado; ele nunca se afastou da realidade. As análises modernizantes é que tentavam em vão negá-lo, até que sua força e sua vitalidade fizeram ruir as pretensões de um desencantamento do mundo[17]. Há um clima de busca de transcendência e uma sensibilidade acesa diante do *mysterium tremendum*, do numinoso analisado por Rudolph Otto em livro clássico[18]. E a explosão dos novos movimentos no mundo cristão, e no mundo católico em particular, tem a ver com essas expectativas. Também as várias experiências pastorais adquiriram elementos desse novo estilo.

Lembro que, durante o VI Intereclesial de Trindade, tinha de passar diante de uma Igreja Evangélica Pentecostal antes de ir para o plenário das CEBs. Havia um clima, no ritmo, na música e na dança, que aproximava, com as devidas diferenças, esses dois espaços religiosos. As celebrações das CEBs — vivemos isso intensamente no IX Intereclesial de São Luís — são cada vez mais telúricas, carregadas de simbologia, de gestual, de uso do corpo e dos elementos da natureza. Faz anos, uma reforma litúrgica moderna e elitista voltava ao gregoriano e à sobriedade das celebrações, em reação à religiosidade popular do "Queremos Deus" e de "Com minha mãe estarei". O povo reapropriou-se das liturgias e voltaram as romarias, os benditos e os cantos de louvação. A cultura e a sensibilidade das bases trouxeram novamente o colorido da festa e da participação das massas. Gustavo Gutiérrez, no Seminário Teológico Internacional de São Paulo, em 1980, insistia na necessidade de uma pastoral de massa. Foi o tema do Intereclesial de São Luís em 1997. Mas o desafio é como articular comunicação de massa e pequena comunidade, mídia e encontro interpessoal.

A dúvida diante de certas experiências de movimentos recentes e das mobilizações aeróbicas não é tanto pelo que elas despertam, já que podem ser aproximações para a descoberta de Deus, como uma etapa de iniciação e de catecumenato para a Fé, mas que freqüentemente é anterior a ela. A questão é saber como esses atos-espetáculo, às vezes espasmódicos, podem ter continuidade, no cotidiano da vida eclesial, e encaminhar a uma real vivência cristã, com tudo o que isso implica. Vimos, nos anos 1970, surgir entusiastas propostas de movimentos de jovens que deixaram poucos sinais. Tantos cursilhos le-

---

17. L. A. GÓMEZ DE SOUZA, Secularização em questão e potencialidade transformadora do sagrado, Religião e movimentos sociais na emergência do homem planetário, in *A utopia*, op. cit., cap. 15.

18. Rudolph OTTO, *Lo santo. Lo racional y lo irracional en la idea de Dios*, trad. esp., Madrid, Alianza Editorial, 1985.

varam a aparentes conversões repentinas que, sem apoio, perderam logo adiante sua força convocatória inicial. O grande desafio, aliás, para as religiões em nossos dias, diante dessa sede de sagrado, é o de criar espaços de acolhimento e de alimentação permanentes. Ofuscados pela grandiosidade das mobilizações recentes, num clima de um certo triunfalismo e de competição com outras religiões que pareciam mais exitosas até bem pouco tempo atrás, pode-se perder um certo sentido crítico e passar por cima das reais exigências de uma Fé adulta. Não sei se alguns desses movimentos recentes poderão responder a tais exigências. O seguimento de Jesus tem de levar a uma Caridade ancorada no compromisso com os pobres e com a justiça social e à criação de comunidades. A volta a um espiritualismo intimista seria uma regressão de todo um ganho das últimas décadas, no esforço de unir Fé e vida concreta, construção do Reino e de um mundo mais justo e mais humano[19].

A velha Ação Católica especializada, com seu ver–julgar–agir e sua revisão de vida, suas reuniões periódicas, foi escola de formação na ação e marcou várias gerações daqueles anos. Hoje as CEBs, as pastorais de juventude e os círculos bíblicos, com a regularidade de suas celebrações e de seus espaços de reflexão e de espiritualidade, parecem continuar essa tradição. Além disso, surgem por toda parte grupos de oração e de vivência cristã. Entretanto, num outro clima, muitos deles evitam a formalização e têm, até, uma certa resistência ao institucional. Não é o caso das CEBs, ligadas às Igrejas particulares, mas que mesmo assim tentam guardar também uma certa liberdade de ser e de fazer e uma flexibilidade institucional.

Experimentações em aberto

As CEBs são vitais porque experimentais, ágeis e pluriformes. Há que deixar as práticas procurarem seus caminhos, como os rios novos que, como o Araguaia, refazem a cada ano seu leito. Por essa razão, temo quando se propõe formalizá-las muito rapidamente, sob o pretexto de protegê-las ou em nome de uma enganosa eficiência. Não há que as engessar no figurino estreito dos códigos ou das regulamentações. Volta sempre a tentação do velho paradigma, quando aparecem propostas para transformá-las em movimentos tradicionais, com suas direções e diretrizes ao velho estilo. Aliás, elas não são uma experiência entre outras, mas a própria Igreja que se experimenta na base,

---

19. L. A. GÓMEZ DE SOUZA, Os desafios do Pe. Marcelo Rossi, *Boletim Rede*, Petrópolis, Centro Alceu Amoroso Lima para a Liberdade (CAALL), ano VII, n. 75 (mar. 1999). *Fato e Razão*, MFC, Belo Horizonte, n. 38 (1999).

de várias maneiras, sem intenção de exclusividade ou de privatizar para si os apoios ou incentivos. Elas sobreviverão, não pela aprovação que recebam, mas se realmente souberem corresponder a uma necessidade vital e profunda da vida eclesial. E, como as próprias necessidades mudam, também se abrem a novas problemáticas e a novas perspectivas. As CEBs nasceram ligadas às lutas dos setores populares dos anos 1970 e à resistência contra o regime autoritário e concentrador de riqueza. Na medida em que novos horizontes se vislumbram ao nível do real e da consciência possível — os temas de gênero, de subjetividade, de raça, do corpo e do prazer, da ecologia —, elas vão ampliando sua visão, às vezes com dificuldade, mas sempre no marco de suas opções irrenunciáveis diante do conflito social.

Acompanhá-las nos últimos anos é sentir esse processo, como fez, em excelente texto, Clodovis Boff[20]. Dois exemplos podem ilustrar. Um que vai do VIII Intereclesial de 1992, em Santa Maria, ao IX Encontro de São Luís, em 1997. Naquele, uma violenta crise eclodiu com respeito à presença de participantes de cultos afro-brasileiros e às reivindicações do plenário das mulheres. Muitos se assustaram e temeram sanções. Mas esse tipo de crise tem suas vantagens. Ele faz aflorar temas submersos, expõe-os ao debate — com o risco, é claro, de atos cortantes da autoridade —, e, pouco a pouco, os problemas, a princípio aparentemente insolúveis, vão sendo encarados com maior maturidade e tranqüilidade e se incorporam nas práticas concretas. A solução se encontra no nível do cotidiano, da criação de novos hábitos, e não no debate teórico abstrato, freqüentemente ideológico e emocional. Passaram-se uns anos desde o VIII Encontro e, nas grandes celebrações de São Luís, vimos a naturalidade da presença do afro-brasileiro e a visibilidade da liderança feminina emergente e irradiante.

Ainda falta muito no que se refere ao gênero, numa Igreja em que o sabor é ainda dado pelo masculino, para usar expressão de Ivone Gebara[21]. Mas é inquestionável que as CEBs são sustentadas basicamente pelas mulheres. E vão adquirindo uma cor e um jeito das raças e das culturas do país. É verdade que a cultura de imigração européia na cidade-sede de Santa Maria de 1992 era diferente do mundo maranhense de 1997, marcado pelo negro e pelo índio e pela influência iorubá. Mas mesmo assim, independentemente da diferença do espaço físico, foram ocorrendo visíveis mudanças no tempo. A caminhada

---

20. Clodovis BOFF, CEBs: a que ponto estão e para onde vão, in ID., *As comunidades de base em questão*, op. cit, 251-305.

21. Carta de Ivone Gebara, de 30 de maio de 1995, escrita "com sabor de mel", em que fala do medo, na Igreja, da "diversidade de sabores e odores". *Boletim Rede*, Petrópolis (CAALL), ano III, n. 32 (ago 1995).

das CEBs passou da "bitola estreita" das lutas populares dos anos 1970 para a problemática mais ampla dos anos 1990, para usar a expressão consagrada do trem das CEBs e de seus trilhos de percurso[22]. O que não impede que sigam ocorrendo dificuldades, trocas de cartas e denúncias, como aconteceu depois dos dois últimos encontros. Faz parte do processo.

Não é o caso de apresentar um panorama unilateral e demasiadamente otimista. Coerente com o dito acima sobre a complexidade da história, há que reconhecer momentos de indecisão, de desesperança, de regressão e de desaparecimento de experiências. A crise ideológica que acompanhou o fim do socialismo real trouxe desorientação para quem tinha apostado em certos modelos sociais e políticos. Custou e custa ainda para muitos adaptar-se a outra postura de construção aberta e não-dogmática do futuro. Podem confundir o fim de certos projetos com o fim de qualquer utopia ou sociedade alternativa. E nem sempre os velhos hábitos são fáceis de superar, como o machismo e o racismo inconscientes. Além disso, o país atravessou nos últimos anos uma situação econômica extremamente difícil e em deterioração crescente, na qual as políticas governamentais tornavam as desigualdades cada vez mais dramáticas. Os membros das CEBs ficaram então obrigados a lutar por uma sobrevivência imediata, num clima de insegurança, de desalento e de medo diante da exclusão, dos desafios no acesso ao trabalho e ao emprego. Mas aí, inclusive, é interessante constatar a capacidade de resistência e de criatividade, especialmente das mulheres. Foram surgindo assim, nas bases, experiências de empreendimentos comunitários, no sentido de uma nova economia solidária. Há uma energia vital e profunda que tira das próprias dificuldades forças para superá-las. Isso se reflete nas novas práticas de produção, de economia solidária, de convivência, de compromisso, de luta e de viver a Fé. Fica visível nos gestos de Esperança das celebrações e na leitura bíblica que procura mais adiante uma terra prometida por Deus. E, em 2003, começou uma nova conjuntura política em que as prioridades das políticas públicas estão sendo repensadas, num diálogo com a nação, apesar de resistências, inércias da máquina administrativa e velhos hábitos.

Um outro exemplo é também significativo: de Santo Domingo em 1992 a Porto Seguro e Ilhéus em 2000. Os que estivemos presentes no momento de completarem-se os 500 anos da chegada de Colombo às Antilhas vivemos a tristeza e a frustração de ver o arcebispo da capital da República Dominicana fechar a catedral e impedir ali uma celebração penitencial de desagravo aos negros, maioria da população local, e aos índios, dizimados pelo genocídio. O

---

22. Ver capítulo anterior.

ato foi feito com pequena participação dos delegados ao encontro dos bispos, ficando marginal ao evento oficial. Isso no mesmo momento em que João Paulo II dava o exemplo de pedir perdão em relação a vários fatos históricos. No ano 2000, foram os nossos 500 anos. A CNBB se reuniu em Porto Seguro. Na celebração de abertura, um cacique índio tomou a palavra e, para surpresa do secretário de Estado da Santa Sé presente, relembrou os tempos de opressão e, altaneiro, se apresentou como o titular daquelas terras próximas ao Monte Pascoal. Aplausos calorosos de um bom número de assistentes saudaram o irmão, em contraste com a cerimônia oficial do governo, dois dias antes, que escorraçou e agrediu a comunidade indígena. O mesmo clima de solidariedade foi vivido logo depois no X Intereclesial de Ilhéus.

Caminhada é um termo muito empregado nas CEBs. Eclesiogênese, dissemos atrás. As CEBs como gênese de uma Igreja que tem de se remoçar permanentemente, buscando a juventude mais adiante — como o princípio-Esperança de Ernst Bloch, ou a virtude teologal de mesmo nome[23]. Há processos que vivem a entropia da regressão, e a vida de cada um de nós avança para seu fim. Também a vida da espécie terá um termo no longo prazo. Mas, nos grandes ritmos da história e para além das grandes crises de civilização, a humanidade e a Igreja podem renovar-se pelos carismas das refundações, pelas novas correntes de espiritualidade e de santidade e pela prática dos fiéis. Isso não se dá na repetição, mas na emergência de uma novidade criadora, de uma Boa Nova em reconstrução permanente. Não será esse o sentido profundo que esperamos da Evangelização para o novo milênio? Para além dos diagnósticos sombrios, gostaria de indicar como uma constatação, e também como uma aposta, que as CEBs certamente exercerão um papel decisivo nos anos futuros, recriando permanentemente espaços de anúncio, de crescimento na Fé e de transformação da sociedade.

* * *

---

23. Em prefácio para o livro de Faustino Teixeira sobre a gênese das CEBs, indiquei que "não há uma gênese que se esgota nas CEBs, mas elas são processos em curso, gênese que se projeta para rever-se e inventar coisas inéditas... elas brotam da diversidade e, felizmente, se mantêm na diversidade... não é um modelo diferente, mas antes de tudo um percurso em marcha, ligado àquela força transformadora com sua fonte no futuro. Aliás, isso não é novidade, a Igreja, desde suas origens, sempre foi atravessada por carismas que a remoçaram, no nível da consciência possível de cada época. Aí reside a tradicionalidade das CEBs: elas estão sendo hoje, na América Latina, o que foram, em outros tempos e lugares, correntes renovadoras que varreram rotinas e tradicionalismos (como tradição mumificada) e trazem até nós o sopro do Espírito que dá e refaz permanentemente a vida" ("Prólogo", in Faustino Luiz COUTO TEIXEIRA, *A gênese das CEBs no Brasil*, op. cit., 14).

Este livro estava sendo terminado quando chegou a minhas mãos um relatório preliminar com os resultados de uma pesquisa sobre "o cotidiano das CEBs", que confirma e fortalece muito do que afirmo. Num seminário de preparação para o 10º interclesial, alguns participantes — entre os quais o autor deste texto, que tomou a iniciativa — propuseram "ver como as CEBs estão de fato e não apenas como aparecem nos intereclesiais". O ISER Assessoria, com ampla experiência de acompanhamento eclesial, tomou a si a tarefa e realizou, em 2003, uma cuidadosa e bem formulada pesquisa, com um levantamento em 67 CEBs, 31 do Rio de Janeiro e 36 de Minas Gerais e estudo de caso em quatro comunidades, duas urbanas (São João em Duque de Caxias e Margarida Maria Alves em Ipatinga) e duas rurais (São Francisco em Sapucaia e Santa Rita em Campos Gerais). Recolho algumas conclusões, de uma primeira redação. Ainda que não se possa generalizar para todo o universo, indicam claramente tendências.

As CEBs aparecem ali como uma experiência consolidada. A maior parte tem entre 20 e 30 anos e dois terços delas consideram que estão crescendo. Aliás, crescem mais aquelas que abrem espaço para os jovens na base, ainda que pouco nas instâncias de poder. As CEBs estão majoritariamente constituídas por membros das classes populares, com presença de classe média e média-baixa; os miseráveis aparecem como exceção. As mulheres são maioria (62%), contribuindo para um certo empoderamento delas na Igreja e na sociedade. Há uma centralidade da dimensão celebrativa, sendo também espaços de comunhão e de participação. As CEBs continuam a exercer um papel ativo na sociedade, desde atividades assistenciais, até mobilizações e engajamento em associações, sindicatos e partidos, assim como em campanhas nacionais e em conselhos municipais[24].

---

24. Ivo LESBAUPIN, Lúcia RIBEIRO, Solange RODRIGUES DOS SANTOS, Névio FIORIN, *O cotidiano das CEBs. Síntese de relatório de pesquisa preliminar*, Rio de Janeiro, ISER Assessoria, janeiro de 2004. <iserassessor@alternex.com.br>

terceira parte
O ECLESIAL EM CONSTRUÇÃO

Mais do que nunca temos de reencontrar a revolta de nossos vinte anos e as rupturas dos vinte e cinco. O cristão não abandona o pobre, o socialista não abandona o proletário, ou eles abjuram seu nome.

Emmanuel Mounier
(fevereiro de 1950, dias antes de sua morte)

13

As religiões e o desafio da vida[1]

Em 1986, no XVI Congresso Latino-americano de Sociologia, apresentei um trabalho com o seguinte título: "Secularização em questão e potencialidade transformadora do sagrado. Religião e movimentos sociais na emergência do homem planetário"[2]. A receptividade ao texto indicou o interesse pelo tema. Como disse em 1990 Claude Geffré, dez anos antes se falaria de fé como desafio à incredulidade, nesse momento, ao contrário, a cultura vivia um "excesso de religião". Sinal dos tempos[3].

Naquela ocasião, apoiei-me em dois livros, *L'uomo planetário*, de Pe. Ernesto Balducci, e *Person-planet. The Creative Disintegration of Industrial Society*, de Theodore Roszak. Os dois autores nos colocavam num novo patamar da história, na era planetária. A novidade da perspectiva perdeu-se na banalização recente e enganosa da globalização em moda. Enquanto a primeira direção apontava para uma ampla transformação em toda a realidade, da revolução tecnológica da informática às mutações culturais, a globalização, tal qual apresentada hoje, reduz freqüentemente a temática a uma internacionalização do capital e dos mercados, com a hegemonia dos centros do poder capitalista no mundo industrial moderno. Esse empobrecimento não esconde uma intenção ideológica de manter a situação do sistema de dominação global, quando a dimensão planetária (ou global, se quiserem, mas em sentido mais amplo) já prepara sua possível obsolescência. É sem dúvida nesse novo patamar da história da humanidade que devemos analisar o tema das

---

1. Publicado em Faustino TEIXEIRA (org.), *O diálogo inter-religioso como afirmação da vida*, São Paulo, Paulinas, 1997.

2. Texto publicado em várias revistas: *Síntese*, n. 37 (jun. 1986); *Igreja e Sociedade*, 13/2 (jun. 1986); *Revista Eclesiástica Brasileira*, v. 26, fasc. 182 (jun. 1986); em italiano, versão resumida, *SIAL*, Verona, ano IX, n. 13 (15 jul. 1988). Transcrito em *A utopia*, op. cit.

3. Claude GEFFRÉ, A fé na era do pluralismo religioso, in Faustino Luiz COUTO TEIXEIRA (org.), *Diálogo de pássaros*, São Paulo, Paulinas, 1993, 61.

religiões. Voltando ao texto, preferi a noção mais includente (e também mais indeterminada) do sagrado à das religiões institucionalizadas. Estaríamos naquele espaço fluido do numinoso de Rudolf Otto, do Santo, do *mysterium tremendum*[4], onde circulam as mais diversas práticas religiosas, numa experimentação movediça e contraditória, nas mais diferentes direções.

Mas todo esse sagrado tem de enfrentar um fato novo, como adverte Balducci: "a espécie, a trama biológica da qual emerge a humanidade como sujeito livre do próprio devir saiu da fixidez dos dados da natureza e entrou na área da contingência... A espécie é, mas poderia não ser mais"[5]. Dito mais simplesmente, sempre foi inquestionável que todo o indivíduo deve morrer, mas agora a própria espécie humana pode ser destruída em fração de segundos. É claro que, de acordo com a segunda lei da termodinâmica, já sabíamos que há um desgaste da vida, com a entropia, e ela, num limiar de milhões de anos, caminharia para a extinção. Mas agora é diferente; a qualquer momento, o acionar de um botão de comando pode destruir a vida em parte do planeta ou em todo ele. A humanidade já viveu a experimentação demencial do holocausto do povo judeu. Logo depois, Hiroshima e Nagasaki foram cenários de um enorme crime contra a humanidade. Chernobyl, mais perto de nós, assinalou os riscos de acidentes nucleares. O fim da vida planetária é uma possibilidade próxima, uma hipótese realizável. E isso modifica tanto as expectativas históricas da humanidade, as potencialidades do planeta, como o horizonte das religiões. Elas sempre tiveram diante de si o desafio da morte pessoal inevitável, da passagem ou não para outra realidade, o tema da vida eterna para além da morte. Agora elas têm de enfrentar também a possível morte súbita de toda a biosfera.

Em texto recente, diz o teólogo Jürgen Moltmann: "hoje a própria vida corre perigo de morrer... a partir de Hiroshima 1945, o gênero humano passou a ser mortal. Num sentido inteiramente profano, estamos vivendo no final dos tempos"[6]. Entretanto, não é apenas a espécie que corre riscos, mas uma parte cada vez mais significativa dela está ameaçada, nos genocídios das guerras de armas sempre mais sofisticadas, na devastação da terra, da água e do mar, na violência difundida que banaliza a morte, na fome que se espalha, na crescente exclusão social e econômica que o sistema de dominação quer considerar inevitável. Em conseqüência disso, Roszak vai unir as necessidades e os direitos do planeta, numa "vital reciprocidade", às necessidades e aos

---

4. Rudolf OTTO, *Lo santo*, op.cit.
5. Ernesto BALDUCCI, *L'uomo planetário*, Brescia, Camunia, 1985, 6.
6. Jürgen MOLTMANN, Pentecostes e a Teologia da Vida, in Movimentos pentecostais. Um desafio ecumênico, *Concilium*, Petrópolis, Vozes, n. 265 (1996/3) 143 (517).

direitos da pessoa. E, no momento em que esse autor levanta a bandeira da defesa da mãe-terra, Gaia, redescobre, na linha do personalismo de Mounier dos anos 1930, a luta pela pessoa humana, eixo ascendente da espécie, no percurso da biosfera à noosfera, como ensinou Teilhard de Chardin, caminho da vida da natureza à vida consciente e reflexiva, vida vivida, sentida e pensada[7]. Os riscos de hecatombe fazem crescer, ao mesmo tempo solidárias, a sensibilidade ecológica e a sensibilidade libertária da pessoa.

Creio, aliás, que às vezes se coloca um falso dilema. Em nome da ecologia, muitos criticam o antropocentrismo da modernidade, como se a espécie humana não fosse o centro do processo vital, mas uma ameaça a ele. Ela pode ter sido desmesurada na instrumentalização utilitarista e voraz do planeta. Mas o foi também no pouco respeito por aquela sua porção oprimida e excluída. A vida humana não se contrapõe à biosfera, mas de certa maneira a realiza e completa. Pessoa e planeta, em conseqüência, são inseparáveis. Vendo, pela televisão, o entusiasmo de jovens para salvar uma baleia, fica a questão de saber se eles teriam o mesmo cuidado com os filhos dos pescadores pobres das vizinhanças.

As idéias-força da paz (contra a guerra, destruição planetária) e dos alimentos (contra a fome, destruição dos homens e das mulheres) teriam de estar no centro das preocupações da humanidade. Um organismo internacional, a Organização das Nações Unidas para a Educação, a Ciência e a Cultura (UNESCO), lançou o tema da tolerância, a Organização das Nações Unidas para a Alimentação e Agricultura (FAO) realizou no final da década anterior um grande encontro contra a fome, em torno da alimentação e da saúde das espécies, das florestas e todos os seres vivos. A noção central englobante é uma só, a da vida, que questiona severamente os poderes políticos e religiosos[8].

Por isso Moltmann diz que " no mundo inteiro, e de maneira ecumênica, está surgindo a teologia da vida"[9]. Em Camberra, em 1991, na Conferência Mundial das Igrejas, a teóloga coreana Chung Hyun Kyun causou impacto

---

7. Theodore ROSZAK, *Person-Planet*, Londres, Granada, 1981, 29-82.

8. Em Roma, durante o encontro da FAO, inaugurado pelo papa, estiveram presentes dirigentes políticos de muitas nações e houve um especial interesse pela visita de Fidel Castro, líder político, a João Paulo II, líder religioso. Aliás, Fidel foi praticamente o único estadista latino-americano presente nessa cúpula. Os outros, incluindo o do nosso país, estavam mais interessados em medidas econômicas segundo as receitas da globalização, ou projetos políticos (reeleição ou governabilidade, tema de uma cúpula regional no Chile uma semana antes). Com isso não perderam seu precioso tempo com os problemas demasiado concretos da fome e da exclusão social... Aí eles manifestaram suas reais prioridades, apesar de declarações de princípios em contrário, mas que não têm conseqüências práticas no processo de decisões políticas.

9. MOLTMANN, op. cit., 144 (518).

quando clamou por uma cultura da vida. Gustavo Gutiérrez escreveu, em 1982, *O Deus da vida*; Leonardo Boff, em 1995, *Dignitas terrae: ecologia — grito da terra — grito dos pobres*; Rosemary Radford Ruether, em 1993, *Gaia and God. An Ecofeminist Theology of Earth Healing*. Hugo Assmann e Franz Hinkellammert trataram do tema em seu livro *A idolatria do mercado*; e Jung Mo Sung, em *A idolatria do capital e a morte dos pobres*[10].

João Paulo II publicou sua encíclica *Evangelium Vitae*. Nela podemos ler: "... nos encontramos perante um combate gigantesco e dramático entre o mal e o bem, a morte e a vida, 'a cultura da morte' e a 'cultura da vida'. Encontramo-nos não só 'diante', mas necessariamente 'no meio' de tal conflito: todos estamos implicados e tomamos parte nele, com a responsabilidade iniludível de decidir incondicionalmente a favor da vida"[11]. Vida e paz estiveram no centro da jornada inter-religiosa de Assis, dia 27 de outubro de 1986. Dias antes desse evento, o papa o anunciava, numa audiência geral em Roma: "As religiões do mundo, apesar das diferenças que as separam, são chamadas a contribuir para o nascimento de um mundo mais humano, justo e fraterno. Depois de ter sido, muitas vezes, causa de divisões, gostariam agora de ter um papel na construção da paz mundial"[12]. O Conselho Pontifício Cor Unum, em 24 de outubro, dez anos depois, publicou um documento, "A fome no mundo, um desafio para todos: o desenvolvimento solidário", no qual propôs

---

10. Ver Hugo ASSMANN, Franz J. HINKELAMMERT, *A idolatria do mercado, ensaio sobre economia e teologia*, Petrópolis, Vozes, 1989 (Col. Teologia e Libertação, v. V), especialmente, de Hinkelammert, Afirmação da vida e sacrifício humano (363-368) e Economia e teologia: o Deus da vida e a vida humana (435-455). ID., Jung MO SUNG, *A idolatria do capital e a morte dos pobres*, São Paulo, Paulinas,1991.

11. JOÃO PAULO II, *O Evangelho da Vida*, Petrópolis, Vozes, 1995, Documentos pontifícios n. 264, 41. Entretanto, não se pode deixar de assinalar que o texto não faz nenhuma menção ao holocausto, a Hiroshima ou aos riscos nucleares. Ele centraliza e, de certa maneira, reduz o tema da vida principalmente ao aborto e à eutanásia, para os quais concentra toda a indignação e reprovação incondicional. É verdade que, ao referir-se aos sinais dos tempos, de maneira bem mais sóbria e indicativa, vai assinalar "uma nova sensibilidade cada vez mais contrária à guerra", uma "aversão cada vez mais difusa na opinião pública à pena de morte" e uma "atenção crescente à qualidade de vida e à ecologia". Com isso, por uma questão de ênfase e de insistência em apenas alguns aspectos, corre-se o risco de perder uma visão ampla da temática da vida e de seus múltiplos e graves desafios. Aliás, muitos movimentos "pela vida" na verdade são apenas cruzadas contra o aborto, e inclusive vimos o caso escandaloso de mais de um de seus militantes que, em nome dessa missão, matou médico acusado de praticar o aborto. O tema da vida é mais englobante e complexo e tem exigências cada vez mais inelutáveis, como o da ameaça de destruição do próprio planeta.

12. JOÃO PAULO II, *La signification du rendez-vous d'Assise*, alocução na audiência geral de 22 de outubro. Ver *La Documentation Catholique*, Paris, n. 1929 (7 dez. 1986) 1065.

que o Jubileu do ano 2000 tratasse da luta contra a fome como doença moral da humanidade[13].

Vida em contraposição à morte, ou, mais precisamente, além da morte. Como dizia Erich Fromm, uma orientação para a vida, superando uma pulsão para a morte. Porém, não se trata de descobrir um tema novo englobante, numa outra tentativa de totalização, um holismo que sempre pode sucumbir, contraditoriamente, no reducionismo que começa denunciando. O horizonte da vida é um novo nível das urgências inelutáveis, realmente das ultimidades, para empregar, num sentido ainda mais denso, a expressão do pensamento de Ortega y Gasset. E diante dele, de sua premência e sua gravidade, outros temas se relativizam e se encolhem.

Vida, pois, vida em plenitude, vida eterna, dirão as religiões. Não se trata de uma vida que tenta evitar ou contornar a morte, mas que, até, a transpassa, se necessário, oferecendo e entregando essa própria vida. Na encíclica *Evangelium Vitae*, o capítulo II, em densa e sólida reflexão, explicará o sentido do "vim para que tenham vida"[14].

Paz, luta contra a fome, vida, imperativos categóricos da consciência ética contemporânea, diante dos quais as religiões, os movimentos sociais, as ideologias e os programas políticos têm de se posicionar. Aí está a penetrante intuição central da Ação da Cidadania contra a Miséria e pela Vida de nosso saudoso Betinho. E, à sua sombra e por sua inspiração, surgiu o Fundo Interreligioso contra a Fome e pela Vida, do qual tive o privilégio de participar, representando a tradição católica.

Isso permite avançar na reflexão. Às vezes me parece que o diálogo inter-religioso corre o risco de ficar um pouco estreito: discussão entre as religiões e sobre a religião, isto é, sobre elas mesmas. Um olhar voltado para dentro, enredando-se nos detalhes das diferenças. Quantos relatórios de diálogos entre credos religiosos não se esgotam na análise recíproca das doutrinas, dos ritos,

---

13. *Jornal do Brasil* e *O Globo*, 25 out. 1996. O documento diz que uma saída é escutar os pobres, para "não cair na escravidão do curto prazo, na tecnocracia, na burocracia, na ideologia, na idolatria do papel do Estado e do mercado". Ali se informa que um sétimo da população mundial, cerca de 800 milhões de pessoas, sofre de fome e de desnutrição, o que é uma desonra para a humanidade. Propõe o estabelecimento de reservas alimentícias de segurança, a criação de hortas familiares e buscar práticas de justiça social e de solidariedade. Sabemos que o documento final do encontro da FAO, antes referido, teve como meta diminuir o número de famintos à metade; mas com isso, como notou Fidel, ainda teríamos, escandalosamente, 400 milhões abaixo do limiar da fome!

14. JOÃO PAULO II, *O Evangelho da Vida*, op. cit. Esse capítulo trata o tema com muita profundidade, ao estudar "Cristo, o verbo da vida", "Eu sou a ressurreição e a vida" e "Não matarás".

das organizações e das práticas internas, sem levar em conta os problemas comuns que deveriam enfrentar na sociedade[15]. Faz alguns anos, jovens da Juventude Evangélica e da Juventude Universitária Católica se encontravam nos embates das políticas estudantis, confrontados com os mesmos temas: reforma universitária, educação popular, um novo projeto para o Brasil... Era o que chamávamos ecumenismo na base. O que nos unia eram os anseios comuns e, praticamente, esquecíamos nossas divergências. Então, agíamos unidos e, com facilidade, orávamos juntos. Como juntos rezaram, por ocasião da morte, por tortura, de Vladimir Herzog, um cardeal católico, um rabino e um pastor evangélico.

Em 1927, Pio XI declarou: "A Igreja foi feita para o mundo e não o mundo para a Igreja". Poderíamos dizer o mesmo para todas as religiões. E é então curioso quando as religiões mandam seus fiéis ir ao mundo. Como se eles não fossem mundo, parte da espécie humana, antes mesmo de uma pertença denominacional. O batismo, ou qualquer rito de iniciação, vem depois do dom da vida. E é essa vida a que nos reúne e interpela.

Faz alguns anos, uma frase de Saint-Exupéry foi muito significativa para minha geração: "Amar, além do encontro de um com o outro, é também olhar juntos na mesma direção". Para adiante e para mais longe, sem solipsismos. Hoje, poderíamos dizer que o que fundamentalmente nos convoca é a salvação do planeta e da pessoa humana. Teríamos de sair de uma perspectiva "religiocêntrica", sempre um pouco míope, como qualquer etnocentrismo.

Olhemos mais de perto esse planetário ameaçado: é mais amplo que a *oikoumene* do mundo antigo conhecido. Daí os limites de um ecumenismo que se reduz às tradições religiosas ocidentais. Este não englobaria a complexidade e a totalidade do orbe terrestre. Além disso, há um universal enganoso, que esconde um particular absolutizado, da mesma maneira como a globalização capitalista quer perpetuar a hegemonia de um particular com maior poder econômico. Para aí se dirigem todos os totalitarismos políticos e os integrismos religiosos. Trata-se de um uno rígido e monolítico. Tentação das religiões, dos partidos e das ideologias seculares. Porém, há outro universal possível, que vem a ser a articulação de muitos particulares, em que as diferenças são elementos indispensáveis dessa totalidade pluralista.

Na consciência do mundo contemporâneo, duas categorias são cada vez mais centrais: a pluralidade (isto é, a democracia), na radicalização da tradição liberal que se faz libertária, e a diferença, radicalização da tradição socia-

---

15. Ver o relatório do diálogo metodista-católico em *La Documentation Catholique*, Paris, n. 2144 (15 set. 1996). O título é significativo: "A palavra da vida". Mas os temas são ainda principalmente doutrinários e institucionais.

lista da igualdade. E não por acaso foram as mulheres que desenvolveram o tema da diferença e da diversidade, elas que sofrem a mais antiga das dominações. Outra idéia central, na atualidade, é a da superação das organizações piramidais e hierarquiazantes, na busca da intercomunicação horizontal das redes. Tudo isso não são anseios abstratos, mas se fazem possíveis, e entram na consciência histórica (consciência possível), graças à revolução tecnológica dos meios de comunicação que interligam o planeta e permitem visibilizar as diversidades culturais, étnicas ou de gênero. E temos diante de nós as grandes polarizações que devem se manter em criatividade e permanente tensão: pessoa–planeta, local–universal, identidade–diversidade.

O problema da identidade é central. Um diálogo não se faz com um irenismo diluidor que embaça os contornos de cada interlocutor, mas supõe identidades bem definidas, que se encontram para, ao mesmo tempo, afirmar suas convicções e estar prontas a ouvir e aprender com o que os outros têm a dizer e a proclamar. Não se trata, além disso, de manter uma identidade rígida ou imutável, possivelmente dogmática e tantas vezes escondendo inseguranças, mas de fazê-la aberta à alteridade. Aliás, uma identidade não está construída de uma vez por todas, mas ela se cria e se recria num processo contínuo, no qual influências sempre têm um lugar relevante. As identidades não se dissolveriam nem se petrificariam, mas deveriam se transfigurar num processo crítico, em avaliação e revisão permanentes, e por um incessante esforço de lucidez e de crescimento.

Simplificando um pouco, poderíamos ver dois cenários futuros contrastantes: um mundo homogêneo dirigido por um poder central, sob a batuta de uma cultura hegemônica e de um poder econômico concentrado, teleguiado por cadeias de televisão globalizantes, onde se imporia um modelo que espelharia o rosto da dominação. Ou então um planeta interligado por redes de infovias, abertas à diversidade e ao diálogo, num espaço descentrado e múltiplo. O primeiro cenário teria a tentação de decretar a única religião possível e desejável, fosse ela a anti-religião do mundo soviético ou a imposição de algum fundamentalismo ou integrismo. No segundo cenário, haveria lugar para uma enorme diversidade religiosa, em que não se negariam as identidades, mas estas enriqueceriam um espectro de buscas e de práticas. Para onde irá a humanidade? Os caminhos não são simples e comportam contradições e titubeios. Mas a tendência possível e desejável está em nossas mãos, e aí as religiões podem ter um papel central, na direção do pluralismo e do diálogo vital ou, então, dos integrismos asfixiantes e mortais.

Balducci nos diz que os profetas e os místicos já vivem, a partir de seu particular, esse universal pluralista em gestação. E cita Ibn Arabi, místico islâmico do século XII: "Assim é o homem universal, que leva nele a semente de todos os seres e é capaz de abarcar toda a verdade". E descobrimos como, nos antigos livros vedas, nas grandes figuras do sufismo islâmico e no chassidismo hebreu, nas várias vertentes do budismo, assim como em João da Cruz, Teresa de Ávila ou em Mestre Eckhart, pulsa a mesma linguagem profunda da busca, nos homens e mulheres e através deles, daquilo ou daquele que está para além das coisas criadas e para além da morte. Aquele Sri Krsna que nos textos vedas é "causa da criação, sustentação e destruição deste universo"[16].

Todas essas idéias podem ser descobertas em significativa obra poética latino-americana e no Livro de minha tradição religiosa. O primeiro texto que gostaria de indicar é o *Cântico cósmico* de Ernesto Cardeal. Alguns trechos:

> No hay limite cósmico y por lo tanto
> no hay centro cósmico.
> Estamos en un mundo sin centro ni borde.
> El centro del mundo es alli donde el mundo es pensado.
> Aquí donde la corteza terrestre atrapó la luz
> y la hizo vida, y vida que se multiplicara
> y después pensara.
> Estamos en un planeta que está lleno de preguntas.

E cita uma fonte sânscrita:

> Morada de todos
> en todos mora.
> Unidad y diversidad:
> Como una única luna en muchos estanques.

Para o poeta, a tentação de cada crença ou cultura é se julgar o centro, "el ombligo".

> Cuzco quiere decir ombligo.
> En Bali el volcán Gunung Agung (el más alto)
> es el ombligo de mundo.
> Babilonia era el ombligo del mundo
> y su templo el centro del cosmos.
> Egipto se sentia el ombligo del mundo.
> Y China, el Imperio Medio, centro del mundo.

---

16. Ver Lokasaksi DASA, *A criação e evolução do universo material*, Cùrso de Filosofia e Cultura Védica (mimeo.), Rio de Janeiro, 1996. "Antes da criação cósmica somente Eu existo... Após a criação, somente Eu existo em tudo e, após a aniquilação, somente Eu permaneço eternamente" (Srimad Bhagavatam, 2).

Delfos era el centro de la tierra y tenia en el templo un ónfalos,
piedra umbilical.

Igual el templo de Quezaltepeque em Guatemala.
La isla de Pascua se llamaba Te Pito Te Henua
"El Ombligo del Mundo". Jerusalén
también fue un Ónfalos.
Pero la Samaritana preguntó a Jesús si era Jerusalém o Samaria
y él dijo que seria toda la tierra.
El planeta entero el ombligo que nos une con el cielo[17].

O poeta nos leva até a Bíblia, ao Livro de João (4,4-24). Ali podemos ler que, numa de suas tantas viagens, Jesus parou para descansar junto à fonte de Jacó, na Samaria. Pediu água a uma mulher, que se espantou: "Como, sendo judeu, tu me pedes de beber, a mim que sou samaritana?" E Jesus lhe ofereceu a água viva, fonte que jorra para a vida eterna. O diálogo prossegue e os discípulos se admiraram de que "ele falasse com uma mulher", mulher que tivera pelo menos cinco homens em sua vida e que era de religião heterodoxa e suspeita de idolatria. Ela questionou: "Nossos pais adoraram sobre esta montanha" (o monte Garizim, onde os samaritanos construíram um templo rival de Jerusalém e já destruído um século antes por um sumo sacerdote da Judéia), "mas vós dizeis: é em Jerusalém que está o lugar onde é preciso adorar". A resposta é extremamente densa: "Crê, mulher, vem a hora em que nem sobre esta montanha nem em Jerusalém adorareis o Pai. Vós adorais o que não conheceis; nós adoramos o que conhecemos, porque a salvação vem dos judeus. Mas vem a hora — e é agora — em que os verdadeiros adoradores adorarão o Pai em espírito e em verdade".

Eis os dois pólos: há uma identidade afirmada ("a salvação vem dos judeus", ele, o salvador, um judeu)[18] e logo a abertura dos horizontes ("vem a hora — e é agora", da adoração sem lugar e sem templo, "em espírito e em verdade"). Essa mesma pergunta poderia ter voltado na boca angustiada do povo de Tenochtitlán quando os espanhóis, em nome de Jesus, como João Hircano na Samaria, destruíram o templo maior, para ali construírem uma catedral cristã. Jesus veio abolir o templo, seus seguidores reconstruíram muitos templos rivais entre si e demoliram templos de outras tradições. Onde

---

17. Ernesto CARDENAL, *Cántico cósmico*, Manágua, Editorial Nueva Nicarágua, 1989, 252, 475, 573-574.

18. Leon BLOY escreveu, a partir dessa afirmação, um livro iluminador: *Le salut par les Juifs*, no começo do século, depois do *affaire* Dreyfus, denunciando o anti-semitismo que chegava violento. Dedicou o livro à sua afilhada judia, Raïssa Maritain.

fica aquele "em espírito e em verdade"? E a adoração "nem sobre esta montanha nem em Jerusalém", a adoração planetária e cósmica?

Retomando idéia anterior, as religiões, em vez de tropeçar umas nas diferenças das outras, deveriam olhar juntas, com profunda *pietas*, para o planeta em perigo e para a humanidade ameaçada pela fome, pela violência e pelas injustiças. Escreve João em sua Epístola: "Se alguém disser: 'Amo a Deus', mas odeia o seu irmão, é um mentiroso: pois quem não ama seu irmão, a quem vê, a Deus, a quem não vê, não poderá amar" (1 João 4,20). É lá, no mundo e no meio dos homens, que as religiões se encontrarão ou se perderão, mostrando que estão com a morte ou com a vida. Como indica Paulo, "a criação inteira geme e sofre as dores de parto até o momento. E não somente ela, mas também nós, que temos as primícias do Espírito" (Romanos 8,22-23). Estamos sem cessar nascendo para a vida. A vida é uma conquista permanente, uma construção continuada, frágil e sólida ao mesmo tempo. Gosto muito de um aforismo de Murilo Mendes, que tenho citado em outros trabalhos:

> O homem é um ser futuro.
> Um dia seremos visíveis[19].

A vida está começando sempre, caminhando para a morte inapelável de cada um e, quem sabe, da própria espécie, mas reencontrando-se para além dessa·morte. Temos de nos comprometer com a vida, na construção utópica do "homem novo" e da "nova terra", olhando com amor e decisão para eles. Quando Jesus partiu, um anjo veio desviar os apóstolos da tentação da fuga do mundo: "Homens da Galiléia, por que estais aí olhando para o céu? Este Jesus... virá" (Atos 1,11). Num futuro, *eschaton*. Preparamos sua volta aqui, no meio de nós, no planeta em dores de parto. E as religiões devem lançar-se nessa tarefa, quem sabe deixando de lado ritos exclusivistas e certezas bem-pensantes, para concentrar-se no essencial da salvação e encontrar-se, então, no amor aos homens e ao planeta terra, nossa mãe Gaia. E é perdendo seus privilégios e suas arrogâncias que chegarão até Aquele que desde sempre buscam, o Ponto Ômega na extremidade final do eixo da vida, o que não tem nome, O que É, Yahweh, Krsna, Alá o Altíssimo, Olorum, Tupã, o Senhor, o Santo. Para os cristãos, o Deus Trindade, Uno e Múltiplo, Pai Criador da Vida, Filho Jesus Cristo Redentor da Vida, Espírito Santo Multiplicador da Vida.

---

19. Murilo MENDES, *O discípulo de Emaús*, Rio de Janeiro, Agir, 1945, último aforismo ao final do livro.

14

Leigo ou simplesmente cristão?[1]

Os leigos são a Igreja

Em 1965 comecei um livro indicando: "A sugestão foi escrever sobre o leigo na Igreja. Mas já há muitos textos a esse respeito... A noção mesma de leigo aparece como uma categoria abstrata, que pouco significa ao homem de nossos dias. Fala-se também do leigo na Igreja como se fosse uma surpresa lá encontrá-lo. E de sua ida ao mundo como se lá não estivesse antes e descesse a este planeta de longínqua 'terra estranha'"[2].

São muitos anos que trato, até a exaustão, do tema. Comecei a conhecê-lo em 1950, na Juventude Estudantil Católica de Bagé, e logo depois em Porto Alegre. Continuei na Juventude Universitária Católica, para chegar à sua equipe nacional no Rio de Janeiro em 1956. De lá para cá não deixei de mover-me nos mundos eclesiais, que distingo dos eclesiásticos, dos clérigos. Sou daquela geração dos anos 1950 que repetia entusiasmada a frase de Pio XII na alocução aos novos cardeais de 1946: "Os leigos também são a Igreja". E nós brandíamos essa frase como uma espécie de carta de cidadania, passaporte que dava acesso ao mundo eclesial. Lida hoje friamente, essa frase é bastante óbvia. Quase o óbvio ululante de Nelson Rodrigues. Quem vai ser a Igreja

---

1. Texto revisto e atualizado de anterior publicado em José Ernanne PINHEIRO (coord.), *O protagonismo dos leigos na evangelização atual*, São Paulo, Paulinas, 1994. Também em *Páginas*, Lima, n. 123 (out. 1993).

2. L. A. GÓMEZ DE SOUZA, *O cristão e o mundo*, Petrópolis, Vozes, 1965 (Col. Igreja Hoje n. 10), 5. Em nota explicava que *En tierra extraña* era o título de um livro de uma tenista espanhola, Lili Alvarez, sobre os leigos. E completava: "A idéia que queremos desenvolver é a de que o leigo no mundo está em sua própria terra. Como o piloto que Chesterton descreve em sua Ortodoxia, pensa sair apostolicamente, para descobrir e batizar terras novas, e vê, ao chegar, que desembarcara em seu próprio país, onde fora batizado. E de onde, aliás, nunca saiu..." (nota 1, 5).

senão todos os cristãos? Essa é uma frase que em si parece não dizer muita coisa, mas que ajudou bastante. Por quê? Porque realmente punha o dedo num problema não resolvido, em alguma coisa que não estava clara. Era o óbvio que escondia uma dificuldade grave e mais complexa para enfrentar do que parecia à primeira vista.

Estive em Santo Domingo, na assessoria externa a alguns bispos, e no Documento final da Conferência Episcopal aparece a idéia, nas linhas pastorais prioritárias, do protagonismo dos leigos. Quando, durante a reunião, se começaram a discutir as grandes opções eclesiais, alguns questionávamos que o leigo fosse considerado prioridade pastoral. O leigo é o próprio sujeito da evangelização, não seu objeto. É um dos que fazem o trabalho pastoral; não aquele que deve ser evangelizado, mas o que evangeliza. É claro, sempre se pode parafrasear uma idéia conhecida e dizer que o evangelizador também deve ser evangelizado. Mas se insistimos na necessidade de que o leigo seja protagonista — e consideramos isso uma prioridade — é porque ele ainda não o é de fato. Trata-se de uma maneira indireta de constatar que seu lugar não está garantido. Não há ainda real protagonismo do leigo. Do contrário, não se daria tanta ênfase ao tema, pois estaria no rol das coisas normais e não das prioridades. Isso acontece depois de tantos anos de falar sobre laicato na Igreja. Esse tema, aliás, provoca um certo cansaço, eu diria até uma certa melancolia. Há ainda um problema pendente na própria identidade do leigo.

A identidade do leigo e sua responsabilidade

SE ME PERGUNTAREM na universidade quem eu sou, vou apresentar-me como sociólogo, gaúcho, casado, diretor do CERIS, cristão, mais precisamente católico romano, mas não vou dizer que sou um leigo. Esta última indicação, na academia, é uma categoria um pouco postiça, ou pelo menos esdrúxula. Na *História da Igreja* de Fliche e Martin, o volume 7, que trata do século X, tem um título curioso: *A Igreja em poder dos leigos*. Mas aí não se quer dizer que a Igreja estava nas mãos dos cristãos comuns, mas simplesmente dos leigos realmente poderosos, e principalmente de umas poucas famílias do patriciado romano. Logo depois, o grande esforço da reforma gregoriana, no começo do segundo milênio, foi libertá-la desses leigos poderosos e dos abusos que daí provinham. Estruturou-se assim uma Igreja dos clérigos, que é a Igreja que chega até nós, nos alvores do terceiro milênio. Tivemos então mil anos dessa Igreja dos clérigos. E foi em torno destes últimos que se articulou a instituição, para livrá-la do poder temporal. Mas o que num primeiro momento foi libertação logo depois se converteria em criação de novos privilégios e afastamento de muitos atores eclesiais. E o curioso era que o não-clérigo correspondia à maioria esmagadora dos membros da Igreja, colocada numa situação de relativa marginalidade ou, pelo menos, carente de iniciativa e com participação bastante limitada.

Neste século, o papa Pio XI indicou que a Ação Católica era "a participação dos leigos no apostolado hierárquico da Igreja". A frase surpreendeu muita gente. Os leigos chegavam até o interior do espaço da hierarquia, *chasse-gardée* dos clérigos. O papa seguinte, Pio XII, já foi bem mais cuidadoso, e em vez de em participação preferiu falar em colaboração dos leigos. Houve um certo recuo semântico e real. Participação é mais forte do que colaboração. Na preparação do Código de Direito Canônico, num dos anteprojetos, uma das propostas falava da participação dos leigos no poder de governo ou de regime da Igreja. No código aprovado vamos encontrar apenas a palavra cooperação[3]. Há toda uma problemática mais profunda que, mais do que com escolher entre as categorias participação ou colaboração, tem a ver com o próprio tema do poder.

Em todo caso, a Ação Católica foi responsável por dar responsabilidade e voz ativa aos cristãos leigos no Brasil, especialmente nos movimentos de juventude (JEC, JUC, JOC...), com a resistência de alguns setores tradicionais. Isso foi acontecendo nos anos 1940 e 1950. Com o golpe militar de 1964, os espaços de liberdade na sociedade ficaram rarefeitos, muitos daqueles leigos tiveram de calar-se, mudaram de estado ou de país, alguns foram presos. Com isso, quem podia falar sem risco de ir para a cadeia não eram nem os padres, mas os bispos. Assim, a Igreja se visibilizou principalmente através de alguns de seus bispos valentes e houve uma espécie de episcopalização da Igreja, pelo menos no que se refere à sua imagem junto à opinião pública. Quando queriam saber o que a Igreja pensava, os jornalistas tratavam de telefonar a um bispo, de preferência aqueles de posições diferentes, que mostravam o mosaico variado da Igreja. Mas com isso esquecemos que a Conferência Nacional dos Bispos, a CNBB, nasceu dentro da Ação Católica e a partir de sua experiência. D. Hélder Câmara, assistente nacional da Ação

---

3. Ver Cânon 129, parágrafo 2°, *Código do Direito Canônico*, São Paulo, Loyola, 1987, 55. Diz o comentarista em nota da edição brasileira: "Reafirmando, em princípio, a capacidade dos que receberam o sacramento da ordem, para possuir e exercitar esse poder, deixa em aberto a porta para que os leigos possam cooperar em seu exercício. A gente se pergunta se não há aqui o desejo de manter a velha legislação, pelo menos nas aparências. Se os leigos podem receber uma participação no poder de reger é porque têm uma base constitutiva para tanto no seu ser cristão. Por outro lado, advirta-se que essa possibilidade dos leigos não está restrita aos homens, mas se estende também às mulheres".

Católica, em 1952, nas salas escuras do andar térreo do Palácio São Joaquim, no Rio de Janeiro, montou uma organização surgida à imagem e semelhança da direção nacional da Ação Católica, que funcionava na rua México. Com quem? Com um grupo de leigas da Ação Católica, Cecília Monteiro, Aglaia Peixoto, Jeannette Pucheu e tantas outras. O curioso é que a própria CNBB, às vezes, não se recorda dessa origem. Sempre que vou a Brasília, não deixo de lembrar essa memória, seu passado leigo, dentro do qual nasceu a experiência organizativa episcopal. Recentemente, a realização de Assembléias do Povo de Deus tem sido muito alvissareira, no sentido de criar espaços eclesiais mais abrangentes do que as assembléias de bispos, à luz dos ensinamentos do Vaticano II.

Clérigos e leigos, dicotomia a superar

VOLTANDO AO TEXTO de Santo Domingo, quando ele se refere ao leigo, há uma observação à primeira vista muito interessante: o lugar do leigo é na sociedade, no mundo. Faz então uma crítica, até bastante dura, aos leigos clericalizados, dedicados mais a tarefas intra-eclesiais, àqueles leigos meio sacristãos[4]. Mas fica uma suspeita: se não há, muito sutilmente, uma espécie de fácil divisão do trabalho: "Vocês leigos vão para o mundo, deixem a Igreja conosco — não se metam, o lugar de vocês é lá fora". Isso é complicado, porque muitas vezes parece difícil separar ação no mundo e na Igreja. A minha geração de leigos, na Ação Católica, foi enviada para transformar as estruturas sociais. Essa era uma das idéias centrais do apostolado. Mas ao conhecer o mundo, fazer sua crítica, entender seus mecanismos de dominação e de poder, voltou para a Igreja e a questionou, como não podia deixar de ser. Buscava pelo menos uma certa coerência entre o que a Igreja pregava para a sociedade e o que ela realmente era. Uma socióloga francesa, Danièle Hervieu-Léger, mostra como, na Ação Católica, a crítica do mundo completou-se em crítica da Igreja[5]. E muitos setores dessa Igreja nem sempre o toleraram, o que provocou crises dolorosas e rupturas, como no Brasil a extinção da JUC e as várias e sucessivas crises da JEC na França. Os leigos, ao descobrir o problema

---

4. Ver Santo Domingo, *Conclusões*, texto oficial, São Paulo, CELAM/Loyola, 1992, especialmente parágrafo 96: "A persistência de uma certa mentalidade clerical nos numerosos agentes de pastoral, clérigos e inclusive leigos (cf. Puebla 784), a dedicação preferencial de muitos leigos a tarefas intra-eclesiais e uma deficiente formação privam-nos de dar respostas eficazes aos atuais desafios da sociedade" (105).

5. Danièle HERVIEU-LÉGER, *De la mission à la protestation. L'évolution des étudiants chrétiens*, Paris, Cerf, 1973.

da participação e da liberdade no mundo, vão colocar o problema da liberdade e da participação na Igreja, como uma conseqüência natural⁶.

A relação clérigo–leigo não é apenas um problema teórico a ser discutido, mas passa por níveis mais sutis de sensibilidade. Há um clima de discriminação nem sempre bem captado. Longe de má vontade consciente, se trata de preconceitos não percebidos. Numa intervenção durante o VIII Intereclesial das CEBs em Santa Maria, em 1992, tive a ocasião de declarar que, casado havia 33 anos e permanentemente questionado por minha mulher, que trabalha o tema do feminino, me flagrava a todo momento em atitudes machistas. Ou com uma sensibilidade branca e ocidental, cheia de atos falhos diante do mundo negro. Por essa razão, os movimentos femininos e negros têm de ser tenazes, incômodos e não podem deixar passar um momento desses. Assim, eles são pedagógicos, fecundos, subversivos na melhor acepção do termo. O mesmo se passa na Igreja, onde os leigos são discriminados permanentemente, apesar de um clima de boa vontade e mesmo de simpática boa consciência. E nada mais difícil de superar do que essa consciência sem culpa, que custa a aceitar críticas, porque não se sente em falta. Parafraseando São Paulo, oportuna e inoportunamente, há que chamar a atenção sem cessar para esse clima larvado de múltiplas discriminações, para desocultar sensibilidades e insensibilidades. Os chamados cristãos leigos, mulheres e homens, para ser realmente participantes e transformadores, têm de ser incômodos. Filial e fraternalmente incômodos e rebeldes. Por amor à sua Igreja e franqueza e transparência com seus irmãos clérigos, religiosos e religiosas.

É verdade que se avançou muito quando, do Vaticano II para cá, passamos do mundo eclesiástico dos clérigos para o mundo eclesial do Povo de Deus. E a categoria eclesial vai superando a categoria eclesiástica, bem mais limitada. Mas ainda falta muito por andar. Havia uma expressão bastante eloqüente nos atos falhos dos meios eclesiásticos: quando um clérigo deixava o sacerdócio ele era reduzido ao estado leigo, isto é, rebaixado nos graus promocionais. Isso me faz pensar na minha certidão militar. Não fiz o serviço no exército e tenho um documento que diz que sou "definitivamente incapaz, podendo no entanto exercer atividades civis". Assim, em toda minha vida, fiquei reduzido às atividades civis e, aliás, não senti nenhuma falta por causa disso. As organizações criam seus códigos, suas hierarquias, suas discriminações, e essa idéia da redução é muito expressiva de um certo clima corporativo. Se no referente ao exército isso nunca me criou problemas, pois é uma instituição totalmente exterior à minha vida e aos meus interesses, no tocante à Igreja, exatamente porque me sinto fervorosamente parte dela é que não pos-

---

6. L. A. GÓMEZ DE SOUZA, *A JUC...*, op. cit., 239-255.

so deixar passar essas coisas. E conste que sempre fui cristão leigo e nem ao menos freqüentei um seminário que prepara clérigos.

Entretanto, há duas atitudes que não ajudam muito, ou que podem ser negativas. Uma é a que De Lubac chama de "neurastenia coletiva", impaciência que vê a Igreja do exterior apenas para julgá-la[7]. Lembraria também uma carta muito bonita, durante a crise modernista, do filósofo Maurice Blondel, leigo, para Pe. Loisy, na ocasião ainda clérigo. Blondel dizia que havia que ter cuidado com uma "espécie de irritação moral"[8]. Era a diferença que ele via entre os que abandonavam a instituição e os grandes reformadores que permaneceram dentro da Igreja. O caminho do ressentimento não leva a nada. Mas o próprio De Lubac, no texto citado, indica: "Não se trata de deixar de sofrer. A indiferença poderia ser pior do que uma emoção excessivamente viva". Escreveu isso em momento doloroso, quando perdeu a cátedra e foi obrigado a calar-se por algum tempo, depois da encíclica *Humani Generis* de Pio XII, em 1950.

Há outro caminho que também pode se tornar sem saída, no momento em que entramos na luta pelo poder dentro da Igreja. Estamos caindo então numa visão clerical às avessas, questionando a hegemonia dos clérigos para tentar criar outra hegemonia do nosso lado, quando o que temos de superar é a própria noção de hegemonia, vendo a Igreja como comunidade, com poderes-serviço. Penso que isso só se resolve com a mudança das práticas e das atitudes. E, claro, também em parte pode ser ajudado pelo humor. Nesse mundo dos poderes, a autoridade tem a tendência de ser séria e solene. Às vezes um pouquinho de humor desarma, pelo riso, a pomposidade das dignidades. Mas devo dizer que cada vez me cansam mais as lutas intra-eclesiásticas e as análises de conjuntura eclesial que só vêem os problemas do poder e procuram detectar por todos os lados intenções de manobras e articulações secretas.

O mais importante, o fundamental, são as experiências pastorais concretas. Há que descobrir as práticas criativas que olham para o futuro. Se essa institucionalidade eclesial/eclesiástica que temos aí começou a aparecer no fim do primeiro milênio e tem cerca de mil anos, a grande pergunta é se não está surgindo já, dentro dela, uma outra estruturação — e nascendo lentamente, preparando este terceiro milênio. Aliás, João Paulo II insistiu na prepa-

---

7. Henri DE LUBAC, *Méditation sur l'Église*, op. cit., 249. "A fé pode permanecer sincera, mas está completamente minada. Começa-se a olhar a Igreja do exterior, para julgá-la. O gemido da oração transforma-se em recriminação humana."

8. René MARLE (ed.), *Au coeur de la crise moderniste, correspondance*, Paris, Aubier, 1960, 199.

ração do terceiro milênio. Isso não se dá rapidamente na história, nem tem fórmula preparada. É um processo longo e, às vezes, penoso e contraditório.

Os desafios neste novo milênio

VIVEMOS UMA GRANDE crise de civilização, muito profunda, e nela uma desagregação do mundo moderno, industrial e centralizado. Tivemos até agora um tempo da centralização industrial: a grande fábrica, as grandes cidades, o grande Estado protetor, as burocracias. Estamos talvez assistindo hoje à transição para uma outra sociedade, com transformações das forças produtivas, com as tecnologias da informática e da robótica, e mediante uma nova sensibilidade social. A partir de 1968, com os movimentos de jovens e, na década seguinte, com avanços tecnológicos notáveis, vimos a possibilidade do surgimento de um mundo mais descentralizado e pluralista e, ao mesmo tempo, de dimensões planetárias. Há também o risco, em sentido contrário, de um outro cenário alternativo do futuro, com um planeta ainda mais centralizado, autoritário e controlado. Mas as potencialidades materiais da informática e da intercomunicação imediata através de redes de computadores, do fax e dos satélites nos abrem a possibilidade das articulações horizontais flexíveis de realidades e experiências as mais variadas. Além disso, luta-se cada vez mais pelo direito à pluralidade e à diferença. O sujeito principal dessas demandas, nunca é demais repetir, têm sido as mulheres. Elas já não exigem apenas a igualdade. O primeiro momento do feminismo foi a luta das mulheres para ser iguais aos homens. Porém, deram-se logo conta de que, para alcançar esse objetivo, corriam o risco de virar homens, entrar no mundo e no estilo deles. Sua grande reivindicação, nos momentos mais criativos femininos e feministas, passou a ser o direito à diferença, a ser mulher[9]. Por que estou dizendo isso? Porque tem uma enorme incidência no trabalho da Igreja e no novo estilo pastoral das comunidades eclesiais de base.

Em torno dos movimentos sociais estão surgindo as experiências mais criativas na sociedade, muito mais do que no Estado ou nos partidos[10]. E as CEBs, movimentos sociais e eclesiais, são um fascinante exemplo desse novo tipo de articulação horizontal, em rede. Podemos ainda comparar a velha Ação

---

9. Rosiska Darcy DE OLIVEIRA, *Elogio da diferença. O feminino emergente*, São Paulo, Brasiliense, 1991. Rose Marie MURARO, *Seis meses em que fui homem*, Rio de Janeiro, Rosa dos Tempos, 1991.

10. Ver L. A. GÓMEZ DE SOUZA, *A utopia...*, op. cit., cap. 16: "Elementos éticos emergentes nas práticas dos movimentos sociais".

Católica, movimento centralizado do meu tempo, com as CEBs de hoje. A Ação Católica correspondia bem ao paradigma do mundo moderno industrial. Tínhamos movimentos nacionais e internacionais (fui secretário-geral de um desses movimentos internacionais), com a mesma metodologia e organização central, bem característica desse momento. As CEBs não; são redes flexíveis e criadas a partir de realidades diferentes. Quem hoje defende a centralização, na Igreja, são os movimentos conservadores ou restauradores, que têm uma cabeça extremamente moderna.

A tendência das CEBs é outra. A experiência delas se faz na pluralidade e na enorme diversidade. Partem de práticas e realidades heterogêneas. São novos jeitos de ser Igreja. Não há um modelo de CEB prefixado. São laboratórios abertos de experimentação e de pluralismo, sem receitas prévias. As CEBs não têm secretariado nacional como a Ação Católica, nem congressos nacionais como os do passado. Elas realizam encontros intereclesiais. Aí está presente a idéia de rede, de comunicação horizontal. Recuperam também a velha noção paulina das Igrejas locais. "Trago em mim a solicitude de todas as Igrejas", tão diferentes entre si. A Igreja de Antioquia e a Igreja de Alexandria eram mundos litúrgicos, culturais e teológicos diversos. A riqueza da pluralidade das primeiras comunidades cristãs se perdeu um pouco no monolitismo desta nossa Igreja moderna.

Hoje está havendo, também na Igreja, uma explosão da diversidade, a partir das práticas e não da reflexão teórica saída de um livro de teologia. Apareceu no Vaticano II quando se discutiu a colegialidade. Foi uma preocupação de Paulo VI em vários documentos, retomada por João Paulo II em sua exortação sobre os fiéis leigos[11]. Um clima novo irrompeu em Medellín, continuou em Puebla e foi confirmado também em Santo Domingo — apesar das enormes dificuldades desse encontro. Mesmo Santo Domingo não pôde ignorar essas novas experimentações pastorais, nas quais vai se atenuando a polarização clérigo–leigo, para dar lugar à comunhão e à comunidade de cristãos com diferentes carismas e ministérios.

Em capítulo seguinte indicarei a diferença entre a JUC e as pastorais de juventude de hoje. Aparentemente, agora não aparece tanto o trabalho pastoral dos jovens cristãos na sociedade ou nas escolas. Entretanto, existe uma muito maior diversidade e um grande dinamismo espalhado no país. Só que

---

11. João Paulo II, Exortação apostólica pós-sinodal sobre vocação e missão dos leigos na Igreja e no mundo, *Christifideles Laici* de 30.12.1988, *Documentos Pontifícios* n. 225, Petrópolis, Vozes, 1989. Ver no n. 3: "É deveras grande a diversidade das situações e das problemáticas que existem hoje no mundo, aliás caracterizado por uma aceleração crescente de mudança. Por isso, é absolutamente necessário precaver-se contra generalizações e simplificações indevidas".

ainda conservamos hábitos e categorias mentais que não captam bem essa realidade mais complexa e diferenciada. Nossos instrumentos analíticos ainda estão muito presos ao mundo centralizado e uniforme da eficiência moderna. E nem sempre sabemos descobrir o dinamismo fecundo das diferenças. Muitos julgam que essas diversidades são vícios, quando elas podem ser virtudes. Para alguns, os movimentos pequenos e fragmentários são pobres porque se atêm a aspectos parciais da realidade e não totalizam a problemática num projeto global. Mas isso pode ser uma vantagem, que os faz mais colados ao real, mais práticos e concretos, menos dogmáticos e sem tendências totalitárias. As dimensões da diversidade, da multiplicidade e da fragmentação, lidas na ótica de um mundo pluralista, pós-industrial, descentralizado, trazem muitas vantagens. A partir dessa perspectiva não é difícil descobrir e valorizar o que existe em matéria de pastorais. Há experiências muitas vezes fragmentárias, mas atuantes, carregadas de iniciativa e de criatividade.

Temos que afinar as nossas ferramentas teóricas para entender esse mundo plural e dividido, com a sua lógica da multiplicidade e das redes de intercomunicação. E aí, nessas experiências das CEBs e das diferentes pastorais, podemos descobrir o dinamismo dos chamados cristãos leigos, para voltar ao tema. É nesse contexto social e pastoral novo que se apresenta o problema dos fiéis batizados, sejam eles leigos ou clérigos. Um teólogo muito importante dos tempos do Vaticano II, o dominicano holandês Schillebeeckx, dizia trinta anos atrás que "o elemento clerical e leigo do povo de Deus diz respeito somente a uma diversidade de serviços ou de diaconia... Os clérigos são, juntamente com os demais membros do Povo de Deus, cristãos comuns... são clérigos somente para os demais, não para si"[12].

Sou otimista, apesar de certas análises de conjuntura pessimistas, que se fixam nos problemas do poder eclesiástico e não no dinamismo eclesial e seu fervilhar fecundo. Muita coisa inesperada está brotando por aí, nas práticas pastorais mais fecundas. Medellín e Puebla tiveram sabor profético porque foram preparados por elas e apenas visibilizaram o que já se vinha fazendo em tantas Igrejas locais. Revelaram o que se ia fazendo no nível do que Cândido Mendes tão bem chama a esperança popular[13], que continua até hoje e se projeta no futuro, seja nas conjunturas eclesiais mais abertas, como no imediato pós-concílio, seja em situações aparentemente mais controladas, como a atual.

---

12. Schillebeeckx, o.p., "Os leigos no povo de Deus", Igreja em Foco, CNBB, Rio de Janeiro, n° 34, Primeira quinzena, outubro 1964, p. 326.

13. Em Seminário realizado dia 30 de abril de 1993 sobre "Alceu Amoroso Lima e o Leigo na Igreja", organizado pelo Centro Alceu Amoroso Lima para a Liberdade. E esperança também na sua acepção de virtude teologal, "que leva as outras duas virtudes pela mão" (Péguy).

A implosão da categoria leigo

PARA AVANÇAR NESSE tema dos cristãos, sejam leigos ou clérigos, gostaria de trazer duas outras considerações. Numa primeira, haveria que superar uma polaridade rígida entre ministérios dos presbíteros e dos cristãos comuns, para insistir na multiplicidade de ministérios. Além disso, algumas reivindicações, sem uma estratégia cuidadosa e mesmo maliciosa, podem levar a impasses e freqüentemente dificultam o debate. Certas pressões das mulheres que querem o acesso imediato ao sacerdócio ou de sacerdotes para acabar rapidamente com o celibato têm um lado positivo, para desocultar reivindicações reprimidas e que terão de ser levadas em conta, mais dia menos dia. Mas, por outro lado, diante delas se levantam resistências emocionais, com outras doutrinárias, e tudo fica congelado. Há talvez que recolocar o problema de outra maneira mais tática, a partir da diversidade e da pluralidade de serviços dentro da comunidade. Descobrem-se então muitas necessidades e novas atividades e vão aparecendo os vários ministérios, chamem-se ministérios de ordenados ou de não-ordenados. A multiplicação desses ministérios vai rompendo uma polarização paralisante entre as categorias anteriores. Aliás, a própria categoria de agente pastoral já é comum, atualmente, a clérigos e não-clérigos.

Em segundo lugar, há que distinguir sempre mais entre o nível dos ministérios de uma parte, a vida religiosa e a vida secular de outra. Ministérios são serviços, diaconias, e vida religiosa se põe no nível da vivência e do testemunho da Fé. E aí a vida religiosa é diferente da vida secular ou profana, mas está num plano diverso do sacerdócio. Nos últimos séculos tem havido uma certa superposição entre ministério sacerdotal dos clérigos e vida religiosa plena. Uma comunidade religiosa masculina não tem que ser constituída necessariamente de sacerdotes. A rigor, bastaria entre eles alguns ordenados, para exercer as funções dos presbíteros. Volto ao tema no capítulo final.

Uma coisa é a vida religiosa como uma espécie de sinal escatológico do Reino, e aí o tema do celibato se mostra, em toda a sua radicalidade, assim como uma espiritualidade própria da vida religiosa. Outra é o problema dos diferentes serviços dentro da comunidade, um dos quais é o presbiterado. Na medida em que saímos de uma discussão abstrata, mais jurídica que pastoral, para as exigências reais das práticas concretas, vamos dissolvendo tensões e abrindo novos caminhos. Hoje há toda uma redescoberta da vida religiosa e da vida secular, da espiritualidade secular e da religiosa, assim como dos diferentes serviços que clérigos e não-clérigos exercem ou poderão vir a exercer. E todos nos encontramos como cristãos batizados, com exigências compartidas, mas também com serviços e responsabilidades diversificados, dos simples fiéis ao papa, "servo dos servos de Deus".

Quero insistir em que, para mim, é importante superar um dualismo incômodo, clérigo/não-clérigo, para colocar no centro a categoria do cristão. O cristão como sacramento do Reino, sinal, evangelizador, portador da Boa Nova. Para nós, simples mortais, já é tão difícil ser cristãos minimamente coerentes em nosso país — há tanta responsabilidade, que o tema básico não é o do leigo ou o do clérigo, mas simplesmente o do cristão. Basta ser cristão. E falta tanto para sê-lo, e de maneira razoável! Este tenta ser meu testemunho de tantos anos de atividades eclesiais. Quero mesmo é ser cristão. Nada mais. E acho que já é, ao mesmo tempo, suficiente e complexo.

15

As pastorais de juventude no novo contexto pós-industrial[1]

Quando pensamos na pastoral da juventude, é inevitável recordar os movimentos da Ação Católica especializada e, particularmente, a JUC. Mas as comparações podem levar a enganos, se não se tomam em conta os contextos históricos diferentes. A JUC de 1960 — ano em que comemorou seus 10 anos e momento de maior visibilidade — teria de 3 mil a 5 mil membros, em 52 cidades (sobre 88 que tinham curso superior), numa população universitária de apenas 93.200 estudantes (comparar com os 2 milhões e meio de 2002). Era um movimento pequeno, mas bem organizado e com articulação internacional. Terminara o período JK, com a idéia-força do desenvolvimento industrial, Brasília tinha sido inaugurada e a UNE estava cada vez mais presente na vida política. Manifestações estudantis tinham derrubado Roberto Campos ("Bob Fields", como era chamado) do Banco Nacional de Desenvolvimento Econômico (BNDE) e, no testemunho de um presidente da UNE da época, este último podia dialogar quase "de igual para igual" com o presidente da República. Em 1960, um dirigente da JUC, Herbert José de Souza (Betinho), fora pré-candidato à presidência da UNE e, nos anos seguintes, jucistas chegariam à presidência (Aldo Arantes e Vinícius Caldeira Brant). No momento do golpe de 64, a JUC foi diretamente visada pela repressão e, em 1966, a hierarquia eclesiástica, que ainda não iniciara o período de conflitos com o regime militar, apressou a dissolução do movimento incômodo. Um documento de junho de 1968, talvez o último da organização, indicava que não havia "mais movimento, mas uma série de pequenos grupos, que aspiram a uma comunicação maior e reflexão comum"[2].

---

1. Atualizado de *Tempo e Presença*, Rio de Janeiro, n. 262 (mar.-abr. 1992).
2. Ver L. A. GÓMEZ DE SOUZA, *A JUC...*, op. cit., 236.

É interessante notar como esse processo, motivado por uma conjuntura de repressão conjunta, do Estado e da Igreja institucional, coincide com uma tendência em sentido contrário em âmbito internacional. No mundo inteiro, 1968 foi um momento privilegiado de insurgência e de criatividade estudantil, quando no Brasil, contraditoriamente, a experiência da pastoral universitária era lamentavelmente cancelada. Essa data foi o começo de um novo período de organização social. Danièle Hervieu-Léger, ao estudar a JEC francesa, constatou no seu país, "depois de maio de 1968, uma tendência crescente que opunha às formas clássicas de agrupações, consideradas muitas vezes monolíticas e unitárias, a novidade de grupos pequenos e espontâneos, constituindo-se em torno de aspirações comuns ..."[3].

Para entender o que se passou com a pastoral de juventude mais adiante e, de maneira mais geral, com os movimentos sociais, há que detectar o processo dos vinte anos seguintes, começado em 1968 e que chegará em 1989 às transformações internacionais e, particularmente, à crise do socialismo real. Historiadores como Braudel vêem o esgotamento de um ciclo histórico de longa duração, os 500 anos da modernidade ocidental e o começo de uma "crise secular" de transição a outro período[4]. Para Alvim Toffler estas últimas décadas correspondem ao fim da era industrial (a sociedade das chaminés) e o começo do período pós-industrial, o tempo da informática e da automação.

O mundo industrial (que o Brasil de 1960 procurava alcançar sem muito sucesso), tinha se caracterizado pela produção em massa, pela concentração urbana, pela centralização, pelo crescimento do aparelho burocrático do Estado e as tentativas de planejamento. Isso fora comum tanto ao capitalismo das multinacionais como ao socialismo autoritário, do primeiro ao então chamado segundo mundo, com um terceiro mundo tentando em vão copiar um ou outro. Ora, as transformações tecnológicas, no nível das forças produtivas, trouxeram novidades significativas, sendo a principal a que ocorreu no mundo das comunicações e da informática. A introdução do computador e da automação provocou uma mudança na própria maneira de produzir bens, com processos flexíveis, rápidos e alguns praticamente instantâneos. O trabalho manual foi cedendo lugar, nas produções de ponta, à programação da máquina, ao que se chama o "trabalho simbólico", em que o conhecimento e a informação foram passando a ser uma das principais matérias-primas. As pequenas unidades que produziam bens individualizados voltaram a ser, como no tempo pré-industrial, mais adequadas que as fábricas da produção em série. A passagem dos grandes computadores aos microcomputadores descentrali-

---

3. Danièle HERVIEU-LÉGER, *De la mission à la protestation...*, op. cit.
4. Fernand BRAUDEL, *La civilisation...*, op.cit.

zou ainda mais dramaticamente o processo de produção e de decisões. O poder do conhecimento saiu das mãos da direção do Estado ou das empresas para a mesa dos técnicos, que se intercomunicavam em redes de trocas de informação. As estruturas centralizadas (industriais ou estatais) foram desafiadas pela agilidade das inovações e pela nova rapidez produtiva. A senilidade precoce do socialismo real, estatista e controlador, com seus planos qüinqüenais obsoletos, mostrou o impasse das grandes estruturas rígidas, dinossauros à margem da criatividade tecnológica dos últimos trinta anos. Mas, menos visível, essa crise também atingiu o capitalismo real das multinacionais, na luta da IBM com pequenas concorrentes e na agilidade japonesa diante da estrutura tradicional da empresa norte-americana. Crise da grande empresa, das burocracias estatais e dos planejamentos globais.

É verdade que o centralismo e a concentração do Estado e das empresas se mantêm e mesmo se reforçam em posição defensiva, como no caso dos grandes meios de comunicação — as cadeias televisivas — tentando dominar e uniformizar o planeta. Mas tudo parece indicar que estão na contracorrente de uma tendência oposta, diante da irrupção das reivindicações locais, da multiplicação de organizações não-governamentais (ONG's), de novas estruturas produtivas pequenas e médias, da experimentação de tecnologias alternativas. A velha esquerda enfrentava o mundo industrial através das grandes centrais sindicais, dos programas estatizantes dos partidos revolucionários, dentro da lógica centralizadora desse mundo. Com a crise do socialismo real, ela afundou em perplexidades, e nem sempre conseguiu revisar seus esquemas e sua ideologia.

A contestação mais fecunda e subversiva não está se dando, nestes últimos anos, pela tentativa de ocupação do Estado (o símbolo do assalto ao Palácio de Inverno mostrou seus limites, agora que Leningrado voltou a ser São Petersburgo), mas pela proliferação de iniciativas e de experiências. Movimentos, que vão minando a sociedade em seus fundamentos, produzindo laboratórios de criatividade social, diferentes, múltiplos e heterogêneos. Estes últimos já não respondem às ordens de vanguardas, com "posições corretas e científicas", mas à ousadia de grupos ou pequenas organizações. É o tempo do desgaste dos "comitês centrais" e da proliferação de redes, formais e informais, facilitadas pela interligação dos computadores (Alternex, do IBASE, é uma iniciativa pioneira nessa direção). A dinâmica histórica de longo prazo não parece estar com os grandes movimentos, ou na elaboração de projetos globais, mas com a diversidade que vai corroendo o gigantismo das empresas, dos Estados e das grandes cidades, na luta pelo pluralismo, pelo poder local e pela participação. Tudo isso se dá na tentativa de criar uma sociedade mais democrática, na produção de bens através de pequenas unidades e na descentralização das decisões sociais e políticas. Não se trata de um processo inexorável e predeterminado, pois ele se enfrenta com uma tendência oposta, de dominação de novos complexos militares-industriais e novos possíveis autoritarismos, com um Norte opulento e reconcentrado dominando um Sul cada vez mais empobrecido. O futuro está em aberto, entre tendências de vida e libertação e tendências de morte e dominação. Se apostamos nas primeiras e queremos fazê-las possíveis, temos de entrar na sua lógica mais profunda, das diferenças superando a uniformidade, das redes horizontais substituindo as organizações verticais. Parece ser a única alternativa viável para os países do Sul, marginalizados pelo mundo industrial do Norte e que poderão encontrar em suas tradições e culturas práticas alternativas mais humanas.

O leitor se perguntará o que tudo isso tem a ver com a pastoral de juventude. Fizemos essa digressão, já enunciada sob outros aspectos em capítulos anteriores, para situar o horizonte histórico onde temos de colocar os novos movimentos sociais e eclesiais. Em lugar de procurar movimentos centralizados ou compactos, deveríamos descobrir iniciativas coladas às diferentes realidades. Se a modernidade industrial insistiu na idéia de eficiência (razão instrumental) e nas propostas globais imperativas (tanto do sistema como da contestação), o clima histórico emergente chama a atenção para o direito à diferença e para a diversidade de projetos. Os novos movimentos sociais (ecológicos, femininos, raciais e culturais) apontam nessa direção e os movimentos populares anteriores vão revisando seus marcos conceituais e seus esquemas de análises tradicionais (aí incluído o marxismo, a grande chave de leitura do mundo industrial que vai se esgotando).

Descobrimos então como as novas pastorais se inscrevem nesse marco heterogêneo e flexível. Quando, nos anos 1970, cresceram as comunidades eclesiais de base no Acre, no Espírito Santo ou em São Paulo, não mais respondiam a um modelo uniforme, como na anterior Ação Católica, mas tinham a fisionomia das diferentes situações sociais e eclesiais. Nesse sentido, a diversidade das CEBs e a ausência de uma estrutura coordenadora estão muito mais de acordo com os novos tempos do que os esquemas tradicionais permitem perceber. Alguns lamentam o caráter fragmentário e diversificado das experiências pastorais ou sociais, considerando defeito a falta de coesão e direção, quando talvez aí, paradoxalmente, resida sua fecundidade.

Uma comparação, fora de contexto, das pastorais de juventude com os antigos movimentos da Ação Católica poderia sugerir que elas são frágeis e pouco decisivas, diante da organização e do prestígio destes últimos. Na verdade, elas se inscrevem em outra lógica social e histórica, em que multiplicidade, descentralização e diferença passam a ser virtudes. São os movimentos pastorais mais conservadores — ou de restauração centralizadora —

os que procuram impor-se através de estruturas rígidas e autoritárias. Eles aliás mostram conexões bem visíveis com grupos empresariais do mundo industrial e se inserem em sua própria mentalidade. As pastorais populares têm na participação e no respeito às bases alguns de seus referenciais mais fecundos (em contradição, aliás, com a sobrevivência nelas, às vezes, de marcos teóricos ainda autoritários).

Nas andanças pelo Brasil afora, fui descobrindo experiências pastorais de juventude extremamente criativas e bem diferenciadas, como uma Pastoral de Juventude Rural (PJR) no Rio Grande do Sul, uma Pastoral de Juventude do Meio Popular (PJ-MP) no interior de Minas Gerais, pastorais universitárias (PU e, num certo momento, o MCU) em muitas cidades, brotos ainda bem pequenos de pastorais estudantis aqui e ali etc. Minha aposta — com dose de risco ou de sobrevalorização — vai na direção de sua potencialidade evangelizadora futura.

Quando, em Puebla, a Igreja Católica latino-americana fez as opções preferenciais pelos pobres e pelos jovens, estava abrindo caminhos proféticos, e elas não se enfraqueciam uma à outra, mas pelo contrário, se reforçavam e completavam. O clamor dos pobres, em cada um de nossos países e na relação crescentemente desigual entre Norte e Sul, tem a força para enfrentar as tendências negativas e anti-históricas da concentração de poder e de riqueza. A criatividade subversiva dos jovens, com outra sensibilidade — cabeça aquariana dirão alguns —, poderá desenhar novos cenários alternativos. E na Igreja Católica, assim como no início do segundo milênio começou a se desenhar a estrutura eclesiástica clerical que perdura até hoje, as diferentes pastorais de juventude poderão ir preparando, lentamente, novos jeitos de ser Igreja, comunitários, participativos e diversificados, para o milênio que começa.

16

Os questionamentos urbanos para a Igreja[1]

O Brasil é cada vez mais urbano. Em 1960, com uma população de cerca de 71 milhões de habitantes, 45,08% habitavam na cidade (e 54,92% na área rural). Nessa década começou uma inversão: em 1970, 55,94% da população já era urbana, 67,59% em 1980, 75,59% em 1991, para chegar, em 2000, com uma população de 170 milhões, a 81,25% (a área rural caiu para 18,75%).

Foram crescendo as megacidades. Somente o município de São Paulo passou de cerca de 6 milhões de habitantes em 1970 para 10,43 milhões em 2000 (sem contar a enorme área metropolitana circundante). A população dos municípios de Salvador, Belo Horizonte e Porto Alegre passou, de 1 milhão, 1,23 milhão e 885 mil respectivamente, em 1970, para 2,43 milhões, 2,23 milhões e 1,36 milhão em 2000[2]. Cada um desses centros urbanos está rodeado por enormes periferias. Theodore Roszak indicou que eles são "enormes, mas não suficientemente grandes"[3]. Têm uma dimensão desmesurada, mas ainda estão fechados sobre eles mesmos, são de certa maneira provincianos, não totalmente abertos ao nacional e muito menos a um mundo planetário intercomunicado. Faz muitos anos, David Riesman assim definiu a população das cidades: "uma multidão solitária"[4]. É só observar a saída de um metrô ou de uma estação rodoviária em horas de pique: pessoas que se entrecruzam sem se olhar, na solidão de um coletivo. Proximidade física, isolamento mental.

---

1. Comunicação à 52ª reunião do Conselho Permanente da CNBB, 28 de outubro de 2003.
2. Para os dados acima, fonte: IBGE, Censo Demográfico. Para 1960, 1970 e 1980, população recenseada. Para 1991 e 2000, população residente.
3. Theodore ROSZAK, *Person-planet*..., op. cit., cap. 5, Too big: Too big and yet not big enough. The letal paradox of modern life, 149.
4. David RIESMAN, *The lonely crowd*, New Haven, The Yale University Press, 1950.

Mas essas cidades são também espaços de uma enorme circularidade migratória. Todo o país, aliás, é um grande corredor de migrações em diferentes direções: do Nordeste ao Norte, do Sul a Rondônia, do Nordeste ao Sudeste, com retornos mais adiante. E as cidades maiores vão recebendo fluxos que vêm de cidades pequenas ou médias e de regiões rurais. Os limites entre o urbano e o rural são instáveis, a televisão e os hábitos das cidades permeiam o mundo rural. Pe. João Batista Libanio escreveu um panorâmico e sugestivo livro sobre as lógicas da cidade, analisando ali tempo e lazer, pluralidade cultural, participação, mobilização, trabalho, poder e valores[5].

As periferias das cidades e as favelas reúnem uma população heterogênea, que deixou para trás suas raízes e suas referências, procurando refazer uma identidade perdida. Gustavo Gutiérrez vem desenvolvendo uma profunda reflexão em torno à pobreza como uma realidade complexa e planetária e, pensando nos milhões de seres humanos que se amontoam nos bairros miseráveis, lança a pergunta: "donde duermen los pobres"?[6]. Temos a população de rua, os meninos de rua e na rua, o mundo do subemprego, dos biscates, dos catadores etc.

Nesses espaços a Igreja católica desenhou, faz vários séculos, suas estruturas paroquiais tradicionais. Elas se implantaram num mundo relativamente estático, onde, em geral, moradia, lugar de trabalho e de lazer eram relativamente próximos. Hoje, cidades-dormitório lançam seus moradores pela madrugada para áreas afastadas e os recebem novamente à noite. Qual o espaço mais decisivo para o cotidiano de cada um? Ou talvez se trate de mais de um, de acordo com a atividade, a classe social ou a faixa etária.

Há portanto uma desadequação entre a rede eclesial traçada no passado e as movediças relações humanas atuais. Faz já alguns anos, a pastoral operária ia buscar os trabalhadores nas portas das fábricas, a pastoral estudantil nas escolas etc.

A partir desses elementos introdutórios, enunciaremos alguns desafios para a pastoral.

O acolhimento. Na pesquisa que o CERIS realizou em 1999, nas seis maiores cidades do país, sobre as tendências do catolicismo no Brasil, um dos problemas centrais indicado foi o do acolhimento dos fiéis, freqüentemente anônimo e distante nas estruturas paroquiais[7]. Ele é mais direto e afetivo nas peque-

---

5. João Batista LIBANIO, *As lógicas da cidade. O impacto sobre a fé e sob o impacto da fé*, São Paulo, Loyola, 2001 (Col. Theologica 2).

6. Gustavo GUTIÉRREZ, Memória y profecia, *Páginas*, Lima, n. 181 (jun. 2003).

7. CERIS, *Desafios do catolicismo na cidade. Pesquisa em regiões metropolitanas brasileiras*, São Paulo, Paulus, 2002, ver 120. Ali se diz "que a Igreja ainda precisa dar mais passos em direção ao povo".

nas congregações pentecostais e neopentecostais, que surgem sem parar nos bairros populares da cidade. Ali, os pastores e os obreiros que recebem são pessoas do próprio meio (o pedreiro, o motorista, a dona do pequeno comércio, a faxineira), com fácil interação com aqueles que transitam nas imediações. Nesse sentido, as CEBs, os movimentos e as pastorais também cumprem essa função de nuclear pequenas comunidades. As cidades exigem novas dimensões que não podem se reduzir aos espaços paroquiais. O próprio acolhimento e as celebrações deverão adequar-se aos horários possíveis das populações urbanas em trânsito contínuo. Entretanto, o que os dados das pesquisas indicam é que há uma demanda crescente pelo religioso ou, em termos mais gerais, pelo sagrado. Resta saber como responder a essa necessidade. Isso nos leva ao tema seguinte.

A comunidade de Fé. A Fé é um aprendizado contínuo, que não se dá, de uma vez por todas, pela administração de um sacramento ou pela freqüência eventual a uma celebração. Nem por atividades de um entusiasmo passageiro sem continuidade. Ao estudar alguns movimentos de juventude dos anos 1970, João Batista Libanio observou que tiveram momentos de grande visibilidade, mas muitos deles desapareceram quase sem deixar traços[8]. A multidão que se congrega numa praça ou num estádio, passado o momento de empolgação, pode dispersar-se e voltar aos seus hábitos e rotinas cotidianos. É indispensável um certo processo de crescimento.

Uma educação na Fé. Podemos encontrar uma resposta a esse desafio anterior na própria prática pastoral da Igreja brasileira. A pedagogia da antiga Ação Católica especializada, com seu método ver–julgar–agir, sua revisão de vida contínua, suas reuniões periódicas, exerce um trabalho de formação permanente. Havia momentos de impacto no meio (campanhas de Páscoa, missas estudantis, peregrinações, retiros ou acampamentos), mas eles eram seguidos por um trabalho de nucleação em torno de pequenas equipes relativamente homogêneas, com um dirigente mais preparado e uma certa presença do assistente eclesiástico. Isso assegurava um ritmo, a criação de novos hábitos religiosos e um real crescimento no nível da ação (apostolado), da espiritualidade e da oração. Foi uma escola de "formação na ação", e até hoje seus membros podem ser identificados por uma certa maneira de ser, de pensar e de reagir, mesmo que alguns deles não tenham persistido numa prática religiosa[9].

Dificuldades na comunicação. Há, freqüentemente, uma inadequação dramática nos meios de comunicação da Igreja. Estes muitas vezes deixam a desejar no que se refere à profissionalidade e à atenção para um público mais

---

8. João Batista LIBANIO, *O mundo dos jovens*, São Paulo, Loyola, 1978.
9. *Uma história de desafios — JOC no Brasil, 1935/1985*, op. cit.; L. A. GÓMEZ DE SOUZA, *A JUC...*, op. cit.

amplo, interessando apenas àqueles que já fazem parte da vida eclesial. Nas celebrações, em lugar de uma partilha criativa e questionadora da palavra de Deus, nos encontramos tantas vezes diante de homilias rotineiras, cansativas, de estilo ultrapassado, monólogos cacetes. Qual a capacidade de sedução e de apelo? Os meios são diferentes conforme se trate de uma pastoral de massa ou de um trabalho no nível das comunidades. Mas ambos deveriam estar dentro das chaves de sensibilidade das pessoas a que se destinam e de uma opinião pública diversificada, segundo origem social ou etária.

O mundo dos jovens. Uma observação impressionista, nas missas dominicais de paróquias urbanas, chama a atenção para a faixa etária dos participantes: há uma grande maioria de pessoas de meia-idade, às vezes acompanhadas por crianças. É verdade que, em certas horas, há missas especializadas para jovens, mas sua visibilidade é relativamente pequena no conjunto dos fiéis, em contraste com sua proporção significativa na população.

Entretanto, há várias e criativas pastorais de juventude espalhadas pelo país (PJs, pastoral de juventude rural, pastoral de juventude dos meios populares, muito pouco de juventude estudantil e algumas pastorais universitárias). Dessa juventude vão surgindo futuras lideranças sociais e eclesiais, como indicado no capítulo anterior. As pastorais de juventude têm fornecido quadros para os movimentos sociais. Assim, por exemplo, muitos dirigentes do MST tiveram como origem PJs do Alto Uruguai, de Santa Catarina ou, nos últimos anos, do Piauí ou do Rio Grande do Norte. Também o movimento sindical e os partidos políticos populares se beneficiaram com a participação de jovens dessa origem. Centros de formação da juventude (Porto Alegre, Goiânia...), em anos passados, tiveram importância na multiplicação de quadros. Uma prioridade especial deveria ser dada a esse trabalho com jovens, tanto entre os que provêm dos meios populares como entre estudantes. Voltando ao indicado acima, é só pensar no papel da JOC ou da JUC no passado. No meio universitário, entretanto, as experiências são atualmente rarefeitas. Mas para avançar nesse campo dos jovens é necessário entrar em seus quadros mentais, sua sensibilidade e suas aspirações, procurando interessar setores dinâmicos e inquietos. Do contrário, essas pastorais acolherão jovens marginais em seu meio, apenas sensíveis a uma espiritualidade intimista ou a pequenas ações intra-eclesiais[10].

---

10. Ivana BENTES, Juventude perplexa, inquieta e sem utopias, *Tempo e Presença*, Rio de Janeiro, n. 262 (1992). Regina NOVAES, Clara MAFRA (org.), Juventude, conflito e solidariedade, *Comunicações do ISER* n. 50, Rio de Janeiro (1998). Para uma ampla informação sobre juventude, ver CONSELHO NACIONAL DE POPULAÇÃO E DESENVOLVIMENTO, *Jovens acontecendo na trilha das políticas públicas*, Brasília, CNPD, 1998, 2 v.

Uma ética a repensar. A Igreja tem uma certa dificuldade para tratar dos temas da sexualidade, da reprodução e do prazer. Não é suficiente ficar numa crítica negativa de hedonismos ou da permissividade, sem analisar com cuidado o surgimento de novas sensibilidades, outros hábitos e mudanças culturais. O tema do prazer é um bom exemplo. Freqüentemente, é visto com desconfiança, o que não deixa de denotar, às vezes, um certo jansenismo inconsciente. Seria necessário enfrentar com coragem e determinação os temas da sexualidade. O problema da pedofilia é apenas a ponta de um *iceberg* bem mais vasto e desafiante. Análises realizadas ultimamente em Igrejas de países desenvolvidos, como a Holanda e os Estados Unidos, trazem dramáticas observações. Dois recentíssimos estudos neste último país, bastante inquietantes, indicam um esvaziamento da Igreja, por não saber enfrentar problemas atuais, vários deles ligados à vida afetiva. O título de um dos livros é expressivo: *Um povo à deriva*[11]. Escritos por cristãos comprometidos, ambos insistem na necessidade de dar mais espaço e ministérios aos leigos, no poder compartido das Igrejas particulares. O que encaminha ao próximo ponto.

Uma comunidade eclesial de fiéis responsáveis. As atuais estruturas eclesiásticas foram se constituindo em torno aos clérigos, no começo do segundo milênio, a partir da reforma gregoriana do século XI. Hoje vão surgindo sempre mais ministérios não-ordenados — diaconias — para atender a diferentes necessidades. O eclesiástico se abre ao eclesial mais amplo. CEBs, pastorais e movimentos apontam nessa direção. E não se trata de uma divisão de trabalho em que os leigos e as leigas são enviados ao mundo, deixando as estruturas e o poder eclesiais na mão dos clérigos. Como compartir responsabilidades, direitos e deveres? O problema é ainda maior no que se refere às mulheres, leigas e religiosas, que são maioria nos espaços das Igrejas locais, com pouco acesso à tomada de decisões no âmbito de estruturas predominantemente masculinas.

Ação Católica, para Pio XI, nos anos 1930, era a "participação dos leigos no apostolado hierárquico". Anos depois, o termo foi atenuado para "colaboração" e, no Código Canônico atual, fala-se de "cooperação dos leigos no poder de jurisdição" (um primeiro anteprojeto falava diretamente de participação). Insiste-se no protagonismo dos leigos, mas muitas vezes isso é mais uma declaração de boas intenções do que uma efetiva prática eclesial[12].

Práticas novas de grupos de oração. Por todo o país vão surgindo experiências diversificadas e flexíveis de grupos que se reúnem para refletir juntos,

---

11. Peter STEINFELS, *A People Adrift. The crisis of the Roman Catholic Church in America*, Nova York, Simon & Schuster, 2003. David GIBSON, *The Coming Catholic Church. How the Faithful are Shaping a New American Catholicism*, San Francisco, Harper, 2003.

12. Ver textos diversos em José Ernanne PINHEIRO (coord.), *O protagonismo dos leigos na evangelização atual*, São Paulo, Paulinas, 1994 (Col. Perspectivas Pastorais n. 5).

rezar e celebrar, às vezes em comunidades ecumênicas ou mesmo inter-religiosas. Muitas delas têm uma característica em comum: insistem numa certa informalidade, não querem integrar-se em estruturas mais amplas. O cuidado pastoral deveria estar atento a essas experiências, respeitando suas caminhadas, sem querer integrá-las à força nas pastorais habituais. Aliás, uma pergunta se impõe para a revisão corajosa das Igrejas locais: Por que essa rejeição à institucionalização? Qual a imagem das estruturas eclesiais que se passa para a opinião pública? O importante não é tanto o elo jurídico formal, mas a criação de novos laços de comunhão a ser desenhados com inventividade. As mais de 6 mil pessoas que acorreram de todo o país a Goiânia em 2003 para o encontro do movimento Fé e Política, em torno do tema "À procura da terra prometida", mostraram um latente e vigoroso espaço de congraçamento e de convocação espiritual.

As pesquisas sociorreligiosas. A formulação de uma pastoral urbana requer um permanente trabalho de pesquisa para que, de um adequado diagnóstico, possam fluir diretrizes eficazes e ações renovadas e corajosas. O CERIS, através de seu núcleo de pesquisa, tem procurado atender a solicitações da CNBB, de Igrejas locais e de diferentes pastorais.

Já nos referimos acima à pesquisa de 1999, nas seis maiores cidades do país, sobre crenças e motivações religiosas, prática religiosa e participação social, meios de comunicação e orientações ético-religiosas. A título indicativo, vão alguns resultados que tivemos a oportunidade de apresentar na 40ª Assembléia Geral da CNBB de 2002. A primeira motivação para crer, entre os católicos, é "realização de um sentido de vida e encontro de justiça, paz e harmonia pela religião" (37,2%), e só depois " influência do ambiente familiar e da tradição" (26,5%). Há uma centralidade na crença em Jesus Cristo (82,5%), mas uma certa oscilação entre crer na imortalidade da alma (63%) e na reencarnação dos mortos (35,8%) entre os católicos.

Mas é nas orientações ético-religiosas que se encontra uma das maiores discrepâncias entre a conduta individual e as orientações da Igreja, principalmente no que se refere aos métodos contraceptivos (73,2% a favor), ao sexo antes do casamento (43,6% a favor), a posições contrárias ao celibato obrigatório (34,5%, em relação a 33,1% que estão de acordo com ele), ou favoráveis a um segundo casamento (62,7%). Já a rejeição ao aborto é grande (71,8%), assim como à prática da homossexualidade (60,6%). Mas todos esses padrões estão possivelmente bem próximos das opiniões da população em geral. É interessante notar que, entre os católicos, prevalece a opinião de que a Igreja deveria debater, orientar, mais do que impor sua visão de conduta. Apenas uma minoria indicou que a Igreja não deveria envolver-se[13]. Como não abrir uma corajosa reflexão em todos esses pontos, tão sensíveis na sociedade?[14]

Entre 2003 e 2004 estão sendo realizadas pelos CERIS várias outras pesquisas. Uma delas, sobre novas formas de crer, também nas seis maiores regiões metropolitanas do país, entre católicos, pentecostais e sem religião. Essa pesquisa e a anterior encaminharam a uma terceira, sobre migração e trânsito religioso no Brasil, um levantamento nacional a respeito das motivações que levam as pessoas a mudar de religião e/ou abandonar o catolicismo. Além disso, estão em curso duas outras pesquisas, uma sobre o perfil do presbítero brasileiro, solicitada pela Comissão Nacional dos Presbíteros, com uma amostra de 1.800 sacerdotes, e outra sobre a religiosidade da população do Piauí, a pedido dos bispos do regional Nordeste IV.

Um horizonte à nossa frente. Há meio século, no começo dos anos 1950, no pontificado de Pio XII, o Magistério havia se manifestado sobre quase todos os aspectos da realidade eclesial e social da época. Na aparência, todos os temas pareciam esclarecidos. Entretanto, havia latente a sensação de que era necessário repensar uma série de problemas e de interrogações que o mundo moderno do pós-guerra ia levantando. Coube a João XXIII, considerado num primeiro momento apenas um "papa de transição", reabrir uma grande pauta de candentes questões pastorais, convocando o Vaticano II e publicando *Mater et Magistra* e *Pacem in Terris*. Começou então um tempo de profunda criatividade eclesial.

Os novos desafios urbanos, neste começo de milênio, poderiam exigir uma tarefa semelhante num próximo futuro. Aliás, nessa direção apontam os documentos de João Paulo II *Tertio Milennio Adveniente* e *Novo Milennio Ineunte*, desvelando novos horizontes e a necessidade de repensar práticas pastorais. Possivelmente teremos diante de nós um tempo de discernimento no qual, mais do que apressadas orientações conclusivas e definitivas, será necessário formular sem medo interrogações precisas e audazes, num espaço de experimentações. Toda a comunidade eclesial poderia então ser convocada para uma reflexão comum, aproveitando-se diferentes competências e a diversidade de carismas. Isso exigiria um profundo espírito eclesial, grande

---

13. CERIS, *Desafios do catolicismo na cidade*, op. cit., 65, 74, 77, 203, 205, 207, 209, 211.
14. Lúcia RIBEIRO (org.), Entre o desejo e o mistério: novos caminhos da sexualidade, *Comunicações do ISER* n. 42 (1992). Lúcia RIBEIRO, Solange LUÇAN, *Entre (in)certezas e contradições. Práticas reprodutivas entre mulheres das comunidades eclesiais de base*, Rio de Janeiro, Nau/ISER, 1995. Lúcia RIBEIRO, Sexualidade e reprodução. O que os padres dizem e deixam de dizer, Petrópolis, Vozes, 2001.

abertura de espírito, misericórdia e compaixão diante de dolorosos e contraditórios impasses e problemas. Desse tempo de revisão de vida do Povo de Deus, o Magistério poderia extrair, então, novas orientações para enfrentar imprevistos e inéditos questionamentos emergentes.

17

O pensamento católico[1]

Por ocasião da morte de Roberto Campos, Carlos Heitor Cony lembrava como ambos receberam forte influência da Igreja Católica. Passando por seminários para a formação do clero, ou como alunos de colégios jesuítas, maristas ou beneditinos, ou ainda participando de movimentos católicos, tantos intelectuais ou artistas deixam transparecer as marcas de um ensino ou de uma militância religiosa, diante dos quais freqüentemente se rebelaram; nem por isso, entretanto, estas deixaram de ser menos relevantes em seus itinerários[2].

A influência católica no mundo da cultura não se esgota dentro das fronteiras de sua instituição, mas penetra porosamente pela sociedade, com uma presença direta ou indireta, aberta ou disfarçada, nos mais diferentes âmbitos. O caso brasileiro é diferente de outras situações. Não tivemos uma oposição laicista violenta como na França, um isolamento para enfrentar o liberalismo como na Colômbia ou no México ou, neste país, uma situação de recíprocas discriminações[3]. Nem se constituiu aqui um catolicismo intransigente e poderoso na vida política e social como na Argentina, com alianças no meio militar. Não-católicos e católicos conviveram nos mesmos jornais e nas mesmas universidades. Carlos Heitor Cony e Otto Maria Carpeaux, desafiando o regime militar já nos primeiros dias depois do golpe, tinham ao lado Márcio

---

1. Preparado para Carlos Heitor CONY, *Cadernos de Literatura Brasileira*, n. 12, São Paulo, Instituto Moreira Salles (dez. 2001).

2. Rose Marie MURARO, em suas *Memórias de uma mulher impossível* (Rio de Janeiro, Rosa dos Ventos, 1999), mostra como foi decisiva sua entrada na Ação Católica: "Deus aparece na minha vida...um Deus Pulsante que me arrebatou... Com garras como uma ave de rapina. E até hoje eu luto com Ele" (61).

3. Émile POULAT, *Liberté, laïcité. La guerre de deux France et le principe de la modernité*, Paris, Cerf/Cujas, 1987. Roberto BLANCARTE, *História de la Iglesia Católica en México*, México, Fondo de Cultura Económica, 1992.

Moreira Alves, que acompanhava por dentro a Igreja, e Hermano Alves, que vinha da Juventude Universitária Católica. Em outro jornal, Alceu Amoroso Lima, com o mesmo desassombro, iria também denunciar vigorosamente o "terrorismo cultural"[4].

Não é fácil traçar um panorama ao mesmo tempo amplo e breve do pensamento católico brasileiro. Corre-se o risco de omissões involuntárias ou de dar prioridades certamente sujeitas a desacordos de muitos leitores. Sendo protagonista dessa caminhada num bom espaço de tempo, não me pretendo neutro. Tratarei apenas de indicar linhas gerais de um processo histórico[5]. As notas bibliográficas são indicativas e por isso mesmo parciais.

Num país que se considerava naturalmente católico, a identidade católica se dissolvia na totalidade. Joaquim Nabuco ou Carlos de Laet eram reconhecidamente personalidades de prática religiosa, mas sua crença não virava adjetivo para qualificar suas competências profissionais ou intelectuais. Além disso, a Igreja Católica não parecia ter prestígio no mundo da cultura. Alguns membros da Igreja, na defensiva, sentiam isso como produto de campanhas da maçonaria ou de um preconceito positivista. Foi significativa a reação de Mário de Andrade quando, em 1928, soube da conversão do respeitado Tristão de Athayde (pseudônimo de Alceu de Amoroso Lima), tido até então como agnóstico (ou livre-pensador, que era um título arejado que enobrecia). Lamentou ele: "Perdemos um crítico literário". Como poderia continuar fazendo análises sem viseiras quem entrava para o mundo dos dogmas? A verdade é que Alceu-Tristão seguiria aplicadamente nessa tarefa por mais meio século.

A mudança chegara um pouco antes, naqueles anos 1920, ponto de inflexão no país. O ano de 1922 foi o momento da Semana de Arte Moderna em São Paulo, do começo do tenentismo, da criação do Partido Comunista e... do Centro Dom Vital no Rio de Janeiro. Jackson de Figueiredo, jovem nor-

---

4. Vale ler juntos, Carlos Heitor CONY, *O ato e o fato. Crônicas políticas*, Rio de Janeiro, Civilização Brasileira, 1964, e Alceu AMOROSO LIMA, *Revolução, reação ou reforma?. Crônicas de 1958 a 1964*, republicadas em Petrópolis, Vozes, 1999. Ver também Márcio MOREIRA ALVES, *O Cristo do povo*, op. cit.

5. Um panorama similar, até o final dos anos 1960, foi traçado por Antônio Carlos VILLAÇA, *História do pensamento católico no Brasil*. Rio de Janeiro, Zahar, 1974. Uma breve análise em L. A. GÓMEZ DE SOUZA, "Igreja e intelectuais no Brasil recente", in Cristovam BUARQUE et al. *Fé, política e cultura*, São Paulo, Paulinas, 1991. Informações complementares podem ser encontradas em: Thomas BRUNEAU, *Catolicismo brasileiro em época de transição*, São Paulo, Loyola, 1974; Scott MAINWARING, *The Catholic Church and politics in Brazil*, Stanford, Stanford University Press, 1986; Márcio MOREIRA ALVES, *A Igreja e a política no Brasil*, São Paulo, Brasiliense, 1979; Marina BANDEIRA, *A Igreja Católica na virada da questão social*, Petrópolis, Vozes, 2000.

destino ardente, convertido, criou uma trincheira beligerante do mundo católico e lhe deu o nome do bispo de Olinda e Recife, que enfrentara o poder imperial e a maçonaria. Por trás, o arcebispo do Rio, D. Sebastião Leme, que também fora bispo na sede de D. Vital, e que dava uma importância especial ao trabalho religioso — que se começaria a chamar de apostolado — no mundo da cultura. E a revista do grupo, criada um pouco antes (1921), também teria uma denominação significativa, A Ordem, para enfrentar uma temida desordem social. Nenhuma alusão ao lema positivista da bandeira nacional. Tratava-se mais bem de uma reação ao mundo moderno. Jackson declarava-se convictamente reacionário, na linha do francês Louis Veulliot, ou de Joseph de Maistre, que lutaram por restaurar o *ancien régime*. Era a afirmação belicosa de uma identidade[6].

Jackson, bom observador, pusera atenção no jovem Alceu Amoroso Lima, cético e diletante. Por anos se corresponderam quase diariamente; vivendo na mesma cidade, pouco se encontravam, era pelas cartas que crescia um diálogo, ou melhor, um embate tumultuado, em que o crítico defendia sua "disponibilidade" e o militante o chamava para suas fileiras combatentes. E enfim, em agosto de 1928, Alceu, em texto ardente, dava seu Adeus à disponibilidade e se declarava católico[7]. Poucos meses depois, Jackson morreria afogado e D. Leme, na volta do enterro, passava a Alceu o legado jacksoniano. Podemos imaginar a perturbação do jovem crítico, acostumado ao não-compromisso e à observação sem preconceitos, tendo de ser o continuador de alguém tão diferente dele nas reações e na sensibilidade. Aceitou com uma obediência que talvez hoje nos surpreenda, provavelmente violentando inclinações naturais e vestindo a couraça de cruzado da causa católica.

Os anos 1930 veriam o desenvolvimento de um pensamento católico que se buscava a si mesmo. Uma vertente, a mais visível e oficial, com o apoio do cardeal-arcebispo do Rio de Janeiro, crescia no Centro Dom Vital e na recém-criada Ação Católica Brasileira — iniciativa internacional do Papa Pio XI para agrupar as fileiras católicas diante do fascismo italiano e do comunismo moscovita. O presidente nacional da AC seria Alceu, é claro.

A revolução de 1930 fizera implodir a velha república oligárquica do café com leite e era tempo de novos alinhamentos. Jackson, anos antes, sonhara com a criação de um partido católico. A isso se opusera fortemente D.

---

6. Hamilton NOGUEIRA, *Jackson de Figueiredo*. São Paulo, Loyola, 1976.

7. A editora Agir publicou no passado uma coletânea, incompleta, com as cartas de Jackson. Boa parte do diálogo epistolar está em Alceu AMOROSO LIMA, Jackson DE FIGUEIREDO, *Correspondência. Harmonia de contrastes (1919-1928)*, Rio de Janeiro, Academia Brasileira de Letras, 1991 (Col. Afrânio Peixoto). 2 t.

Leme, e o Brasil se distinguiria de outros países latino-americanos como o Chile ou a Venezuela, com seus partidos social-cristãos[8]. O episcopado brasileiro preferiu criar a Liga Eleitoral Católica (LEC), espécie de tribunal privado eclesiástico, para julgar os candidatos a postos políticos, em função de seu alinhamento diante dos interesses corporativos da Igreja: ensino religioso, indissolubilidade do casamento etc. E, uma vez mais, o dirigente seria Alceu, comandante em tantas frentes.

Mas essa posição não foi unânime. Um setor do pensamento católico se inclinava para as experiências autoritárias da Europa, talvez um pouco a partir da Itália ou da Áustria, mas principalmente do salazarismo português. A visão corporativista, que aliás estava latente na encíclica social de Pio XI de 1931, *Quadragesimo Anno*, seria uma referência. Um escritor paulista, Plínio Salgado — com intelectuais espalhados pelo país, Gustavo Barroso, o militar Severino Sombra, o jovem sacerdote nordestino Hélder Câmara —, iria criar, a partir de 1932, a Ação Integralista Brasileira, com suas bandeiras verdes, seu símbolo semelhante a outros movimentos desse tempo, na escolha de uma letra grega e seu lema indígena, Anauê[9]. Hoje isso tudo parece folclórico, meio opereta, mas no momento despertou entusiasmos. Uma parte significativa do episcopado viu com simpatia essas milícias e o apoio cresceu ainda mais com o começo da guerra civil na Espanha e da "cruzada" anticomunista do general Franco.

Alceu Amoroso Lima, ao contrário de algumas afirmações, não pertenceu ao integralismo. Mas é verdade que em seu livro *Indicações políticas*[10] recomendou esse movimento aos jovens católicos que quisessem ingressar na vida partidária. Porém Alceu, homem visceralmente moderno, nunca se sentiu à vontade num ambiente de reação às coisas do seu tempo. Estava atento ao novo que surgia, à "idade nova" com que sonhava[11], a um novo romancista lá no Nordeste ou a um poeta no Sul, com um olhar acolhedor aos fatos e obras da atualidade, sem as nostalgias do passado, tão comuns no mundo católico reacionário. A leitura de Chesterton, já antes de sua conversão, o atraía para o "distributivismo" na economia e o sentido de humor desse autor. E, logo depois, o entusiasmo pelo tomismo de Jacques Maritain o afastaria do

---

8. Para a reação do cardeal do Rio de Janeiro, ver M. Regina do SANTO ROSÁRIO, *O cardeal Leme*, op. cit, 344-347.

9. Hélgio TRINDADE, Integralismo: teoria e práxis política nos anos trinta, in *História Geral da Civilização Brasileira*, t. III, v. 3. São Paulo, Difel, 1983.

10. Alceu AMOROSO LIMA, *Indicações políticas*. Rio de Janeiro, Civilização Brasileira, 1936, 187-193.

11. Duas obras do autor trazem essa expressão no título: *No limiar da idade nova* (1935) e *Pela cristianização da idade nova* (2 v.: 1938 e 1947).

integrismo católico ou do integralismo político[12]. Num livro de 1934, *Humanismo integral*, o filósofo francês traçava os rumos do que seria uma "nova cristandade", deixando para trás a outra, dos tempos medievais. Maritain, como François Mauriac e, logo depois, Georges Bernanos, teria uma posição crítica diante da cruzada franquista. A guerra civil espanhola foi um divisor de águas entre os católicos daquele tempo.

Outras transformações estavam ocorrendo no mundo da cultura. Surgiu um personagem fascinante, que ficou alguns anos esquecido e está sendo redescoberto: Ismael Nery. Pintor e poeta, influenciado pelo surrealismo e por Chagall, seria uma presença marcante desde 1922 até sua morte, em 1934. E fazia profissão de seu catolicismo. Da mesma maneira que Jackson com Alceu, insistiria com seu grande amigo, o poeta Murilo Mendes, para que este se aproximasse da Igreja. Ele o faria logo depois da morte de Ismael e, em 1935, fazia publicar na revista *A Ordem* textos dele[13].

Nesse mesmo ano, Murilo, com outro poeta, Jorge de Lima, escreveu um livro de poemas militante, dedicado a Ismael Nery e com uma contundente afirmação na primeira página: "Restauremos a poesia em Cristo". Frase, talvez, capaz de perturbar Alceu, e certamente, de fazer estremecer Tristão...[14]

Já em 1929 nascia a Associação dos Universitários Católicos (AUC), que lançou em 1933 a revista *A Vida*. Em 1932, foi fundado o Instituto Católico de Estudos Superiores, embrião da futura Universidade Católica, sempre com Amoroso Lima à frente. Ali os jovens estudariam sociologia com Alceu, tomismo com o dominicano francês Pedro Secondi, teologia com o abade beneditino alemão Tomás Keller; logo depois, outro beneditino alemão, Martinho Michler, introduziria a renovação litúrgica, tendo o Mosteiro de São Bento como centro. A influência intelectual marcante e militante seria do jesuíta Leonel Franca. Nesse clima surgiram várias vocações religiosas e membros da AUC se fizeram beneditinos e dominicanos.

Entre 1930 e meados dos anos 1940, há um forte núcleo intelectual em torno ao Centro Dom Vital, com Hamilton Nogueira, Domingos Velasco, que se declararia socialista, Perillo Gomes e dois ex-comunistas convertidos, figuras centrais nos anos seguintes, o impetuoso jornalista Carlos Lacerda e o engenheiro Gustavo Corção. O segundo contaria seu itinerário espiritual no

---

12. Integrismo é aquela posição intransigente e auto-suficiente que considera a Igreja uma "sociedade perfeita" dentro da qual estão as soluções para todos os problemas e que vê com receio um diálogo com o mundo ou a convivência numa sociedade pluralista. Distinguimos de integralismo, que se refere a um movimento político brasileiro específico.

13. Murilo MENDES, *Recordações de Ismael Nery*, São Paulo, Edusp, 1996.

14. Jorge DE LIMA, Murilo MENDES, *Tempo e eternidade. Poemas*, Porto Alegre, Livraria do Globo, 1935.

livro *A descoberta do outro*, de grande impacto na ocasião e, logo depois, seria o número dois no Centro Dom Vital[15]. Ali estava também um outro ensaísta agudo, menos lembrado hoje, o médico nordestino J. Fernando Carneiro, autor de *Catolicismo, revolução e reação*, coletânea de artigos instigantes, que provocou mal-estar nos meios católicos conservadores[16].

Por esses anos, nos meios da Arquidiocese de São Paulo e da Ação Católica dessa cidade, se esboçaria uma reação em outra direção, com dois sacerdotes, Castro Mayer e Proença Sigaud, e o medievalista Plínio Correia de Oliveira, que escreveria em 1943 o livro *Em defesa da Ação Católica*, criticando as orientações maritaineanas de Alceu e da Ação Católica Nacional. Os dois primeiros seriam mais tarde bispos, em Campos um, em Jacarezinho e Diamantina o outro, e lançariam o jornal *Catolicismo* como trincheira de um catolicismo intransigente, fundando mais tarde o movimento integrista e monárquico Tradição Família e Propriedade (TFP).

No começo dos anos 1940 Alceu Amoroso Lima deixou a direção da Ação Católica. Morrera, em 1942, o cardeal D. Sebastião Leme, e o novo arcebispo do Rio de Janeiro, D. Jayme Câmara, sem a visão e a cultura de seu predecessor, não via com bons olhos aquele que, no momento, era o leigo por antonomásia. Deu-se então uma dupla libertação. Por um lado, Alceu despiu as roupagens da autoridade eclesial de que fora investido e que administrava com dedicação e eficiência, mas que pesava num espírito inquieto e aberto. Ele confessou mais tarde que sempre preferiu a conjunção e, que deixa as contradições conviverem, ao vocábulo ou, seletivo e excludente. Retornaria a uma certa disponibilidade num outro nível, num catolicismo aberto e pluralista, nas antípodas do integrismo, antecipando-se à abertura ecumênica e ao diálogo com "os homens de boa vontade" de João XXIII.

Por outro lado, a Ação Católica deixaria de ter um líder forte, mas às vezes asfixiante, sairia do modelo centralizado italiano e se abriria às experiências dos movimentos de juventude franceses, belgas e canadenses, com operários, juventude agrária, estudantes... Dois movimentos foram então impor-

---

15. A Livraria Agir, ligada ao Centro Dom Vital, publicou os livros de Corção: *A descoberta do outro, Três alqueires e uma vaca, Fronteiras da técnica*, o romance *Lições de abismo*... A coluna de Corção, por anos, no *Diário de Notícias*, onde também escrevia Alceu, seria muito lida nos meios católicos. Com o tempo as posições dos dois autores divergiriam cada vez mais e o pensamento de Corção se faria crescentemente intransigente e conservador.

16. J. Fernando CARNEIRO, *Catolicismo, revolução e reação*, Rio de Janeiro, Agir, 1947. ID., *Psicologia do brasileiro*, Rio de Janeiro, Agir, 1971 (obra póstuma). Nordestino radicado no Rio, no dizer de Alceu uma das pessoas mais inteligentes que ele conheceu, viveu os últimos anos em Porto Alegre, onde nos tornamos amigos.

tantes: a Juventude Operária Católica (JOC), com seu método ver–julgar–agir, criada pelo belga Pe. Cardjin, desenvolvendo-se no Brasil desde 1935, e a Juventude Universitária Católica (JUC), organizada em âmbito nacional em 1950.

Se o tempo que vai de 1930 a 1943 teve como figura central Amoroso Lima, de 1947 a 1964 a grande presença seria de um padre cearense pequeno e vibrante, Hélder Câmara, que chegou ao Rio em 1937, para refazer-se de sua tentação política direitista, transformado em técnico em educação no Ministério desse nome. Em 1947, Pe. Hélder foi nomeado assistente nacional da Ação Católica. Seu grande carisma foi lançar profeticamente novas propostas e, ao mesmo tempo, apoiar iniciativas que julgava fecundas, vindas do que ele chamaria mais tarde as minorias abraâmicas. Na Ação Católica, incentivou os jovens que transformavam o movimento e, a partir dela e com o apoio de seus dirigentes, principalmente mulheres, preparou e criou, ainda sacerdote, uma organização pioneira na Igreja Católica, a CNBB, que surgiu em 1952, quebrando as estruturas eclesiásticas de localismos feudais e abrindo-as para as dimensões do Estado-nação que a modernidade trouxera. Espaço tão inovador que o Sínodo de 2001 teve dificuldade de absorver, tantas são as resistências aos organismos intermediários e colegiais numa instituição acostumada à centralização do papado e ao autoritarismo local do bispo, nomeado aliás de maneira bastante arbitrária e unilateral pelo primeiro.

D. Hélder é um dos personagens mais fascinantes da Igreja Católica no século XX, protagonista decisivo em tantos espaços. Apoiando-se em movimentos leigos e em jovens bispos, desenvolveu a dimensão social da Igreja, provocou reuniões de bispos da Amazônia e do Nordeste em torno a seus graves problemas, teve uma presença política forte, como na criação da SUDENE, no diálogo com os governantes no período 1950-1964 e no surgimento das experiências de educação popular. Bispo auxiliar do Rio de Janeiro, com outro bispo auxiliar, seu companheiro complementar de trabalho, D. José Távora, preparou um convênio com o presidente eleito Jânio Quadros, em 1960, que esteve nas origens do MEB. Protegeu a JUC da caça às bruxas em 1960, inspirou candentes documentos da CNBB em 1962 e 1963 e, logo depois do golpe, já como arcebispo de Olinda e Recife, foi a "voz dos sem voz". Quando seu nome foi calado no país pela censura militar, encontrou uma audiência internacional nas suas campanhas pelos direitos humanos e pela paz[17].

---

17. Nelson PILETTI, Walter PRAXEDES, *Dom Hélder Câmara. Entre o poder e a profecia*, op. cit.; Zildo ROCHA (org.), *Hélder, o Dom. Uma vida que marcou os rumos da Igreja no Brasil*, Petrópolis, Vozes, 1999.

Numa Igreja em que o bispo tem uma importância especial e, no caso do Brasil, em que a CNBB adquiriu um protagonismo crescente, há que lembrar aqui alguns bispos que foram tendo lugar relevante, não só na esfera religiosa, mas também na vida social e na cultural. Entre outros podemos citar, sem uma ordem estabelecida, e ressalvando diferenças, Paulo Evaristo Arns, Cândido Padim, José Maria Pires, Antônio Fragoso, Tomás Balduíno, Waldyr Calheiros, Eugênio Salles, Aloísio Lorscheider, Ivo Lorscheiter e, logo depois, Luciano Mendes de Almeida e Pedro Casaldáliga[18].

Nos anos 1950 deu-se um forte dinamismo intelectual e político em São Paulo, o centro da vida econômica do país. A livraria Duas Cidades, dirigida pelo dominicano Benevenuto Santa Cruz, traduziu obras de representantes do pensamento francês, Emmanuel Mounier, Yves Congar e Pe. Lebret. Este, criador de Economia e Humanismo, veio à América Latina, Colômbia, Chile e foi consultor do governo de São Paulo. Nessa cidade, uma geração de jovens profissionais tentava transformar o pequeno Partido Democrata Cristão, que surgira depois de 1945 com a redemocratização e que, sob a direção de monsenhor Arruda Câmara, era conhecido como o partido de resistência ao divórcio. A figura central dessa mudança seria André Franco Montoro, que Amoroso Lima incentivara a manter contatos com democrata-cristãos da Argentina, do Uruguai e do Chile. Ao lado dele, Queiroz Filho e, logo, uma geração mais jovem, Paulo de Tarso dos Santos e Plínio de Arruda Sampaio. Eles teriam presença significativa na vida política dos anos seguintes.

No Rio de Janeiro, há que destacar a presença de Candido Antônio Mendes de Almeida. De família ligada às causas católicas, Candido, de vastíssima cultura, participara da política universitária na União Nacional dos Estudantes, fora dirigente nacional da JUC em 1950 e, logo depois, quando os intelectuais católicos ainda se agrupavam no Centro Dom Vital, ele se ligaria ao "grupo de Itatiaia" e, com Helio Jaguaribe, Roland Corbusier, Guerreiro Ramos, Vieira Pinto e outros, estaria à frente do ISEB, uma participação católica num grupo pluralista, aberto a várias tendências, que vinham da esquerda e mesmo do integralismo, onde Hegel, Marx e Weber se cruzavam ecleticamente, numa atenção especial ao processo de modernização e de industrialização do país. Em 1963, Candido Mendes publicaria *Nacionalismo e*

---

18. Estão aparecerecendo livros relativos a alguns deles. Ver, por exemplo, D. Paulo EVARISTO ARNS, *Da esperança à utopia*, Rio de Janeiro, Sextante, 2001. Célia COSTA, Dulce PANDOLFI, Kenneth SERBIN (orgs.), *O bispo de Volta Redonda: memórias de D. Waldyr Calheiros*, Rio de Janeiro, Ed. Fundação Getúlio Vargas, 2001. Muitos são os livros de poesia de D. Pedro CASALDÁLIGA, em três línguas, português, espanhol e catalão. Entre outros, *El tiempo y la espera*, Santander, Sal Terrae, 1986.

desenvolvimento, que trazia no título as idéias-chave desse momento e explicitava o que surgia como possível alternativa no mundo periférico e como proposta de uma "revolução nacional pelo desenvolvimento". Em livro posterior, *Memento dos vivos*, acompanhava com acuidade uma nova geração de cristãos que surgia. Mais tarde estaria presente na Comissão Justiça e Paz da Igreja Católica, no cenário universitário e no espaço internacional da cultura e do pensamento[19].

No final dos anos 1950 e começo da década seguinte, foi se constituindo a que foi chamada "a geração de Betinho"[20]. Ela se desenvolveu na JUC e, segundo o teólogo peruano Gustavo Gutiérrez ou o brasilianista Ralph della Cava, ali, nesse movimento, estão as sementes de um catolicismo de vanguarda e os primeiros sinais da teologia da libertação. Um livro publicado por Betinho e o autor deste texto, *Cristianismo hoje*, que recolhia artigos surgidos naqueles anos, reflete bem as idéias que surgiam sobre um compromisso dos cristãos diante de um novo projeto histórico[21]. À diferença dos movimentos social-cristãos de outros países, ligados ao pensamento de Jacques Maritain, a influência aqui seria de Emmanuel Mounier e de seu personalismo comunitário, assim como de sua opção socialista. Um filósofo, o jesuíta Henrique C. de Lima Vaz, introduziu a categoria de "consciência histórica", de influência hegeliana[22], e surgiu, em 1963, um movimento político, a AP, com as marcas de um pensamento cristão revolucionário, socialista e personalista[23]. O golpe de 64, obrigando o movimento à clandestinidade, o encaminharia mais adiante em outras direções, do althusserianismo ao maoísmo, onde se perderam as intuições originais.

---

19. Sua bibliografia é enorme. Aqui citamos: Candido MENDES, *Nacionalismo e desenvolvimento*, Rio de Janeiro, IBEAA, 1963; *Memento dos vivos, A esquerda católica no Brasil*, Rio de Janeiro, Tempo Brasileiro, 1966.

20. Giovanni SEMERARO, *A primavera dos anos sessenta. A geração de Betinho*, op. cit. Ver também, L. A. GÓMEZ DE SOUZA, *A JUC:...*, op.cit.

21. Herbert José DE SOUZA, Luiz Alberto GÓMEZ DE SOUZA, *Cristianismo hoje*, Rio de Janeiro, Ed. Universitária da UNE, ¹1963, ²1964 (esta quase toda destruída no incêndio da UNE de 1° de abril). Uma coletânea de textos reuniu o debate dessa geração com a anterior do Centro Dom Vital: L. A. GÓMEZ DE SOUZA (compil.), *Brasil, o confronto de duas gerações de cristãos*, 1960, CIDOC Dossier n. 2, Cuernavaca, 1966.

22. L. A. GÓMEZ DE SOUZA, Pe. Vaz, mestre de uma geração de cristãos, *Síntese*, Belo Horizonte, cit., 643-651.

23. Luiz Gonzaga SOUZA LIMA, *Evolução política dos católicos e da Igreja no Brasil*, op. cit.; Thomas SANDERS, Catholicism and development: the catholic left in Brazil, in Kalman SILVERT, *Churches and States*, Nova York, AUFS, 1967; Samuel Silva GOTAY, *O pensamento cristão revolucionário na América Latina e no Caribe*, São Paulo, Paulinas, 1985. Rafael DIAZ-SALAZAR, *La izquierda y el cristianismo*, Madri, Taurus, 1998.

Mas estas últimas foram se desenvolvendo em muitas experiências de educação popular, no MEB, através de textos de Carlos Brandão, Raul Landim, Vera Jaccoud, Aída Bezerra, Luiz Eduardo Wanderley e outros[24]. Aliás, podemos ligar ao pensamento católico da época educadores como Paulo Freire, Elza Freire, Germano Coelho, Anita Paes Barreto e Paulo Rosas no Recife, Moacyr de Goes em Natal, Lauro de Oliveira Lima em Fortaleza e depois no Rio de Janeiro[25].

Em São Paulo, nesses anos do começo da década de 1960, uma revista, *Brasil Urgente*, com o dominicano Carlos Josaphat e vários jornalistas, entre os quais o psiquiatra Roberto Freire, lançaria as propostas renovadoras de um pensamento radical e crítico[26].

Mas não podemos nos limitar ao eixo Rio–São Paulo. A nova geração da JUC e da AP cresceu em boa parte entre os estudantes mineiros da Faculdade de Ciências Econômicas de Belo Horizonte. Nessa cidade há que indicar também a presença marcante de alguém de geração anterior, Edgar de Godói da Mata Machado, atuante no campo do direito, da filosofia e da política[27].

No Rio Grande do Sul, um catolicismo conservador produziu lideranças intelectuais e políticas como o ministro da Justiça Adroaldo Mesquita da Costa ou o filósofo Armando Pereira da Câmara. Logo depois, outro filósofo, Ernani Maria Fiori, arejaria o pensamento católico em outras direções e teria influência no trabalho de educação popular. Expulso com o golpe de 1964 das Universidades do Rio Grande do Sul e de Brasília, seria autor, como vice-reitor da Universidade Católica de Santiago do Chile, de uma criativa reforma universitária, em 1968, ano aliás de significativas transformações no mundo inteiro. Fiori teria influência em movimentos latino-americanos de juventude e na obra de seu amigo e companheiro de exílio no Chile, Paulo Freire[28].

O Centro Dom Vital continuava, mas abalado com a tensão crescente entre Amoroso Lima e Gustavo Corção, que criaria logo depois um grupo

---

24. Luiz Eduardo WANDERLEY, *Educar para transformar*, op. cit.; Emanuel DE KADT, *Catholic radicals in Brazil*, op. cit.

25. A obra de Paulo Freire e sobre seu pensamento é extensíssima, desde *Educação como prática para a liberdade*, op. cit. Dos outros autores ver, por exemplo, Moacyr de GÓES, *De pé no chão também se aprende a ler*, Rio de Janeiro, Civilização Brasileira, 1980.

26. Uma pesquisa de Paulo Cesar Botas, publicada pela editora Vozes, fez um levantamento minucioso dos diferentes números da revista.

27. Lucília ALMEIDA NEVES et al. (orgs.), *Edgar de Godói da Mata Machado. Fé, cultura e liberdade*, São Paulo, Ed. UFMG/Loyola, 1993.

28. Trabalhos seus estão compilados em dois volumes: Ernani MARIA FIORI. *Textos escolhidos*, v. 1: *Metafísica e história*; v. 2: *Educação e política*, Porto Alegre, L&PM, 1987 e 1992. Ver também, L. A. GÓMEZ DE SOUZA, Ernani Fiori: um pensamento fértil na consciência latino-americana, *Síntese*, Belo Horizonte, n. 34 (maio-ago. 1985).

separado. Ali ainda surgiu uma "ala moça", que teve à frente, entre outros, o jornalista e memorialista Antônio Carlos Villaça[29]. O Centro se mantêm até o presente, ainda que mais discreto, agora sob a direção de Tarcísio Padilha, também presidente da Sociedade Brasileira de Filósofos Católicos e ex-presidente da Academia Brasileira de Letras.

Voltando um pouco no tempo, o golpe de 1964 interferiu duramente na produção intelectual e nas experiências sociais e educativas. Vários espaços se fecharam, o trabalho de educação e de cultura popular foi em parte descontinuado, lideranças católicas tiveram problemas com o regime, foram detidas, mudaram de cidade ou partiram para o exílio. Ao mesmo tempo, outros católicos, como Paulo de Assis Ribeiro, participaram do governo Castello Branco. Ribeiro foi inclusive um dos responsáveis pelo Estatuto da Terra, uma das poucas transformações legais na questão da propriedade rural desde a Lei de Terras de 1850. Havia assim católicos nos vários e conflitantes espaços do espectro político. Da CNBB viria a denúncia, D. Candido Padim à frente, da doutrina de segurança nacional e a defesa vigorosa dos direitos humanos, através das Comissões Justiça e Paz. Anos depois, quando se esboçou a tentativa de um diálogo entre a CNBB e os militares, pela primeira entidade estiveram presentes Candido Mendes, dirigente da Comissão Nacional Justiça e Paz, e alguns bispos, e do outro lado o general Muricy, que se declarava católico praticante, e o filósofo Tarcísio Padilha[30].

Mas a reflexão não se interrompeu. Em julho de 1966, apareceu o primeiro número da revista *Paz e Terra*, com um subtítulo significativo: "Ecumenismo e humanismo; encontro e diálogo". O nome indica a inspiração da encíclica de João XXIII, *Pacem in Terris*. Publicada por uma editora do mesmo nome, que surgiu ligada a outra, de esquerda, *Civilização Brasileira*, tinha como secretário o poeta e marxista Moacyr Félix e como diretor responsável o evangélico Waldo A. César. Católicos participaram da criação; no conselho de redação aparece um número significativo deles. Nesse primeiro número há artigos de Amoroso Lima, de Henrique de Lima Vaz, de Luiz Eduardo Wanderley e dois meus, sobre a Igreja e as instituições sociais e sobre Camilo Torres, morto pouco antes na guerrilha. O lançamento foi um momento de

---

29. A obra de Villaça é bastante vasta, desde ensaios como o já citado, *O pensamento católico no Brasil, Literatura e vida* (Rio de Janeiro, Nova fronteira,1976), até suas obras como memorialista, *O nariz do morto* (Rio de Janeiro, JCM, 1970), *O anel* (Rio de Janeiro, Ed. Rio, 1972), *O livro de Antonio* (Rio de Janeiro, José Olympio, 1974), *Monsenhor* (Rio de Janeiro, Ed. Brasília, 1975).

30. O historiador Kenneth SERBIN lançou o livro *Diálogo na sombra. Bispos e militares, tortura e justiça social na ditadura*, sobre as atividades da Comissão Bipartite, São Paulo, Companhia das Letras, 2001.

retomada pública de um debate pluralista. Protestantes, católicos e marxistas em diálogo. O clima na Igreja, ao final do Concílio Vaticano II (1962-1965) permitia esse exercício. Aliás, um diálogo ecumênico vinha se dando desde antes do golpe, reunindo antigos membros da JUC com aqueles da Juventude Evangélica, Waldo César, Jether Ramalho, Rubem Cesar Fernandes, Jovelino Ramos, Rubem Alves, os uruguaios Julio de Santa Ana e Iber Conteris, o suíço Pierre Furter, apoiados na reflexão do teólogo presbiteriano norte-americano Richard Shaull, autor de textos sobre uma "teologia da revolução"[31].

De lá para cá, atravessando o período autoritário e continuando pelos tempos da redemocratização, o pensamento católico se abriu em muitas direções. Vamos aqui apenas indicar sumariamente algumas contribuições das últimas décadas, que assinalam um forte dinamismo.

Em contraste com o fechamento político posterior ao AI-5, a Igreja Católica latino-americana e a brasileira em particular viveram um momento de grande criatividade, entre o encontro episcopal latino-americano de 1968 em Medellín e o de Puebla, de 1979, numa verdadeira década gloriosa de iniciativas e de pensamento. Espaço de liberdade numa sociedade vigiada, depois da supressão da JUC, em 1967, por setores conservadores da hierarquia católica, vão surgir as comunidades eclesiais de base (CEBs), as pastorais da terra, operária, de juventude e indígena.

Nesse clima apareceram os primeiros livros e autores da teologia da libertação no continente: o peruano Gustavo Gutiérrez, o uruguaio Juan Luis Segundo e, entre nós, Leonardo Boff, que escrevera seu *Jesus Cristo Libertador* e começara propondo uma teologia do cativeiro, no clima repressivo do país[32]. Hugo Assmann por vários anos no exterior, frei Clodovis Boff, frei Betto, o jesuíta João Batista Libanio, o monge Marcelo Barros são responsáveis por uma abundante produção[33]. Nos anos seguintes ela será ampliada

---

31. Waldo CESAR e Richard SHAULL publicaram os resultados de uma pesquisa sobre o pentecostalismo: *Pentecostais e futuro das igrejas cristãs. Promessas e desafios*, op. cit.

32. A lista de livros de Leonardo BOFF é enorme, de *Jesus Cristo Libertador* (Vozes, 1972), *Teologia da libertação e do cativeiro* (Vozes, 1976), *Igreja carisma e poder* (Vozes, 1981), chegando a *Ecologia: grito da terra, grito dos pobres* (Ática, 1995), *O despertar da águia* (Vozes 1998), *Saber cuidar* (Vozes, 1999), *Tempo de transcendência* (Sextante, 2000) e *O casamento entre o céu e a terra* (Salamandra, 2001).

33. CLODOVIS produziu vários livros publicados na Vozes, de Petrópolis: assim, *Teoria e prática. Teologia do político e suas mediações* (sua tese de doutorado, 1978), *Teologia pé no chão* (1980), *Teoria do método teológico* (1998). LIBANIO escreve na Edições Loyola: *A volta à grande disciplina; Utopia e esperança cristã; Teologia da libertação, roteiro didático; Cenários da Igreja; A Igreja contemporânea, o encontro com a modernidade; Lógicas da cidade e A arte de formar-se* (ambos de 2001). Frei BETTO e Marcelo BARROS, além

sempre mais pela inclusão de novos teólogos e novas temáticas, de gênero, de raça, de diálogo inter-religioso e cultural, com a participação de leigos como Faustino Teixeira e de teólogas mulheres, religiosas como Ivone Gebara ou leigas como Maria Clara Bingemer ou Teresa Cavalcanti.

Na filosofia, ao lado de Henrique C. de Lima Vaz, vão sendo lançados com bastante regularidade livros do sacerdote cearense Manfredo de Oliveira[34]. A produção foi crescendo, como indicam os lançamentos editoriais constantes das editoras Loyola, Vozes, Paulinas e Paulus. A reflexão bíblica, a partir dos textos de Carlos Mesters e com a criação do Centro de Estudos Bíblicos (o CEBI), também viu surgir toda uma geração de exegetas religiosos e leigos, católicos, luteranos, metodistas ou presbiterianos. Uma série de revistas foi visibilizando toda essa produção: *Tempo e Presença, Revista Eclesiástica Brasileira, Vozes, Grande Sinal, Caderno do CEAS, Religião e Sociedade, Perspectiva Teológica, Vida Pastoral* etc., dirigindo-se a um variado público de agentes de pastoral das Igrejas cristãs.

Paralelamente, foi surgindo uma historiografia em torno a um projeto latino-americano, da Comissão de Estudos de História da Igreja na América Latina (CEHILA), animado no Brasil por José Oscar Beozzo, com a participação de historiadores como Eduardo Hoornaert e Riolando Azzi[35].

Na área das ciências sociais e da pastoral, há que assinalar a produção de alguns centros, como o ISER, o CERIS, o IBRADES, o Centro Ecumênico de Documentação e Informação CEDI, o ISER Assessoria, o Centro de Estudos e Ação Social de Salvador (CEAS), o Centro Ecumênico de Serviços à

---

de diversos livros de espiritualidade, exegese ou problemas sociais, têm lançado romances ou contos. Frei Betto, vencedor de vários prêmios literários, autor do conhecido *Fidel e a religião*, na ficção publicou *A vida suspeita do subversivo Raul Parelo* (Rio, Civilização Brasileira, 1979), *O dia de Ângelo* (São Paulo, Brasiliense, 1987) até seu último, *Hotel Brasil* (São Paulo, Ática, 1999). Marcelo Barros escreveu três romances, sendo os dois últimos *A noite do maracá* (Goiás, Ed. Rede, 1999) e *A festa do pastor* (Goiás, Ed. Rede, 2000).

34. A coleção Filosofia, da Edições Loyola, foi publicando as obras fundamentais de Henrique C. de LIMA VAZ: *Escritos de filosofia I: problemas de fronteira; Escritos de filosofia II: ética e cultura; Antropologia filosófica I e II; Escritos de filosofia III: filosofia e cultura; Escritos de filosofia IV e V: introdução à ética filosófica*. Seus editoriais e recensões na revista *Síntese* assinalam uma erudição extraordinária e a fecundidade de seu filosofar. Manfredo DE OLIVEIRA, de uma geração seguinte, na mesma coleção escreveu *A filosofia na crise da modernidade; Ética e socialidade; Ética e crise da racionalidade*; livros mais recentes, *Diálogos entre razão e fé* (São Paulo, Paulinas, 2000), *Correntes fundamentais da ética contemporânea* (Petrópolis, Vozes, 2000) e *Desafios éticos da globalização* (São Paulo, Paulinas, 2001).

35. Ver os primeiros volumes, HOORNAERT et al. *História da Igreja no Brasil, Primeira época*, Petrópolis, Vozes, 1977; HAUCK et al., *História da Igreja no Brasil. Segunda época*, Petrópolis, Vozes, 1980.

Evangelização e Educação Pastoral (CESEP), o Centro Loyola e vários outros. Um grande número de pesquisas foi sendo realizado na área da sociologia da religião, com livros de Pedro Ribeiro de Oliveira, Ivo Lesbaupin, Rogério Valle, Regina Novaes, Lúcia Ribeiro, Pierre Sanchis... O Centro Alceu Amoroso Lima para a Liberdade (CAAL), de Petrópolis, na antiga casa de Tristão de Athayde, é hoje um importante espaço de documentação sobre o pensamento católico brasileiro. Também universidades católicas, como a Unisinos em São Leopoldo, a de São Paulo, a do Rio de Janeiro e a do Recife, foram tendo uma produção científica em várias áreas. Bem recentemente, um centro de ciência da religião, na Universidade Federal de Juiz de Fora, ou de sociologia religiosa, na Católica de Brasília, reúnem equipes interdisciplinares de docência e de pesquisa.

No mundo da política, a presença católica sempre se deu em diferentes partidos. Porém, através de membros das pastorais sociais, teve especial influência na criação e no desenvolvimento do Partido dos Trabalhadores, onde tem sido assinalada uma de suas tendências, ligada ao mundo católico. Também lideranças dessa orientação participaram da renovação sindical e da criação da Central Única dos Trabalhadores (CUT). Um dinamismo intenso se está dando em muitos espaços da sociedade civil, especialmente nos movimentos sociais, ainda que não seja devidamente levado em conta pela universidade e pelos meios de comunicação[36]. E aí se pode descobrir a presença significativa de um pensamento e de uma prática católicos. O MST, por exemplo, teve uma de suas origens num espaço de reflexão e de práticas pastorais. Recentemente, a Comissão Justiça e Paz da CNBB, através de seu secretário-geral, Francisco Whitaker Ferreira, esteve na origem da criação do Fórum Social Mundial de Porto Alegre, um dos mais expressivos espaços de articulação e de debate da atualidade.

Talvez devido à diversidade, à dispersão e à presença simultânea em muitas frentes, não aparece à primeira vista um pensamento católico articulado. Em parte, talvez, devido à sua natural heterogeneidade. Esse fato, longe de ser um defeito, pode ser um sinal positivo de vitalidade e de pluralismo. Mas também houve uma mudança na maneira como a Igreja é vista. Nas décadas de 1930 e 1940 os jornalistas procuravam alguns leigos eminentes, como Alceu Amoroso Lima, Hamilton Nogueira, Gustavo Corção ou Edgar da Mata Machado, para que opinassem sobre a posição da Igreja diante de algum fato de atualidade. No começo dos anos 1960, D. Hélder, com seu carisma, centralizou o interesse. Durante o regime militar, com a dispersão e a semiclan-

---

36. L. A. GÓMEZ DE SOUZA, Um país dinâmico, um pensamento claudicante, in *A utopia...*, op. cit, cap. 22, 176-190.

destinidade do laicato, dificuldade e riscos de opinar e, ao mesmo tempo, com o crescimento da presença da CNBB, o episcopado passou a ser sempre mais requisitado para tomar posição. Houve, na prática, uma episcopalização da Igreja no cenário nacional, que pode ter ofuscado a presença católica leiga ou de sacerdotes, ativa no mundo da cultura, da universidade, da política e dos movimentos sociais. Por outro lado, numa sociedade de massas complexa, já não são personalidades isoladas as que se impõem, mas organizações e movimentos coletivos. Traçar hoje o panorama de uma presença católica na sociedade tem de passar por um sem-número de organizações, publicações e centros de criação e de pesquisa.

Voltando ao que foi dito no início, num mundo necessariamente pluralista, a identidade católica tem de conviver e enriquecer-se com outras contribuições. Ela às vezes desapareceu ou entrou em crise na imersão em movimentos políticos e culturais. Por outro lado, e em sentido inverso, temos visto surgir, nos últimos anos, um neo-integrismo católico, que procura reforçar sua visibilidade à força de uma certa intolerância e triunfalismo. Como manter a identidade e, ao mesmo tempo, a abertura ao diálogo e à troca, é o desafio que está diante do pensamento católico, num mundo em que a cristandade ficou definitivamente para trás.

18

A oração na teologia da libertação[1]

Para falar sobre a teologia da libertação, o primeiro cuidado é tratar de superar os clichês. De um lado se mitificou: ela aparece como uma coisa única e acabada, um pouco idealizada por alguns estudiosos estrangeiros. Quem está dentro de seu processo criativo sabe que ela é muito mais complexa e diversificada. Por outro lado, há o clichê da má vontade, inversamente proporcional ao da mitificação, considerando-a uma mera ideologia. Falar de teologia da libertação no singular já é uma certa imprecisão, porque não existe uma única teologia da libertação, porém várias vertentes, com teólogos bem diferentes entre si. Todos têm talvez uma coisa em comum: uma certa maneira de fazer teologia a partir das práticas pastorais, da vida, do concreto e a partir dos pobres. Mas, fora disso, a diversidade é enorme. Essa é, aliás, uma das riquezas da teologia da libertação.

Alguns pensam que ela não seria nada mais do que uma ideologia política, onde se daria muita ênfase à luta, ao compromisso histórico e pouco espaço à espiritualidade, à oração, à dimensão propriamente religiosa. Mas só quem não conhece a produção latino-americana pode pensar assim. Basta lembrar os livros de Gustavo Gutiérrez: muita gente lembra do primeiro, *Teologia da libertação*, mas penso também em *Beber no próprio poço*, num outro sobre o Livro de Jó. Teríamos de referir-nos também a Jon Sobrino, da América Central, com tudo o que ele escreveu sobre profecia, e sua reflexão sobre o seguimento de Jesus, a Ronaldo Muñoz no Chile, Elza Tamez na América Central etc. Não esqueçamos o trabalho de Carlos Mesters e da equipe do CEBI. A densidade é muito grande em matéria de Fé e de espiritualidade. A mesma coisa nos livros de Leonardo Boff, desde *Jesus Cristo Libertador* até

---

1. A partir de uma palestra apresentada no Programa de Ciências da Religião do Fórum de Ciência e Cultura da UFRJ, em 9 de janeiro de 1993, desgravada graças à dedicação de Maria Lúcia Holanda e Silva.

seus últimos sobre ecologia e espiritualidade, em Clodovis Boff, Juan Luis Segundo e tantos outros.

Gustavo Gutiérrez, em *Beber no próprio poço*, bem no começo, diz o seguinte: "Desde os primeiros passos da teologia da libertação, a questão da espiritualidade, precisamente o seguimento de Jesus, constituiu uma profunda preocupação"[2]. Há o livro, já hoje clássico, de Jon Sobrino, sobre o tema do seguir as pegadas, o caminho mesmo percorrido por Jesus. Em Santo Domingo foi muito dramático quando alguns bispos latino-americanos e assessores teólogos quiseram introduzir essa idéia de seguimento de Jesus, tão cara a toda a reflexão da teologia da libertação latino-americana. Já que o tema da reunião era Jesus Cristo, Ontem, Hoje e Sempre, pensaram trazer um Cristo histórico e concreto. E houve uma proposta, apresentada por muitos bispos, com a ajuda de dois teólogos brasileiros, para que o documento seguisse exatamente essa linha de reflexão, a partir do texto dos discípulos de Emaús. Infelizmente, a proposta não passou dentro das dinâmicas controladas de Santo Domingo; há uma referência ligeira na mensagem final, não no documento principal. Neste, aparece um Cristo abstrato, sem vida e sem rosto. A diferença do Cristo latino-americano de nossa reflexão é que ele tem rosto de pobre, de gente real, vivida e sofrida.

O próprio Gustavo Gutiérrez, num outro livro muito bonito, *Falar de Deus a partir do sofrimento do inocente*, diz: "Contemplar e praticar é, no conjunto, o que chamamos ato primeiro; fazer teologia é ato segundo[3]". E aí no contemplar está todo o mundo da oração, da celebração, da mística.

É claro, esta família espiritual, que considero minha família, dentro da qual me situo, corre certos riscos. E um dos riscos é que a Fé pode encolher em ideologia, isto é, aquilo que parecia adesão vital a Alguém, no caso Jesus Cristo, se transformaria numa adesão mais ou menos emocional a alguns princípios de ação. Isto representaria um empobrecimento. A dimensão da irredutibilidade da Fé se perderia. Esse risco existe. Ele não aparece nas grandes obras de teologia da América Latina a que me referi antes, mas algumas vezes em práticas e textos de divulgação de agentes de pastoral ou de pessoas comprometidas que, absorvidas pela ação, não levam suficientemente em conta essa dimensão da irredutibilidade da Fé. O fato de haver riscos indica aliás vitalidade. Não correm riscos as experiências empalhadas, mumificadas, que

---

2. Gustavo GUTIÉRREZ, *Beber en su propio pozo: el itinerario espiritual de un pueblo*, CEP, Lima, 1983, 9 (ed. bras: *Beber no próprio poço*, Petrópolis, Vozes, 1984).

3. ID., *Hablar de Dios desde el sufrimiento del inocente, una reflexión sobre el libro de Job*, Lima, CEP, 1986, 16 (ed. bras.: *Falar de Deus a partir do sofrimento do inocente*, Petrópolis, Vozes, 1987).

já morreram e disso ainda não se deram conta. Não corre riscos a rotina, corre riscos a criação. É como na parábola dos talentos: houve um que enterrou o talento para não arriscar, e vocês sabem qual é a dura resposta do Evangelho a quem fez essa escolha.

Num livro chamado *Teologia da libertação: novos desafios*, que reúne entrevistas feitas durante um encontro de teólogos latino-americanos e ao qual prefaciei, um dos capítulos centrais é exatamente "Espiritualidade e teologia da libertação", onde vários teólogos abordam com muito vigor o tema da espiritualidade[4]. Hugo Assmann, que alguns pensariam ser antes de tudo um ativista ou apenas um militante, tem uma página muito interessante, surpreendente, para quem não acompanha sua trajetória mais recente.

A intuição central dessa família e de toda essa caminhada é o esforço constante de unir Fé e vida. E por vida eu diria toda a vida, em suas várias dimensões. Fé e vida a partir do cotidiano, do concreto, do sofrimento, das lutas, dos problemas correntes e também das alegrias, do prazer e dos êxitos. Principalmente a partir daqueles que mais precisam, a partir dos pobres. São estes os dois grandes eixos: unir Fé e vida e pensar preferencialmente a partir dos pobres. Se nós tomarmos esses dois eixos, entenderemos tudo o que brota desse esforço teológico que, mais que trabalho teórico, é um exercício reflexivo de prática pastoral renovada. Oração e lutas, oração e cotidiano, principalmente o cotidiano do pobre.

É possível que nós, na América Latina, estejamos recriando, num outro contexto histórico, o velho Ora et Labora beneditino, a articulação entre o fazer e o rezar. Para os monges, o principal era a oração; o trabalho, o fazer, vinha por acréscimo. E um autor americano, Theodore Roszak, já citado várias vezes, diz que, exatamente porque o trabalho vinha por acréscimo, e não era alguma coisa instrumentalmente buscada, acabava sendo muito bem feito. De certa maneira, a gratuidade daquele Labora era fecundada pela dimensão forte do Ora, como o relaxamento prepara o esforço físico dos atletas. O grande desafio, para toda essa prática pastoral latino-americana, é saber se realmente a Fé alimenta a vida, as lutas, as práticas, as ações. E, paradoxalmente, quanto menos as ações são buscadas como mera intencionalidade política, mas se fazem respostas às necessidades de transcendência e de caridade, mais ricas e talvez mais fecundas elas podem vir a ser, até mesmo do ponto de vista de seus resultados, na história dos povos e na vida de cada um[5].

Tudo isso foi surgindo, já nos velhos tempos da Ação Católica dos anos 1950, 1960, como reação a uma oração intimista: eu e Deus, onde "eu" era

---

4. Faustino L. TEIXEIRA (org.), *Teologia da libertação: novos desafios*, São Paulo, Paulinas, 1991.

5. Theodore ROSZAK, *Person-planet*, op. cit., The monastic paradigm, 298.

freqüentemente mais forte que Deus. Algumas vezes parecia mais um olhar o próprio umbigo do que se abrir ao Outro transcendente. Então, todo um esforço foi feito para superar aquela oração individualista. Lembro que nós, da Ação Católica, dizíamos que agir era de certa maneira rezar e contemplar. Contemplação na ação. Então, em reação ao intimismo, insistiu-se muito em como o agir já era oração. Mas, na medida em que se acentua apenas um ponto, pode-se romper a rica relação dialética entre agir e rezar e esvaziar o próprio agir, esquecendo a oração que deve alimentá-lo. As reações podem levar também a uma certa simplificação. A intuição básica, entretanto, foi não separar oração e ação, Fé e vida.

Mais importantes do que a teologia da libertação são as experiências concretas das pastorais populares que temos na América Latina. Digo no plural e, ainda, acho que deveríamos dizer mais amplamente, das pastorais renovadas. Talvez a grande riqueza tenham sido aquelas do meio popular, mas hoje mais e mais se descobrem outras pastorais criativas em meio às classes médias, aos profissionais, que também se integram nessa caminhada eclesial. Não são apenas pastorais de alguns segmentos da sociedade, mas em todos os setores há uma renovação profunda.

Gustavo Gutiérrez, no livro *A força histórica dos pobres*, tem uma expressão que acho muito feliz. Diz ele: "a teologia da libertação é uma palavra coerente com uma prática"[6]. Eu até preferiria dizer: tenta ser uma palavra coerente com uma prática, para não ficar na presunção de que automaticamente já o é. De certa maneira, a reflexão é um vir depois de uma prática e de uma oração que alimenta e está no coração da própria prática.

Um texto de 1978, da Comissão de Direitos Humanos de São Paulo, no momento em que a Comissão era o grande espaço de denúncia das injustiças e da defesa dos direitos humanos, redigido com a colaboração de Gustavo Gutiérrez, como se nota pelo próprio estilo, diz o seguinte das CEBs: "elas procuram ligar suas experiências de organização e de luta com a força e esperança da Fé". E mais adiante: "em nenhum lugar se celebra com mais alegria e esperança essa presença libertadora de Jesus Cristo do que nessas comunidades eclesiais que surgem das bases populares. Aí a Igreja vive sua esperança, seu futuro, sua santidade e sua profecia"[7].

Já antes, nos anos 1940 e 1950, diante da religião pietista, rotinizada, houve todo um esforço da chamada renovação litúrgica, que era uma depura-

---

6. Gustavo GUTIÉRREZ, *La fuerza histórica de los pobres*, op. cit., 177.
7. COMISSÃO ARQUIDIOCESANA DA PASTORAL DOS DIREITOS HUMANOS E MARGINADOS DE SÃO PAULO, América Latina: Evangelho e libertação, *Revista Eclesiástica Brasileira*, op. cit., 75.

ção da Fé, própria de uma nova sensibilidade urbana de classes médias, em que a dimensão do bom gosto e da estética estava muito presente. Era uma tentativa para ir ao cerne, ao centro mesmo da dimensão da Fé. Lembremos de toda uma reação contra certa piedade da religiosidade popular, considerada então meio supersticiosa. Porém, isso depois tendeu a um certo elitismo, isolou-se do povo, ficou redutivo, ainda que num começo surgisse como uma tentativa de depuração. Temos que saber ler os movimentos históricos em sua dinâmica contraditória e não a partir apenas de um certo ângulo. É muito fácil criticar agora o movimento litúrgico por sua tendência elitista, e dizer que ele não levou em conta a sensibilidade popular, sem reconhecer que ele também representou um esforço de purificação, ainda que caísse aqui e ali numa simplificação empobrecedora. Deve-se muitíssimo ao movimento litúrgico, como a participação dos fiéis na missa, a princípio pela difusão dos missais, com a introdução gradual do vernáculo, a celebração de frente para a assembléia, o que despertou tantas resistências entre os setores conservadores, mas acabou por se impor e ser oficializado mais adiante.

Por outro lado, na modernização da Igreja pós-Vaticano II, uma série de clérigos e de agentes de pastoral modernos "limparam" as nossas igrejas, expulsaram os santos dos altares, os encafuaram e trancafiaram no fundo das sacristias. Aquilo foi feito em nome de uma atualização, mas hoje vemos como, ao mesmo tempo, não deixou de ser uma violência contra a sensibilidade popular. Na minha terra, de repente sumiram com Santo Expedito; foi posto no Batistério e as pessoas que queriam dirigir-se a ele pelo olho da fechadura tentavam vê-lo, pois estava lá exilado, trancado a sete chaves. Esse esforço, com a melhor das intenções, foi muito violento, agrediu a cultura do povo simples.

A renovação ou modernização pós-conciliar, em muitas paróquias, foi freqüentemente negativa e criou problemas sérios de rejeição por parte dos fiéis. O povo se sentiu marginalizado por uma modernização cujos padrões não compreendia nem aceitava e que provinham de outros estratos sociais ou de realidades do mundo europeu. As nossas Igrejas ficaram mais despojadas; alguns achavam que era bom para o movimento ecumênico, até porque se pareciam mais com as igrejas evangélicas, com apenas a cruz, uma Bíblia, sem toda a mediação dos santos, dos anjos e de Nossa Senhora. Mas a realidade popular precisava dessas mediações e sentia falta delas.

O interessante foi que, já entrando nos anos 1970, na medida em que todos esses agentes de pastoral modernos, politizados, com idéias "atualizadas" foram ao povo, de certa maneira foram convertidos por ele. E aquele povo, ao qual num primeiro momento os agentes iam um pouco paternalisticamente, como vanguardas, para levar uma mensagem mais "conscientizada", menos "alienada" (termos da ocasião), foi transformando os agentes. Estes redescobriram as velhas práticas da religiosidade popular, consideradas, num certo momento, superstição, coisas inferiores, catolicismo ou cristianismo de segunda categoria e que agora apareciam como autenticidade e sabedoria de uma Fé do brasileiro simples. E o povo foi modificando essa Igreja modernizada em vários outros níveis, trazendo para dentro dela as suas práticas e o seu jeito. Voltaram as romarias, as procissões e novamente se valorizaram os lugares de peregrinação, reapareceram os benditos e orações tradicionais.

Se se analisa a evolução dos cantos religiosos dos anos 1960 e 1970, e depois, nos anos 1980, fica bem evidente essa constatação. Vamos encontrar, num primeiro momento, cantos que eram politizados e mesmo beligerantes. Pouco a pouco, foram surgindo cantos mais ternos, de uma religiosidade vinculada ao cotidiano e menos maniqueísta. Um autor que trabalha esses temas com muita felicidade é Zé Vicente, de Crateús, que vem aliás de uma Igreja engajada, ele também profundamente comprometido com toda a caminhada e com as lutas dos pobres nordestinos. Mas, sendo também poeta e homem de oração, tem uma forte dimensão de espiritualidade que escapa à mera mensagem social.

Foi então se dando a redescoberta de toda uma "tradicionalidade" da vida de oração, de antigas e sábias tradições. Aliás, nos últimos anos, há uma mudança semântica. Nos anos 1960, chamar alguma coisa de tradicional era considerá-la velha, de segunda categoria. Foi o auge do tempo da chamada teoria da modernização. Nesse momento, tradicional era sinal de atraso. Hoje, semanticamente, redescobrimos a tradição com outro sentido, como antiga e venerável sabedoria. Um exemplo significativo aconteceu com a medicina popular. A arte dos ervateiros, das mezinhas, dos chás das avós era vista num certo momento como uma medicina de superstições a não levar a sério. Nos últimos anos, com a crise da alopatia, toda essa medicina popular foi sendo redescoberta e revalorizada. Tradição não é necessariamente sinal de retardamento, mas pode também ser antiga sabedoria com raízes muito fundas, pelas quais se volta a ter respeito. Já não estamos mais ofuscados pela modernidade, mas podemos ser críticos de seus aspectos perversos, perceber suas contradições, suas contribuições positivas e seus empobrecimentos, tentando olhar mais além dela e de seus impasses e, ainda, voltar a aspectos que ela quis apagar.

E não confundamos tradição com tradicionalismo. Tradicionalismo é uma tradição mumificada, embalsamada. Por exemplo, os tradicionalistas não querem uma missa pós-Vaticano II, mas a missa de São Pio V. Esquecem porém que a missa de São Pio V é uma missa do século XVI, relativamente recente. Tradição por tradição, por que não ir à liturgia de São João Crisóstomo, que é anterior e que os tradicionalistas, na sua ignorância da grande história, não conhecem nem valorizam? Eles se prendem a uma tradição particular, a petrificam e a enrijecem. Ao passo que tradições, no sentido histórico, vital, rico, têm raízes fundas e são muitas e bem variadas. Não se trata de voltar para trás mas, ao caminhar para a frente, pode-se recuperar e reintegrar práticas que provaram ser fecundas e merecem ser retomadas. A própria reza do terço, que ia caindo em desuso, por parecer um ato repetitivo, rotineiro, vai sendo redescoberta como exercício fecundo de oração e de meditação, a partir aliás da experiência similar dos mantras orientais.

Estamos reaprendendo a valorizar as tradições e nossas raízes. Aquilo que ocorre em vários níveis da vida social acontece também em toda a caminhada das pastorais populares. A redescoberta das antigas tradições, das romarias, das procissões, dos benditos, das ladainhas.

Muito importante em tudo isso, e praticamente dando base e força, é o crescimento dos círculos bíblicos. Carlos Mesters sempre insiste na necessidade de descobrir como o povo simples do interior do Brasil lê a Bíblia. Ele faz um trabalho admirável, viajando, ouvindo muito, conversando com a gente simples, com todo o povão que se identifica com a caminhada sofrida do povo de Deus. Os fiéis das áreas rurais se reconhecem em fatos narrados no Antigo Testamento e identificam-se com os sofrimentos, o êxodo e o exílio do povo de Israel. Carlos Mesters trabalhou muito, por exemplo, o tema do servo sofredor de Isaías. E conversando com a gente simples foi vendo como há uma empatia verdadeiramente profunda entre as pessoas sofridas e lascadas com aquele servo sofredor da Bíblia. A partir dessa escuta foi aprimorando a tradução do texto ao português. Levou anos nessa tarefa. Os círculos bíblicos foram possibilitando esse clima de redescoberta da palavra de Deus, e da palavra de Deus para a palavra com Deus o passo pode ser relativamente rápido.

Devo assinalar, com uma certa angústia, que ainda faltam no Brasil muito mais lugares de oração, espaços físicos com densidade de contemplação, imantados de oração, nos quais nós, que estamos numa vida agitada, em sociedades violentas, sujeitos a tensões terríveis, precisaríamos encontrar, não o deserto como fuga, mas um lugar de recuperação de forças, para beber no próprio poço e ir ao encontro do Senhor.

Há muita gente rezando e meditando, mas são necessários lugares onde a oração seja o habitual, uma fonte para matar a sede de Deus. É toda a função histórica e antiga dos mosteiros pelo mundo afora. Trata-se de uma realidade ainda bem reduzida em nosso país. Mas há exemplos notáveis, como a comunidade beneditina do mosteiro da Anunciação em Goiás. Qual a riqueza dessa comunidade? É um espaço de oração, na tradição beneditina, que mantém o ofício divino nas horas litúrgicas de cada dia e, ao mesmo tempo, vivem ali monges integrados em todo um processo pastoral do país, da diocese, da cidade e do bairro. O prior, Marcelo Barros, tem escrito páginas densas sobre espiritualidade e sobre a Bíblia e foi por anos assessor da CPT, unindo, com grande felicidade, compromisso e contemplação, Fé e vida. Eis uma comunidade inserida num bairro da periferia pobre da cidade de Goiás, onde a vizinhança encontra sua casa, seu espaço; ao mesmo tempo, é um lugar de encontro de gente que vem de todo o Brasil e de outros países. Lugar carregado de energia espiritual, onde a presença de Deus se faz palpável. Não é um espaço de articulações, de reuniões de planejamento, de preparação de ações, mas de silêncio, de meditação, de muita oração e, por isso, tão fecundo para a própria ação. Nunca é demais insistir na necessidade desses espaços; oxalá se multipliquem mais. Pensemos em tantas Igrejas locais no Brasil, tão ricas em experiências de pastoral renovada, e imaginemos esses lugares de forte densidade espiritual. Descobrimos que esses últimos são bem reduzidos em relação àquelas. Essa defasagem é grave, põe em risco a fecundidade das pastorais sociais e as questiona gravemente.

Diante da revalorização das romarias e das procissões, alguns têm um outro tipo de reação defensiva. Dizem que as pastorais populares instrumentalizam a religiosidade popular. Aquelas cavalhadas, as festas do divino, que tinham "pureza" para os antropólogos, seriam agora utilizadas com intenções políticas ou ideológicas. Em primeiro lugar, não existe nada puro, pois as realidades são em geral sincréticas e fruto de várias influências. Todas as antigas tradições nasceram a partir de determinadas necessidades e, num certo sentido, foram em seu momento instrumentalizadas, ao surgir em função de situações concretas. As festas do divino, com seu imperador menino, tinham também uma certa intencionalidade implícita, ou pelo menos parecem ter sido utilizadas para manter dóceis aquelas populações. Não podemos idealizar o passado, como se nele houvesse romarias genuínas e agora elas fossem falsificadas. A realidade sempre foi contraditória e o passado tem mais similitudes com o presente do que se crê.

Além do mais, o que freqüentemente se chama de instrumentalização pode ser mais bem revitalização. Na medida em que se toma uma festa do divino em Parati ou em Angra dos Reis, que corre o risco de virar peça de museu ou apenas espetáculo para turistas, como espetáculo folclórico, e se colocam ali os problemas concretos da gente de hoje, de sua vida, isso pode ser fortalecimento vigoroso de tradições que estavam um pouco mumificadas e fora do cotidiano das pessoas.

Um exemplo são as romarias da terra, que agora se espalham pelo Brasil afora, e que surgiram muito fortes no Rio Grande do Sul. Num certo momento, começaram a se fazer romarias nas regiões de ocupação, Ronda Alta, Encruzilhada Natalino. É possível que alguns agentes sociais tenham querido utilizá-las como momento de tomada de consciência. E por que não? O mais interessante foi a criatividade e a densidade das romarias da terra, nas quais a dimensão religiosa brotou mais forte que qualquer pretensa intencionalidade. E foram aparecendo novos símbolos, sinais de Fé e de vida. Vejamos um exemplo, em Ronda Alta. Ali se fazia a celebração eucarística diante de uma grande cruz. Quando morreu um menino na comunidade, a família dele tomou um pano branco e o pendurou na cruz em sinal de luto — luto da morte da criança, que é branco. Colocou aquele pano sem nenhuma aparente intencionalidade, num mero gesto simbólico de dor. Ninguém pensou: vamos agora criar um novo tipo de imaginário popular. De fato ele se foi construindo, na prática. Depois morreu outra criança e puseram outra faixa. E hoje se vê aquela grande cruz de madeira com faixas de muitas cores, reproduzida em tantos postais. Foi sendo criado o símbolo, que surgiu pela mão inspirada e coletiva de muita gente. Há uma simbologia que vai brotando de dentro dessas práticas. É verdade que também há uma dimensão política forte, o que é normal e mesmo necessário, mas a origem foi um ato de Fé. Se sacramento é sinal sensível, quantos sacramentos (ou sacramentais, para não escandalizar os teólogos mais escrupulosos) se vão criando!

Há alguns anos, uma romaria saiu de Ronda Alta e foi até a capital do Rio Grande do Sul. Em cada município por onde passava, mais gente ia se juntando. Aquela multidão imensa chegou a Porto Alegre e assustou os setores tradicionais da Igreja, que fizeram trancar a porta da catedral. Que aconteceu? Aquele povão, que veio com uma sede de rezar, chegou na frente da catedral e a encontrou fechada, sob o pretexto de não ser utilizada ou instrumentalizada. Como se ela não fosse instrumentalizada cada vez que há um casamento de luxo ou missas nas mais variadas intenções. O povo e os sacerdotes que vinham na romaria celebraram do lado de fora, na rua. Foi uma eucaristia belíssima, com esse paradoxo da catedral fechada, que não recebia os peregrinos. As cúrias, estruturas de poder, freqüentemente temem a profecia e a Fé dos fiéis. Naquela romaria não houve instrumentalização, mas uma manifestação de Fé muito densa. O povo reza, e reza muito. Essas romarias são momentos nos quais jorra espiritualidade aos borbotões.

Reza-se e se celebra muito nessas pastorais populares. Nos cursos e nos encontros pastorais há um tempo enorme ocupado em oração. O povo está interessado em fazer celebrações, que podem durar até duas horas; todo mundo fala, gesticula, ora. Há uma outra concepção de tempo. Diante dela os modernos, os urbanos, o clero, muitos agentes de pastoral ficam extremamente desconfortáveis. Uma missa de mais de 45 minutos já é demais para gente que se sente muito ocupada com a vida moderna e com suas exigências. O povo celebra durante horas. Isso acontecia em San Salvador. As missas de monsenhor Romero eram longas, podiam passar de duas horas. O momento da homilia durava muito tempo. O bispo lia suas anotações da semana sobre a repressão, contava histórias de sofrimentos, voltava mais de uma vez à reflexão do Evangelho, dirigia-se às autoridades e ao povo, que aplaudia seu pastor.

O ofertório é outro tempo muito significativo nas celebrações. Todos têm alguma coisa para oferecer e, às vezes, falam longamente. O tempo de ação de graças, ao final, também é muito participado. Talvez as celebrações sejam freqüentemente demasiado verbais, mas exprimem necessidades reais dos fiéis. Nos encontros e reuniões a oração da manhã, antes de começar os trabalhos do dia, é muito significativa, com a utilização de símbolos, a água, o fogo, as pessoas trazendo objetos caseiros, muitos gestos e muita criatividade.

Em cursos e reuniões pastorais, as celebrações litúrgicas programadas não são diárias. Os agentes de pastoral e o clero programam fazer missa só no último dia. Mas, às vezes, os participantes exigem: querem missa diária. Quando foi preparado o Sétimo Intereclesial das CEBs em Duque de Caxias, colocaram nas tardes diferentes liturgias, uma liturgia da palavra, outra da penitência; liturgia eucarística no começo e no fim do encontro. Para as pessoas consideradas mais tradicionais, que gostam de rezar, previram uma missa na catedral, pela manhã, optativa, fora do programa. E essa missa não oficial foi um dos momentos que mais participantes tinha! Quase todos iam àquela missa de manhã, não programada, feita para aqueles que tinham o velho hábito da missa diária; a igreja enchia, com longa fila da comunhão. Então tudo começava com aquela missa fora de libreto, depois vinha a oração da manhã oficial e, ao final da tarde, uma celebração litúrgica. Como resultado, ao contrário do inicialmente planejado, nunca se rezou tanto! Há que estar atento a essa sensibilidade, a essa sede de oração que está no ar e que acaba se impondo sobre uma religiosidade secularizada e rala em símbolos, ou temerosa do simbólico popular.

Tenho a impressão de que muitos clérigos que celebram por dever profissional, desvencilhando-se o mais rapidamente possível das obrigações de seu estado, nem sempre estão atentos à sede de sagrado dos fiéis. Ou, inconscientemente, introjetaram os padrões da secularização e dão mais valor a atividades profissionais civis — especialmente do magistério, de história sagrada ou matemática, pouco importa. Quantos grupos de fiéis procuram em vão sacerdotes para seus encontros, e estes estão ocupados na administração rotineira dos sacramentos ou de instituições eclesiásticas e sociais. Prenúncio de uma crise do clero, tal como chegou até nós? Oportunidade excelente para repensar diferentes serviços — diaconias — dentro da comunidade de fiéis e para criar novos ministérios.

Nas liturgias, é importante o movimento, sair de um lugar para outro, começar uma celebração na rua, depois entrar no templo, ao final sair de novo. E, nos últimos anos, por influência de muitos agentes de pastoral, há toda a utilização do corpo e do gesto. É uma redescoberta e um reencontro de algo muito profundo e reprimido, que vem de toda a religiosidade afro-brasileira. A utilização do corpo, da energia corporal, tão importante nos terreiros, era posta de lado nos templos cristãos, tanto evangélicos como católicos romanos. De certa maneira, se soltaram as energias e há hoje uma expressividade muito grande, que não é monopólio dos grupos carismáticos.

Vi D. Paulo Evaristo Arns dizer, numa entrevista, que o momento mais bonito do encontro de Santo Domingo foi a liturgia haitiana. Nesse encontro, as liturgias oficiais foram bem lamentáveis. Não era nem pela tradicionalidade, porque esta pode até ser piedosa, mas pela frieza e pelo ar rotineiro. Nesse dia, porém, com a irrupção das danças haitianas, criou-se um clima de muita emoção. E estavam ali o corpo, o gesto, a dança, onde os sentidos, tão reprimidos em nossas tradições religiosas, apareciam e comunicavam a espiritualidade e o fervor para um público de bispos menos acostumado a isso do que seria de supor.

Um intelectual convertido que se fez monge, Pierre van der Meer der Walcheren, dizia que a liturgia é um balé sagrado. Normalmente, nossas liturgias não têm nada de balé. Os símbolos se esvaziaram, ficou uma coisa hierática, realmente pobre. A bela liturgia que se manteve foi a do Sábado de Aleluia, com a bênção do fogo, da água, o círio pascal, mas se perdeu muito em outros momentos do ano litúrgico. Isso está se refazendo a partir dessas orações da manhã, dessas celebrações do povo, nas quais entram todos os elementos da vida e entram também o corpo, a dança e o ritmo.

Para muitos, frei Betto é apenas um político, assessor de Lula, amigo de Fidel Castro. E escandalizou muita gente quando quis aproximar Che Guevara e Santa Teresa de Ávila. O que não sabem é que frei Betto é alguém que ensina a rezar. Anima grupos, em São Paulo, Belo Horizonte e no Rio, que são basicamente grupos de oração. Duas vezes por ano realizam retiros, não no sentido técnico inaciano, mas retiros nos quais o gesto, a oração, o silêncio são muito centrais. Ora, ninguém imaginaria tal coisa a partir dos clichês difundidos pela imprensa. Frei Betto não passa na mídia essa imagem; é preciso conhecê-lo em seu cotidiano, em sua prática pessoal, para descobrir esse aspecto de sua vida interior e de seu testemunho.

Ernesto Cardenal era conhecido como revolucionário, ex-ministro da Cultura da Nicarágua; nem todos sabem que ele é monge, viveu um certo tempo no mosteiro de Getsêmani com Thomas Merton, e depois deixou a trapa norte-americana por sugestão do próprio Merton, para criar uma comunidade monástica em Solentiname, às margens de um belo lago ao sul da Nicarágua. É um homem de contemplação e de oração, que escreveu uma obra gigantesca, *Cântico cósmico*, quase seiscentas páginas de poesia densa, onde retoma as cosmogonias, as tradições religiosas ameríndias, da Melanésia, da África e onde nos lança também no mundo da física quântica. Estudou profundamente essa ciência e traz uma mistura poética de oração, espiritualidade, cosmogonias e física. Um de seus cantos é sobre o Big Bang, outro sobre a criação de uma Estrela, um canto do Sol, de Gaia, o nascimento de Vênus. Poesia do mais alto vôo, essa obra de Ernesto Cardenal é para os anos 1980 o que foi o *Canto general* de Neruda para os anos 1950. O grande canto latino-americano daquela década teve, é verdade, derrapadas. Neruda alcançou momentos de fulgurante explosão de metáforas iluminadas, com a "Ode a Machu-Pichu" ou a música das estrelas e de repente caía na ideologia mais rasteira, quando celebrava Joseph Stalin. Com Cardenal também há um pouco disso. Ele nos joga para as galáxias e de repente nos traz para a rigidez do socialismo real[8]. Porém, o que interessa aqui não são essas contradições, mas o fato de que o militante Ernesto Cardenal, grande poeta latino-americano, tem páginas de profunda espiritualidade, em sua extraordinária obra literária.

Gostaria de trazer a presença de outro poeta mais próximo de nós, homem de oração e místico, D. Pedro Casaldáliga. Quem foi a São Félix do Araguaia e conviveu com ele sabe como Pedro reza. Levanta cedinho e passa longo tempo na frente do sacrário meditando. Comprometido com tantas causas, dos lavradores, dos índios e do povo centro-americano, é um contemplativo, um homem de vida de oração, de profunda espiritualidade, o que se sente aliás em sua poesia. Introduzo uns belos sonetos de seu livro *El tiempo y la espera*[9].

Um se chama "Agustiniano", com tons de Santa Teresa e de Sor Juana Inés de la Cruz:

> Ámame más, Señor, para quererte.
> Búscame más, para mejor hallarte.
> Desasosiégame, por no buscarte.
> Desasosiégame, por retenerte.
> Pódame más, para más florecerte.
> Desnúdame, para no disfrazarte.
> Enséñame a acoger, para esperarte.
> Mírame en todos, para en todos verte.
> Por los que no han sabido sospecharte,
> por los que tienen miedo de encontrarte,

---

8. Ernesto CARDENAL, *Cántico cósmico*, op. cit.
9. Pedro CASALDÁLIGA, *El tiempo y la espera*, Santander, Sal Terrae, 1986.

por los que piensan que ya te han perdido,
por todos los que esperas en la muerte,
quiero cantarte, Amor, agradecido,
porque siempre acabamos por vencerte!

Um outro muito bonito, "Aviso prévio para jovens que querem ser celibatários", com tudo o que consegue expressar sobre o voto de castidade:

Será una paz armada, compañeros,
será toda la vida esta batalla;
que el cráter de la carne sólo calla
cuando la muerte acalla sus braseros.
Sin lumbre en el hogar y el sueño mudo,
sin hijos las rodillas y la boca,
a veces sentiréis que el hielo os toca,
la soledad os besará a menudo.
No es que dejéis el corazón sin bodas.
Habréis de amarlo todo, todos, todas,
discípulos de Aquel que amó primero.
Perdida por el Reino y conquistada,
será una paz tan libre como armada,
será el Amor amado a cuerpo entero.

Dois sonetos dão toda sua dimensão mística:

IDENTIDAD

Si no sabeis quién soy. Si os desconcierta
la amalgama de amores que cultivo:
una flor para el Che, toda la huerta
para el Dios de Jesús. Si me desvivo
por bendecir una alambrada abierta
y el mito de una aldea redivivo.
Si tiento a Dios por Nicaragua alerta,
por este Continente aún cautivo.
Si ofrezco el Pan y el Vino en mis altares
sobre un mantel de manos populares
sabed del Pueblo vengo, al Reino voy.
Tenedme por latinoamericano,
tenedme simplemente por cristiano,
si me creéis y no sabéis quién soy!"

GRATUIDAD

Os desvivis para morir de hastío
Delante de la Esfinge que bosteza.
La gran Ciudad os ha secado el rio
Sois cauces de orfandad y de impureza.
Aquí, la luna cruza el Araguaia,
Los ojos a su encuentro, como remos,
Y el corazón tendiéndole su playa.
Hijos del cielo, de Belleza ardemos,
Libres aún para cantar Su Nombre
Y el Uni-verso que Su Mano escribe,
Las cosas escanciadas, una a una.
Comer, sumar, poder, no es todo el Hombre.
No sólo de progreso el Hombre vive,
Vive también de Dios y de la Luna.

Pedro tem muito forte a idéia do martírio, especialmente depois que morreu o Pe. João Bosco Penido Burnier. Quando foi com ele defender uma mulher que estava sendo torturada numa prisão e lá entraram, os carcereiros viram um padre de batina, que era Pe. Burnier, de tradicional família mineira, jesuíta, e ao lado um cidadão magrinho de *jeans*, sandália japonesa, e mataram o que presumivelmente deveria ser o bispo. Pedro, que não tem o *physique du rôle*, cara episcopal de poder, sabe dolorosamente que seu amigo foi assassinado em seu lugar. Morte e ressurreição muito presentes em sua poesia. E Deus está no centro, busca e chamado. Espero ter ilustrado um pouco com ele toda a densidade da oração na renovação pastoral latino-americana, da qual a teologia da libertação é expressão e inspiração.

Gostaria de encerrar com uma oração, uma tradução inspirada de Isaías feita por Rubem Alves, que tem o dom da palavra justa. Um trecho desse profeta bastante atual e muito importante nas CEBs e nos círculos bíblicos. A tradução é livre, abrasileirada. Texto quente, como nossos trópicos e como o fervor de nosso povo: "Que o deserto e a terra sedenta se alegrem, que as caatingas e os cerrados se regozijem e se transformem em flores e se cubram de lírios e se regozijem e gritem de prazer. Fortalecei os braços fracos, fortificai os joelhos bambos. Dizei aos ansiosos: sede fortes, não há razão para medo... E então se abrirão os olhos dos cegos e os ouvidos dos surdos ouvirão; os aleijados saltarão como cabritos, a língua dos mudos gritará e nos desertos explodirão fontes de águas e torrentes cortarão as terras secas. As miragens virarão lagoas e na terra seca surgirão fontes borbulhantes. E eles transformarão suas espadas em arados e suas lanças em podadeiras, e as fardas tintas de sangue serão queimadas ao fogo. Amém".

19

O sagrado na preparação da sociedade do terceiro milênio[1]

Visto da América Latina

Em texto que escrevi em 1986, indicava que falharam as previsões apresentadas de uma certa teoria da secularização — ela por sua vez corolário de uma teoria da modernização —, segundo a qual o mundo, para empregar a expressão de Max Weber, iria se desencantando, e as explicações racionais e científicas substituiriam o mundo religioso. "Mal os cientistas sociais, apressadamente, davam polimento às suas teorias da modernização, já movimentos sociais profundos (culturais e políticos, a insatisfação dos jovens e das mulheres, a consciência crescente dos explorados) indicavam a precariedade do modo de vida moderno, suas estruturas de dominação cada vez mais insuportáveis, o apodrecimento precoce das cidades, a insalubridade dos grandes conglomerados e, sobretudo, a marginalização e exclusão de milhões e milhões de seres humanos. Cidade moderna, aparentemente tranqüila e triunfante, já assediada de fora e minada por dentro por 'novos bárbaros' — os excluídos, os desprezados, os explorados e os que se auto-excluíram de um mundo para eles rarefeito e poluído. Os pobres, por uma parte, 'naturalmente' postos de lado pela modernidade e, por outra, os filhos dos modernos, que não aceitavam mais os pressupostos do 'establishment' e seus horizontes estreitos e embaçados. Lutas econômicas e políticas aqui e ali, rebelião cultural acolá. Redescoberta da natureza — a terra a ser ocupada pelos que não a tinham e a ser salva da destruição e do envenenamento urbano-industrial. Movimentos aparentemente tão distintos — rebeliões rurais, ecologismo — e profundamente complementares. Isto

---

1. Primeira versão preparada para a revista *Convergence*, Barcelona, Pax Romana-MIIC (3/1995).

veio acompanhado inevitavelmente de um 'revival' religioso, a religiosidade popular dos pobres, a redescoberta de velhas sabedorias não-ocidentais, uma natureza que se foi repovoando de mistério e de velhos mitos."[2]

A modernidade foi encontrando seus limites, no que pode ser o esgotamento de um período de "longa duração" (Braudel). Se 1968 foi um sinal premonitório, os anos 1980 foram mostrando as marcas de uma crise de civilização (ou de mutação social) mais profunda que uma simples crise de sistema socioeconômico. Os próprios paradigmas científicos que vinham do século passado — herdeiros das ciências da natureza do século XVIII — tiveram que ser revisados, a partir de novas hipóteses, a começar pela própria física, que deixava de lado os pressupostos newtonianos. E um dos temas que ocupou os cientistas foi o do tempo e da eternidade, da criação e do esgotamento do mundo (do Big Bang ao desgaste da entropia)[3]. Tudo isso não pode deixar de questionar os limites estreitos de nosso mundo, em suas várias dimensões. Já Miguel de Unamuno indicara, no início do século XX: "El Universo visible, el que es hijo del instinto de conservación, me viene estrecho, esme como uma jaula que me resulta chica, y contra cuyos barrotes da en sus revuelos mi alma; fáltame en él aire que respirar"[4]. Também vem de tempos atrás a crítica à razão instrumental moderna, mas agora se faz cada vez mais definitiva[5]. Diante de uma razão redutora, não se trataria de cair no irracional mas de ir mais além da própria razão, na dimensão do mistério que, como indicava Chesterton, não permitiria que essa razão enlouquecesse com sua lógica acanhada e asfixiante. Uma razão crítica.

Não me parece adequado falar em "volta do sagrado". Seria aceitar que o mundo se secularizara e agora regressaríamos a uma época anterior. Na verdade, o sagrado sempre esteve presente e atuante, apenas algumas expectativas da modernidade o consideravam em retirada (mais desejo que realidade)[6].

---

2. L. A. GÓMEZ DE SOUZA, Secularização em questão e potencialidade transformadora do sagrado. Religião e movimentos sociais na emergência do homem planetário, cap.14 de *A utopia...*, op. cit., 81-90.

3. Ver de I. PRIGOGINE, I. STENGERS, *A nova aliança*, op. cit., e *Entre le temps et l'éternité*, Paris, Fayard, 1988; S. W. HAWKING, *Uma breve história do tempo*, Rio de Janeiro, Rocco, 1988; J. GUITTON, I. BOGDANOV, *Dieu et la science*, Paris, Grasset, 1991. Ernesto Cardenal soube colocar toda essa reflexão em registro de poesia no seu *Cántico cósmico*, op. cit.

4. M. de UNAMUNO, El sentimiento trágico de la vida, *Ensayos*, Madri, Aguilar, v. II, 763-764.

5. Ibid.: "La razón es una fuerza analítica, esto es disolvente... la razón aniquila y la imaginación entera integra o totaliza" (889-890). A crítica à razão instrumental é aprofundada em Adorno.

6. Leslek KOLAKOWSKI, La revanche du sacré dans la culture profane, in ID., et al., *Le besoin religieux*, Neuchâtel, Ed. de la Baconnière, 1973.

Essa força do sagrado é tanto mais evidente quanto mais nos reportamos, não ao debate de cientistas ou pensadores, mas ao mundo do vivido em nossas sociedades, no cotidiano das ações, na expressão de costumes e normas. Não é o momento aqui de tratar dos limites da secularização no mundo dos países de industrialização mais antiga e que agora ingressam no novo mundo pós-industrial da revolução da informática, da robótica e da engenharia genética (aí se questionam a fundo uma certa ciência e uma certa razão do velho mundo industrial). Quero mais bem ater-me ao mundo complexo e contraditório da América Latina, onde se cruzam os mais diferentes tempos históricos, numa enorme "heterogeneidade estrutural"[7]. Aí se entreveram espaços pré-modernos e tradicionais, convivendo com um processo desequilibrado de industrialização modernizadora e tocando o mundo pós-industrial que irrompe irrefreável em nossas sociedades. E não se trata de simples coexistência paralela de mundos diversos, mas de uma imbricação inseparável, onde não estão claras as fronteiras do trabalho formal e informal, os valores propriamente urbanos e os costumes rurais que persistem nas migrações constantes. Há todo um caldeirão cultural e uma multiplicidade de maneiras de produzir e de agir, que confundem os que gostam de situações homogêneas. O desenvolvimento da informática e das comunicações se dá ao mesmo tempo que aumenta o empobrecimento. A automação libera o homem do trabalho manual, mas ao mesmo tempo faz supérfluos e desnecessários um número cada vez maior de seres humanos, sujeitos portanto à exclusão de um sistema que se fecha sobre si mesmo. Aumentam conjuntamente as potencialidades tecnológicas e as ameaças à sobrevivência individual e da espécie. Se esses elementos aparecem no mundo inteiro, eles são dramáticos na América Latina.

Temos um sistema socioeconômico que tende a excluir — marginalizar foi o termo muito empregado faz alguns anos — crescentes parcelas da população. Mas, esse sistema que exclui, ele próprio está em crise, conforme as grandes transformações — mutações históricas — a que nos referimos acima. E na gestação de uma nova sociedade, que se vai gerando dentro da anterior, em continuidade e contradição com ela, muitos desses excluídos de hoje podem ser os sujeitos do mundo de amanhã, como outrora os bárbaros que ocuparam o Império romano[8]. A história se faz a muitas mãos e com as mais inesperadas contribuições.

---

7. Esse termo, alcunhado faz alguns anos por Aníbal Pinto para os estudos da CEPAL, em Santiago do Chile, merece ser retomado para compreendermos a complexidade da sociedade latino-americana.

8. L. A. GÓMEZ DE SOUZA, O dinamismo transformador dos excluídos, *Tempo e Presença*, Rio de Janeiro, n. 268 (mar.-abr. 1993) 42.

Ora, se analisarmos de perto esses "excluídos", com suas resistências, lutas e tentativas de organização, a partir de sua maneira de ser, de viver e de produzir, encontraremos raízes muito profundas de crenças e a chama vitalizadora do sagrado. É todo o dinamismo da religiosidade popular. Aí se inventam práticas, surge uma ética renovada. Uma visão da esquerda tradicional pensava encontrar as pistas alternativas para a sociedade nos projetos dos partidos políticos, a partir de suas análises "científicas" e "corretas". Hoje nos damos conta dos limites dessas premissas, que supunham uma racionalidade positivista, em que a categoria da contradição era proclamada mas não empregada. Também tudo parecia resolver-se pela ocupação do poder político, de onde se proclamaria a revolução social. A ocupação dos palácios de inverno mostrou-se menos radical do que se supunha. O cenário principal das mudanças voltou a ser a sociedade civil e, aí, os movimentos sociais. Em nossa região, nos movimentos sociais populares — ocupação de terra rural, organizações de bairros, *barriadas*, *poblaciones* — e nos movimentos sociais alternativos — de mulheres, afro-americanos, indígenas, ecologistas —, lateja uma enorme fermentação. São verdadeiros laboratórios de experimentação social. Ora, um lugar central é ocupado pelas organizações religiosas de diferentes matizes.

Assim como há diversidade de movimentos — a pluralidade é uma característica dos novos horizontes —, existe também pluralismo religioso. Encontramos, em primeiro lugar, um amplo substrato de catolicismo popular, às vezes difuso e variado. Mas ao lado dele descobrimos a irrupção de novas expressões religiosas. No caso do Brasil, o maior crescimento é o de grupos pentecostais e neopentecostais relativamente novos, impropriamente chamados seitas. Uma visão rápida — e talvez preconceituosa — os vê como grupos alienados, fechados num fundamentalismo conservador. Isso pode, até, ser verdade no caso de alguns. Mas freqüentemente, sob as aparências em contrário, podem estar surgindo práticas criativas, que um certo exotismo não deixa perceber à primeira vista. Ao lado deles, há o vasto mundo das religiões de origem africana — o candomblé iorubá brasileiro, por exemplo, junto com expressões sincréticas da umbanda. Aliás, o sincretismo é uma das características dessas expressões religiosas, que se intercomunicam entre si. Em razão disso aumentam os esforços para diálogos inter-religiosos, mais além das tentativas ecumênicas dentro do mundo das Igrejas cristãs. Podemos acrescentar a influência de grupos ligados a tradições orientais, esotéricos, religiões ameríndias, e teremos então um mapa variado de religiosidades, que vão mais além das Igrejas e das religiões institucionalizadas, estruturando um complexo mundo do sagrado.

Quero referir-me, também, a práticas que ocorrem no interior do catolicismo popular brasileiro, que conheço mais de perto, seja nas pastorais populares — pastoral da terra, em meio rural, pastorais da juventude —, seja nas CEBs. São experiências que se desenvolveram enormemente a partir de 1975, com grande variedade de estilos. À diferença das experiências da Ação Católica, uniformes no método e na organização, a partir de modelos europeus, elas surgiram para responder a desafios concretos e locais, diversas entre si, em função de problemas específicos e com identidades culturais próprias[9]. Uma coisa têm em comum: a tentativa de articular os atos de religiosidade (Fé) com situações concretas da vida na sociedade (situações de miséria, exclusão, reivindicações de saúde, educação, transporte, acesso à terra e ao trabalho etc.). Como diz um documento de 1978, elas "procuram ligar suas experiências de organização e de luta com a força e a esperança da Fé"[10]. As CEBs cresceram muito durante o regime militar, quando se fecharam lugares de organização e de reivindicações (sindicatos, associações, partidos...) e a Igreja Católica passou a ser um dos poucos espaços de liberdade que restaram. Ali se rezava, se celebrava o culto, se discutiam temas candentes e se preparavam ações. Essa ligação Fé–vida foi fundamental na pedagogia que se foi plasmando na diversidade. E mesmo depois, com a abertura política, quando voltaram outras formas de organização, elas permaneceram como centros de reflexão, de oração e de culto, unidas aos temas candentes da população. De certa maneira poderiam ser, em termos do mundo de hoje, uma recriação do Ora et Labora beneditino.

O mundo moderno tem seus mecanismos perversos da competição, do individualismo, do consumismo e da corrupção institucionalizada. Os movimentos religiosos são lugares onde, ao experimentar outras práticas, vai surgindo uma nova ética emergente, com outros símbolos e valores: solidariedade, cooperação, participação, direito à diferença, justiça distributiva, gratuidade, celebração da vida etc.[11].

Na releitura das velhas virtudes teologais do mundo cristão, aí se exercita a Fé, como horizonte que rasga os limites estreitos do mundo físico; com isso se constrói a Esperança numa história que tem sentido e rumo; e, principalmente, há um exercício da Caridade, isto é, do Amor e da abertura aos outros.

---

9. ID., Henryane de CHAPONAY, *Eglise et société au Brésil: le rôle des communautés ecclésiales de base...*, op. cit., 585.

10. COMISSÃO PASTORAL DOS DIREITOS HUMANOS E MARGINALIZADOS DE SÃO PAULO, *América Latina: Evangelho e libertação*, op. cit.

11. L. A. GÓMEZ DE SOUZA, Elementos éticos emergentes nas práticas dos movimentos sociais, cap. 16 de *A utopia...*, op. cit., 105-121.

Fala-se hoje do esgotamento das utopias[12], mas talvez o que se desvaneceram foram programas de transformação que não levaram em conta a complexidade do real. Nesse sentido, a perspectiva do sagrado ajuda a ampliar o quadro da realidade e a lançar o horizonte sempre mais à frente. Os novos projetos não são fruto de reflexões de gabinete de alguns intelectuais, mas tarefa comum que brota de muitas práticas.

Isso também se aplica, no mundo religioso, à produção teórica latino-americana das várias vertentes da teologia da libertação (uma visão tradicional insiste em falar, erroneamente, de uma só). Sua criatividade se deve ao fato de estarem ligadas a práticas pastorais dinâmicas. Como diz Gustavo Gutiérrez, a teologia é um "ato segundo", depois do contemplar e do praticar[13].

É claro que a religiosidade pode ser uma fuga diante das dificuldades da vida, um mecanismo de refúgio ou de compensação. Mas, ao mesmo tempo, pode também alimentar compromissos e ações. Nesse sentido, na América Latina, ela está presente na preparação da nova sociedade que vai surgindo neste novo milênio. Não se trata de uma perspectiva milenarista de pânico diante do futuro, mas da necessidade de assumi-lo como tarefa, unindo crença e vida.

---

12. J. HABERMAS, A nova intransparência, a crise do Estado de bem-estar e o esgotamento das energias utópicas, *Novos Estudos Cebrap*, São Paulo, n. 18 (set. 1987).

13. Gustavo GUTIÉRREZ, *Hablar de Dios...*, op. cit.

20

Desafios e perspectivas no próximo futuro[1]

O mundo em transição

De 1968 para cá foi ficando visível a crise da civilização que nos últimos quinhentos anos conhecemos como modernidade[2]. Ou, pelo menos, o esgotamento de uma certa modernidade em sua última fase, que Pe. Henrique C. de Lima Vaz chamou de "modernidade moderna"[3]. Para alguns historiadores, vivemos uma "crise secular" de transição, em que um mundo desaparece e, dentro, ao lado e contra ele, outro vai surgindo, ainda de contornos incertos, em experimentações contraditórias[4]. Isso se dá no bojo de profundas transformações da base produtiva, com inovações rápidas na informática, na robótica e na engenharia genética. Mudanças materiais, econômicas e culturais, verdadeiras mutações históricas, em que variações quantitativas produzem um salto qualitativo para patamares novos e inesperados.

Um sistema socioeconômico, o capitalismo, se desenvolveu vertiginoso, em âmbito mundial, na fase da chamada revolução industrial dos dois últimos séculos, com um crescimento concentrador e assimétrico, no nível das classes sociais e das nações. Temos uma minoria de nações e de setores dominantes cada vez mais ricos e uma maioria marginalizada e excluída dos resultados das

---

1. Revisado de INSTITUTO NACIONAL DE PASTORAL (org.), *Presença pública da Igreja no Brasil (1952-2002)*, São Paulo, Paulinas, 2003.

2. Theodore ROSZAK, *The making of a counter culture. Reflections on the technocratic society and its youthful opposition*, Nova York, Anchor Books, 1969; Alain TOURAINE, *Le communisme utopique. Le mouvement de mai 1968*, op. cit.

3. Henrique C. de LIMA VAZ, Religião e modernidade filosófica, *Síntese*, Belo Horizonte, v. 18, n. 53 (1991).

4. Fernand BRAUDEL, *Civilisation matérielle, économie et capitalisme*, op. cit.; Theodore ROSZAK, *Person-planet...*, op. cit..

transformações, na dimensão perversa do sistema. Uma alternativa a ele, o socialismo real, se liqüefez, fruto de seu gigantismo, sua rigidez e seu autoritarismo.

À bipolaridade da Guerra Fria (1948-1991) se sucedeu uma hegemonia solitária e arrogante, contestada pelas insurreições locais e pelas subversões disseminadas. Conflitos localizados e violência espalhada. Em 1914, o jovem Alceu Amoroso Lima, em Paris, teve a sensação de ver morrer o mundo do século XIX e sua derradeira *belle époque*[5]. Naquela manhã de 11 de setembro de 2001, ali em Nova Iorque, onde eu estava por acaso, parecia que o século XX se despedia numa absurda incerteza[6].

O 11 de Setembro e a destruição do Afeganistão e do Iraque, o crescimento demencial do enfrentamento israelo-palestino mostram como terrorismo e contraterrorismo se justificam um ao outro e se reforçam, num círculo vicioso assustador. O século XX viveu momentos explosivos semelhantes, de 1905 a 1914 e de 1935 a 1940, às vésperas de duas guerras mundiais. Só que agora não temos países em confronto, mas trincheiras móveis e alianças complexas, em que países, etnias, grupos sociais e até religiosos se enfrentam, preparando irresponsavelmente a generalização irracional de um conflito. A política imperial de Bush, despreparado para o posto e truculento, rodeado de falcões, promete lançar o mundo numa aventura imprevisível. O curto prazo internacional é bastante sombrio. Há que olhar mais adiante e mais fundo, para recuperar fôlego histórico e ver à frente, como depois dos terríveis conflitos do século passado foram surgindo os "loucos" anos 1920 e os "trinta gloriosos", a partir de 1945. Na prisão, Antonio Gramsci, nos primeiros anos da década de 1930, tentava pressentir o que poderia vir depois de um fascismo triunfante que ainda teria fôlego por dez anos; com certeira intuição começou a interessar-se pelo mundo católico, que parecia surgir como uma futura possibilidade, concretizada depois na democracia cristã de 1948[7]. Não se trata, nesses casos, de adivinhar, mas de perceber a emergência de possíveis alternativas, talvez num primeiro momento ainda incertas e titubeantes.

As transformações tecnológicas carregam a possibilidade material de um mundo com mais abundância e maior comunicação. Resta saber se as relações de produção levarão à construção de um mundo concentrado, massificado e autoritário, crescentemente desigual, ou à intercomunicação horizontal de redes participativas, na coexistência plural e democrática de diversidades. O cinismo neoliberal e o cenário caótico dos pós-modernos parecem apontar na

---

5. Alceu AMOROSO LIMA, *Memórias improvisadas*, Petrópolis, Vozes, 2000, 103-105.
6. L. A. GÓMEZ DE SOUZA, *A utopia...*, op. cit., caps.1 e 2.
7. Ver notas nos seus *Cadernos do cárcere*. Textos recolhidos em Antonio GRAMSCI, *Maquiavel, a política e o Estado moderno*, Rio de Janeiro, Civilização Brasileira, 1978.

primeira direção. "Um outro mundo é possível", assinalam os Fóruns Sociais Mundiais de Porto Alegre, e o dinamismo na base da sociedade o atesta. Os movimentos sociais, novas práticas produtivas de uma economia solidária[8] e novos estilos de convivência o indicam. As encruzilhadas históricas não têm trilhas simples, mas combinadas, e dependem da determinação das forças com capacidade de protagonismo e de invenção.

A consciência histórica contemporânea, nas últimas décadas, foi abrindo novas fronteiras de sensibilidade, na esfera da subjetividade, do afetivo, do emocional, da sexualidade e das relações de gênero. Se a modernidade pode ter levado a um certo individualismo egoísta, por outro lado abriu novas fronteiras no nível da liberdade, da livre escolha e da autonomia. Os saudosistas ficarão na condenação de possíveis hedonismos e verão os novos elementos emergentes com a mesma desconfiança com que o mundo católico de Gregório XVI e de Pio IX repeliu a modernidade. A reação, por exemplo, diante da idéia de prazer, aliada a uma certa sensação de culpa ou pecado, mostra as resistências inconscientes a novos níveis de percepção e de práticas. Temos agora novos "profetas do pessimismo", como aqueles que João XXIII pressentiu em época anterior, enredados em seus "medos miúdos" deste novo século XXI, como o indicara Emmanuel Mounier para o século passado[9]. O grande desafio é aliar liberdade de escolha de cada um com responsabilidade coletiva. Mais atual do que nunca está a proposta do que o mesmo Mounier chamara o "personalismo comunitário"[10].

Também a consciência das etnias dominadas levou a práticas contra racismos explícitos ou larvares e a novos estilos de convivência entre culturas, no lado oposto dos fundamentalismos e das intolerâncias. Além disso, um mundo interligado toma consciência dos direitos do planeta e da natureza. Cresce a sensibilidade ecológica e da preservação e defesa da vida em todas as suas dimensões.

O Brasil e a América Latina

Os ANOS 1950 e o começo dos anos 1960, no Brasil, foram momentos de autoconsciência e de afirmação da nação, com seus projetos e planos de de-

---

8. KRAYCHETE, LARA, COSTA (orgs.), *Economia dos setores populares: entre a realidade e a utopia*, Petrópolis, Vozes, 2000; Paul SINGER, *Introdução à economia solidária*, São Paulo, Ed. Fund. Perseu Abramo, 2002.
9. Emmanuel MOUNIER, La petite peur du XXème siècle, in ID., *Oeuvres*, op. cit., v. 3.
10. ID., Le personnalisme (1949), in *Oeuvres*, op. cit., v. 3.

senvolvimento. Vieram depois as duas décadas autoritárias (1964-1984) com supressão de liberdade, crescimento concentrado, repressão e instalação de uma cultura de corrupção. A sociedade não tinha meios legais de denúncia e de defesa e agiu na base da sociedade e em espaços com alguma margem de liberdade, como os eclesiais. Com o fim do regime militar, as expectativas de mudanças em parte se frustraram, com a instalação no poder de um pacto conservador, que criou condições de liberdade cívica mas manteve e reforçou a concentração da riqueza e a cultura da corrupção. Assistimos, na última década, a um verdadeiro "desmonte da nação"[11], na direção oposta das expectativas dos anos 1950, a partir de receitas econômicas trazidas do centro dominante internacional. A sociedade passou a girar em torno a metas da economia e à fictícia "sensibilidade" do mercado, na verdade manipulada pela "mão invisível" da especulação. Houve uma deterioração do tecido social, perpassado pelos graves problemas do desemprego, da saúde e da violência.

Também aqui temos o embate de duas tendências contraditórias: de um lado a degradação da situação social, de outro a resistência da sociedade por práticas criativas e experimentações de produção e de convivência. Diante de nós se abre um longo período, ao mesmo tempo de incertezas mas também de esperanças, que vai mais além de prazos eleitorais e de agendas de governo. A convivência democrática, as eleições e os mecanismos de decisão pública são fundamentais, e sua ausência no período autoritário indicou sua relevância. Mas serão insuficientes se não pensarmos nos espaços de participação, de mobilização e de experimentação social. A simples mudança de quadros no governo não resolve os problemas mais profundos da transformação da sociedade. Betinho o indicou em artigo lúcido e profético, "Opção pela sociedade"[12], num momento eleitoral, três anos antes de sua morte: "Sem mudar a sociedade não adianta mudar o governo. A mudança é aparente..., apesar de não acreditar que eu vá viver muito, o fato é que atuo como se a vida não terminasse numa eleição... Creio em cidadania e por isso minha noção de tempo é diferente".

Se olharmos a América Latina, o processo é ainda mais dramático em países como a Argentina. O Mercosul foi pensado como integração de setores dominantes da economia e não como integração da sociedade e de suas reais prioridades. E agora, com a proposta da ALCA, há a tentativa de atrelar as decisões econômicas ao pólo dominante norte-americano e terminar com os

---

11. Ivo LESBAUPIN (org.), *O desmonte da nação*, Petrópolis, Vozes, 1999. LESBAUPIN, A. MINEIRO, *O desmonte da nação em dados*, Petrópolis, Vozes, 2002.

12. Herbert de SOUZA, Opção pela sociedade, Jornal do Brasil, 18 ago. 1994; L. A. GÓMEZ DE SOUZA, O legado do Betinho: a ética na política, *Tempo e Presença*, Rio de Janeiro, n. 295 (set.-out. 1997); ver ID., *A utopia...*, op. cit., 48-58.

resíduos de autonomia que sobrevivem. As posições diante do tratamento na UTI do Fundo Monetário mostram os níveis de servilismo e de dependência a que chegamos e os estreitos parâmetros de um verdadeiro "corredor polonês" decisório, na proclamada inevitabilidade de políticas econômicas impostas por um sistema que dita as regras tautológicas para sua preservação. Estas são tão rígidas, que os próprios setores progressistas são obrigados a aceitá-las para preservar sua possível governabilidade. Vai ficando sempre mais evidente que é para além do Estado, sem negá-lo evidentemente, mas contando com ele, que se poderá reconstruir a sociedade e a nação. Nesse sentido, experiências criativas de poder local nos municípios, nos estados e, agora, em nível federal, poderão ser apoio para esse processo transformador mais amplo e ambicioso. Felizmente, a nova conjuntura política do país, que começou em 2003, com a eleição de Luiz Inácio Lula da Silva, abre novas e promissoras perspectivas, de diálogo e de parcerias do Estado com a sociedade e a necessária reorientação, aos poucos, de tendências históricas perversas. O processo é contraditório, difícil e cheio de resistências, até mesmo no interior do próprio governo[13].

A Igreja no Brasil e na América Latina

COMO REFERIDO anteriormente, em 1968 a Igreja latino-americana, no clima do pós-concílio, esteve à frente na consciência crítica da realidade. O Brasil teve um papel decisivo. Como mostram muitos estudos, a Ação Católica especializada e a JUC, em particular, entre 1959 e 1962, estiveram na origem de uma mudança de rumo (*turning point* — della Cava) na relação Igreja–mundo[14]. Entre 1968 e 1979, de Medellín a Puebla, numa década especialmente fecunda, setores católicos, através de suas pastorais, suas CEBs e sua reflexão teológica, tiveram papel pioneiro. No Brasil, isso se deu num contexto de repressão política, em que a Igreja foi "a voz dos sem voz". E a CNBB foi assumindo a defesa dos direitos humanos violados, levantando as questões da terra, da participação e da democracia.

O mesmo não aconteceu em relação aos outros processos de transformação, dos novos movimentos sociais, da subjetividade, do gênero, da sexualidade e bem pouco da ecologia. Em 1968, com a *Humanae Vitae*, que referen-

---

13. Publiquei uma análise positivamente crítica destes meses de governo: L. A. GÓMEZ DE SOUZA, El gobierno Lula como desafio y esperanza, *Le monde diplomatique*, ed. espanhola, Buenos Aires, ano V, n. 52 (out. 2003). Texto reduzido, "Governo Lula, meses de gestação", *Boletim Rede*, Petrópolis (CAALL), ano XI, n. 130 (out. 2003).

14. ID., *A JUC...*, op. cit., 9-10.

dou a posição minoritária da comissão pontifícia que estudava a matéria da reprodução, houve um congelamento doutrinário, que foi produzir nos anos seguintes uma defasagem crescente entre orientações doutrinais e as práticas dos fiéis (e inclusive atitudes pastorais "de fato")[15]. A Igreja, até hoje, tem uma certa dificuldade para debater, com liberdade e ousadia, os novos problemas da subjetividade e da sexualidade, ainda que desde bem antes muitos teólogos, especialmente no mundo anglo-saxão, viessem pedindo que se levasse a sério de idéia do "desenvolvimento da doutrina", na linha indicada um século antes pelo Cardeal Newman[16]. Muita coisa ficou reprimida, oculta e empurrada para a semiclandestinidade dos comportamentos individuais[17]. Os escândalos atuais em torno da pedofilia na Igreja apenas visibilizam a ponta de um *iceberg* de questões mal digeridas e de difícil discernimento, num clima de medos e de suspeições.

A forte visibilidade da CNBB, por seus pronunciamentos e diretrizes, foi ao mesmo tempo um testemunho irradiante, mas também trouxe ambigüidades. Houve, pelo menos em relação à opinião pública, uma certa "episcopalização" eclesial, e outros espaços (leigos, leigas, religiosas, religiosos, presbíteros, diáconos, institutos seculares) não tiveram o mesmo protagonismo. As Assembléias do Povo de Deus, reunindo todos os segmentos eclesiais, são um passo adiante que precisa ser solidificado. O caso do laicato é significativo: nos movimentos da Ação Católica especializada, ele foi mais vital no passado do que hoje. Não se trata de um problema de organização ou de elaboração de estatutos e normas, mas de real vitalidade e criatividade, ousadia e liberdade. Entretanto, não podemos ignorar que surgiram, nos últimos anos, muitas lideranças cristãs; elas se encontram disseminadas em assessorias e articulações sociais, políticas, culturais e religiosas, mas têm uma certa dificuldade de se assumir organicamente na visibilidade da vida eclesial e de ser por ela acolhidas. Além disso, onde um pensamento cristão crítico que ilumine tantas práticas experimentais e alternativas na sociedade?

Um futuro em aberto

UMA SOCIEDADE alternativa vai sendo testada nas práticas sociais e pastorais concretas, com as resistências e inércias de setores dominantes. Há que valo-

---

15. Robert McCLORY, *Rome et la contraception. Histoire secrète de l'encyclique Humanae Vitae*, Paris, Les Éditions Ouvrières, 1998.

16. Ver um livro de 1964: Thomas ROBERTS, SJ (org.), *Contraception and Holiness*, Nova York, Herder and Herder.

17. Lúcia RIBEIRO, *Sexualidade e reprodução*, op. cit.

rizar e apoiar iniciativas produtivas, educativas, de organização e de convivência que indiquem novos estilos e tragam novos valores. Elas estão aí, multiplicadas na sociedade, ainda frágeis, talvez contraditórias e titubeantes. Acompanhá-las é uma obrigação cidadã e evangelizadora.

Na área eclesial, há uma certa paralisia e um mal-estar latente, mas que nem sempre conseguem expressar-se. Os sínodos, que tinham sido uma esperança, ficaram reduzidos a papéis consultivos, bastante controlados, e seus documentos conclusivos deixam escapar as propostas mais criativas que ali apareceram (o caso do Sínodo da Oceania foi eloqüente a esse respeito, pois o documento final não reteve pontos fundamentais e novos que foram discutidos na reunião). O mundo aguarda um debate franco na Igreja, não bastando o pedido de perdão pelas faltas do passado. O presente está sendo julgado, e não só pelos escândalos sexuais, mas também pela capacidade e pela coragem de discernimento e de revisão. Há muitas questões novas ou ainda não suficientemente amadurecidas que não esperam orientações apressadas ou diretrizes rígidas, mas um tempo de reflexão e de valente repensamento. O futuro da Igreja depende da maneira e do estilo de vivenciar, assumir e criticar a temática contemporânea.

Tudo isso tem de ser pensado numa ampla visão da história, com menos prescrições e mais estímulos. Há questões abertas e inéditas a ser trabalhadas num clima de confiança e de pluralismo. Lembro de uma conversa com Pe. Congar, carregado de experiência e de sabedoria, em uma visita sua ao Chile, em 1971 ou 1972. Quando lhe fizemos perguntas sobre o tema candente da ação dos cristãos num processo de transformações revolucionárias, disse-nos que eram questões novas, das quais ele e a Igreja não tinham experiência, em que se podia talvez aplicar o princípio da *vacatio legis*, caso em que as experimentações viriam antes das codificações, com consciência dos riscos e a exigência de criatividade, audácia e uma grande caridade. O princípio norteador nesse caso deveria ser a Esperança, a "pequena virtude" de Péguy, que leva as duas irmãs, a Fé e a Caridade, pela mão e procura descobrir os horizontes utópicos mais à frente e as grandes perspectivas escatológicas da criação.

A grande inspiração, especialmente nos terrenos movediços de uma ética que enfrenta novos questionamentos e novas sensibilidades, deveria ser a prática de Jesus, desafiadora e concreta, dialogando com os interlocutores mais surpreendentes, lançando perguntas ou parábolas, antes do que trazendo fórmulas codificadas ou respostas feitas. E ela vinha carregada de enorme compaixão e de misericórdia inesgotável, tão diferente da prática legalista ou oportunista dos levitas guardiães do templo, dos fariseus ou dos saduceus.

quarta parte
DE UM CONCÍLIO A OUTRO?

Uma flor de inesperada primavera.
João XXIII

21

Os amplos horizontes ao final do Vaticano II

Minha geração teve a graça de viver intensamente a grande virada do Vaticano II, os anos que o precederam e o prepararam. Comecei a participar ativamente na Igreja nos anos 1950, na JEC do Colégio Auxiliadora, em Bagé, e do Colégio Rosário, em Porto Alegre; depois, na JUC de Porto Alegre e, a partir de 1956, em plano nacional e latino-americano, para chegar ao secretariado internacional em Paris em 1959. Acompanhei com certo detalhe a caminhada da Igreja nos anos anteriores. Vivíamos à sombra de Pio XII, de família de príncipes romanos, em torno do qual se foi criando um certo culto da personalidade (do lado de lá havia o endeusamento de Stalin). O pós-guerra de 1945 trouxera perplexidades e esperanças.

Parte do episcopado francês colaborara com o regime direitista de Vichy — sem falar no caso mais grave de apoio de bispos aos nazistas na Iugoslávia. O general De Gaulle, ao chegar ao poder, pedira a Roma a remoção de boa parte dos bispos de seu país. Um simpático e jeitoso núncio, conhecido como bom contador de anedotas, Angelo Roncalli, reduziu o número a dois ou três realmente indefensáveis. O próprio cardeal de Paris, Suhard, uma semana antes da libertação dessa cidade, recebera cerimoniosamente o decrépito marechal Pétain. Teve sua presença vetada nas festas seguintes. Mas foi ele que, dessa vez bem assessorado por jovens sacerdotes pastoralistas e a partir de uma pesquisa, publicou duas cartas de advento que marcaram os rumos da renovação. Surgia naqueles anos uma idéia-chave: "França país de missão". Os documentos apareceram com o chamativo título de "Crescimento (*essor*) ou declínio da Igreja?"[1] Muitos católicos franceses tinham lutado, no *maquis*, ao lado de comunistas, de gaullistas e de radicais

---

1. Ver cardeal SUHARD, *Dios, Iglesia, sacerdocio*, trad. esp., Ed. Patmos, 1953.

anticlericais. Um assistente da JEC do país, o jesuíta Yves de Montcheuil, autor de importantes trabalhos de teologia, fora morto pelos alemães[2].

Começava no pós-guerra, na França, a experiência dos padres-operários, que queriam continuar, na fábrica, a colaboração começada na clandestinidade. A Missão de França e a Missão de Paris (país de missão como foi indicado anteriormente) preparavam uma pastoral renovada. Fourvières, em Lyon, com os jesuítas, Saulchoir perto de Paris com os dominicanos e sua revista *Vie Spirituelle* (ao lado da *Vie Intelectuelle*), o relançamento da revista *Esprit* de Emmanuel Mounier, *Economia e humanismo* de Padre Lebret eram sinais evidentes de criatividade. As editoras Aubier e du Cerf lançavam coleções de uma nova teologia.

Mas o clima europeu logo degenerou em Guerra Fria. O frágil acordo das potências ocidentais com a União das Repúblicas Socialistas Soviéticas se romperia rapidamente. Crescia o medo diante da possibilidade de que dois grandes partidos comunistas, na França e na Itália, chegassem ao poder pelo voto. Do outro lado da "cortina de ferro" (como a chamou Churchill, em célebre discurso em Fulton), a política stalinista, usando os mais terríveis recursos (da intimidação ao assassinato de Masaryk), foi instalando seus satélites, as chamadas "democracias populares", que nada tinham de democráticas[3].

E foi então que a Igreja se posicionou na Guerra Fria. Em 1948, proibiu, sob pena de excomunhão, o voto de católicos nos partidos comunistas. Cessava o clima de camaradagem-tensão do sacerdote D. Camillo com o dirigente comunista Peppone, personagens dos romances de Guareschi, muito lidos na época. Na Itália, a Igreja uniria seu destino, nos anos seguintes, ao Partido Democrata Cristão, como depois na Alemanha, na Áustria e na Holanda. Na França, o Movimento Republicano Popular, de mesma orientação, não vingaria. Dois políticos católicos, de Gasperi e Adenauer — juntamente com Jean Monnet —, lançavam as sementes da unidade da Europa ocidental.

Em 1950, a *Humani Generis*, encíclica de Pio XII, seria um freio na renovação teológica. Os livros *Vraie et fausse réforme dans l'Église*, do dominicano Pe. Congar, e *Surnaturel*, do jesuíta Pe. De Lubac, eram retirados das livrarias[4].

---

2. A JEC francesa se instalaria no fim da guerra, a bom preço, em velho prédio da rue Linné, que fora um bordel utilizado pelas tropas alemãs. Ali tive, por dois anos, meu secretariado da JEC Internacional. Para ver como são as coisas em certos ambientes, indo a Roma encontrei, na Secretaria de Estado da Santa Sé, uma nota de uma dirigente italiana de um movimento internacional de senhoritas católicas, que nos visitara em Paris, na qual expressava seu espanto de que trabalhássemos num ex-bordel...

3. Eric HOBSBAWM, *Era dos extremos, o breve século XX*, São Paulo, Companhia das Letras, 1995, cap. 8.

4. Y. M.-J. CONGAR, *Vraie et fausse réforme dans l'Église*, Paris, éd. du Cerf (Col. Unam Sanctam n. 20); Henri DE LUBAC, *Surnaturel*, Paris, Aubier . Esse último livro foi relançado recentemente com ampla difusão.

De Lubac perderia a cátedra, recolhendo-se no que, mais tarde, se chamaria um "silêncio obsequioso", aplicado décadas adiante a Leonardo Boff e Ivonne Gebara. Logo depois se interrompeu a experiência dos padres-operários. Os anos 1950 começavam sombrios. Uma grande perda em 1950 mesmo: morreu repentinamente Emmanuel Mounier, que na reflexão daqueles anos faria logo uma falta imensa, com seu "discernimento combatente". Seus últimos textos foram críticas ao mesmo tempo preocupadas e construtivas ao socialismo real; ao partir estava em plena polêmica com "cristãos progressistas" mais açodados (um deles o então jovem Garaudy).

Foi esse clima eclesial que encontrei ao chegar no Rio de Janeiro em 1956, nos últimos anos do pontificado de Pio XII. Na equipe nacional da JUC seguíamos relativamente de perto o clima da Igreja. Como encarregado do *Boletim Nacional*, publiquei textos de Pe. Montcheuil e de Mounier. Minha primeira colaboração com Lúcia, logo minha companheira de vida, que chegava à equipe, foi traduzir, para o *Boletim*, trechos de *Méditation sur l'Église*, livro de Pe. Henri de Lubac que saíra um ano antes[5]. Essa obra fora resultado de um retiro que o sacerdote deu durante seu tempo de silêncio, e é um belo hino de amor à Igreja que o fizera sofrer tanto. Pe. Lebret, que trabalhou em São Paulo em planejamento, foi decisivo, em 1954, na adoção do programa da JUC sobre a questão social, a partir de entrevista que dera ao jucista paulista Plínio de Arruda Sampaio[6].

Logo depois chegou, aparentemente sem importância, um "papa de transição". Havia um clima de orfandade na Igreja com a morte do poderoso papa Pacelli. Alceu Amoroso Lima, perplexo, escreveu uns primeiros artigos sobre o novo papa, idoso e bonachão. Mais adiante, seu entusiasmo por João XXIII o levaria a escrever um livro sobre ele. O assistente internacional da JEC, com quem trabalhei, tinha notícias de Roncalli como núncio em Paris, diplomata e contador de histórias, e via com pessimismo o futuro da Igreja naquelas mãos. E foi quando, em janeiro de 1959, em São Paulo-fora-dos-muros, o papa, para susto da cúria e de seus cardeais, movido por "um sopro do Espírito", como declarou, anunciou um próximo concílio.

Para que um concílio, diziam muitos, se Pio XII resolvera todas as dúvidas e indicara todos os caminhos? Visto agora, numa conjuntura com algumas semelhanças com a de então, o que tínhamos era uma Igreja com problemas congelados. Se o papa falara muito, sobre muitas coisas, seus silêncios e omissões durante a guerra também pesavam bastante. Um certo estilo de Igreja

---

5. Ver Henri DE LUBAC, A Igreja no meio do mundo, *JUC, Boletim Nacional*, n. 1 (1957) 4.
6. L. A. GÓMEZ DE SOUZA, *A JUC...*, op. cit., 115, 129, 156.

declinaria com ele, e a transição de João XXIII anunciou uma profunda inflexão. Visto a distância, o pontificado de Pio XII, tão incensado em vida, foi sendo relativizado, em certos aspectos abaixo do de Pio XI. O bom papa João abriu as janelas, arejou, pôs em dia — *aggiornamento* —, espanou velhos móveis cobertos com a poeira das rotinas, da autocensura e dos medos.

Foram os tempos da *Mater et Magistra*, da *Pacem in Terris* e da preparação do Vaticano II. Com Candido Mendes e Lúcia Ribeiro assessorei D. Hélder na passagem da primeira à segunda sessão do concílio, em 1963, e em outra ocasião espero escrever a respeito. Os trabalhos conciliares venceram fortes resistências curiais e de amplos setores da Igreja. A *Gaudium et Spes* foi um resultado inesperado: não prevista no início, foi introduzida depois da primeira sessão, a partir do primitivo esquema XVII, depois esquema XIII.

No caso brasileiro, deu-se um promissor encontro e, logo depois, um trágico descompasso histórico entre sociedade e Igreja — 1961 a 1963 foram anos de febril, talvez ingênua movimentação. A JUC viveu seu tempo de anúncio e de profecia. Cristãos estavam comprometidos na educação, na cultura popular e na sindicalização urbana e rural. É verdade que outros cristãos se arregimentavam do outro lado do conflito social e sairiam à rua com suas Marchas com Deus, pela Família e pela Liberdade. A sociedade se polarizava. Em 1963, participei, sucessivamente, da assessoria a D. Hélder na preparação do concílio e da assessoria ao ministro da Educação, Paulo de Tarso dos Santos, na organização do Primeiro Encontro Nacional de Educação e Cultura Popular, em setembro, no Recife. Dois dinamismos que tinham pontos em comum. Mas abril de 1964 foi a ruptura entre os cenários e senti pessoalmente, na pele, a mudança. D. Hélder acabava de ser enviado para Recife e deixava a Secretaria-Geral da CNBB. Ainda teve tempo de comunicar-se com o arcebispo de Belo Horizonte e com Candido Mendes, para mobilizar-se, quando soube de minha detenção em Juiz de Fora no começo de abril. Alceu Amoroso Lima escreveu seu artigo "Terrorismo cultural", em que se refere à minha prisão e à de Ubaldo Puppi[7].

Voltei ao Rio em maio, posto na geladeira no Ministério de Educação, sem ter muito o que fazer, senão apurar manualmente questionários de pesquisa no Instituto Nacional de Estudos Pedagógicos. Foi quando afundei no outro lado da realidade e produzi um pequeno livro, *O cristão e o mundo*, que frei Romeu Dale me encomendou[8]. Li muito a respeito da Igreja, utilizando

---

7. Texto incluído em Alceu AMOROSO LIMA, *Revolução, reação ou reforma*, nova ed., Petrópolis, Vozes, 1999. Para a reação imediata do presidente Castello Branco ao artigo e seu telefonema contestador ao Dr. Alceu, a quem ele chamou de "livre-atirador", ver *Cartas do pai. De Alceu Amoroso Lima para sua filha Madre Maria Teresa*, op. cit., 400-401.

8. L. A. GÓMEZ DE SOUZA, *O cristão e o mundo*, Petrópolis, Vozes, 1965 (Col. Igreja Hoje n. 10).

a biblioteca dos dominicanos do Leme, e o texto está abarrotado de notas. Foi publicado quando eu já estava no México. Pois então acontecera um fato que mudou minha vida e que tem a ver diretamente com o tema deste livro: uma troca de idéias entre D. Hélder e Ivan Illich sobre o concílio.

Ivan Illich foi um personagem excepcional, que faleceu em dezembro de 2002. Filho de um príncipe dálmata com mãe judia austríaca, acumulara vários e brilhantes doutorados (de teologia a cristalografia) e entrara para o seminário da diplomacia vaticana em Roma, durante a guerra. Ordenado sacerdote, foi para a diocese de Nova York e dali seguiu para a Universidade de Ponce, em Porto Rico. Resolveu atender ao pedido do papa, preocupado com o envio de missionários à América Latina. Fundou o Centro Intercultural de Formação (CIF), que se instalaria em Cuernavaca, e depois seu congênere no Brasil, o Centro de Formação Intercultural (CENFI), em Petrópolis. Ali se ensinava espanhol ou português, realidade da região e teologia renovada. Pe. Juan Luis Segundo, jesuíta uruguaio, um dos primeiros a alinhar-se nos novos rumos teológicos e pastorais, de uma das correntes que confluiriam na futura teologia da libertação, dava cursos regularmente nas duas sedes. Dei aulas em Petrópolis sobre a realidade brasileira e acompanhei, entusiasmado, as lições de Pe. Juan Luis, de quem me tornei desde então amigo e admirador. Ivan Illich se tornaria, mais tarde, conhecido por suas obras sobre educação, saúde, energia, convivialidade. Naqueles anos, até seu pedido de secularização, seu interesse central era a Igreja. Procurava, ao mesmo tempo, preparar os que iam à América Latina e, com sua terapia de choque, desestimular a maioria dos candidatos que julgava prejudiciais à Igreja latino-americana. Intuitivo, genial, era uma personalidade forte e autoritária.

Pois D. Hélder e Ivan Illich se encontraram pouco antes da última sessão do concílio. Fazendo um balanço dele, concluíram que dera os resultados possíveis, nas condições do momento, mas que faltava avançar em muitas frentes. Em lugar de acomodar-se no adquirido, ou simplesmente pô-lo em prática, era tempo de preparar novos caminhos e... (valha o olhar posto num horizonte utópico) pensar desde já num novo concílio! Durante o Vaticano II, D. Hélder tentara, com alguns bispos e com Pe. Gauthier, desenvolver o tema da Igreja dos pobres. O clima europeu do concílio praticamente não acolheu a proposta. Havia pois tarefas novas pela frente.

Ivan se propôs reunir em Cuernavaca uma equipe, em 1965, para pensar os rumos futuros da Igreja e da sociedade latino-americana. Ali já estavam, entre outros, um americano, um canadense, uma búlgara, uma belga, uma francesa, de passagem um francês e um chileno. Queria convidar alguém do Brasil. D. Hélder indicou meu nome. Minha situação profissional era pouco estimulante no MEC, tinha terminado meu livro sobre a Igreja. Lúcia e eu sentíamos a necessidade de novos ares, estávamos com três filhos pequenos, o menor acabara de nascer, em fevereiro de 1965. Os tempos de militância tinham perturbado a vida familiar e a atenção que os filhos requeriam do pai. Fui a Cuernavaca, conheci o Hotel Chulavista, onde Ivan assentara sua equipe, e me encantei com a beleza do lugar, a tranqüilidade que nos faltava e o estímulo de tantas pessoas interessantes que por ali passavam. Para lá fomos, em maio de 1965, para essa empresa de... preparar, quem sabe, o Vaticano III. Eu era encarregado, no Centro Intercultural de Documentação (CIDOC), de organizar os *CIDOC-DOSSIERS*, coletânea de documentos sobre os debates ideológicos mais candentes na América Latina de então. Lúcia e eu dávamos aulas no CIF. Havia uma grande ebulição na América Latina. Em outubro de 1965 passei por Bogotá, quando Camilo Torres encerrava sua experiência política de uma frente unida e se preparava para ingressar na guerrilha. Por esses dias, em Havana, Fidel lia a carta de despedida de Che Guevara, que partira para o Congo, na idéia de criar novas Sierras Maestras. No Chile, começava a experiência reformista democrata-cristã de Eduardo Frei.

O tema de um futuro concílio já estava no ar ainda em pleno Vaticano II. Lembro de preparar textos de ficção prospectiva, com amigos, em que falávamos de um possível concílio Pequim (Beijing) I! Mas, mais modestamente, nos contentávamos com um Vaticano III mais adiante. Já entre 1963 e 1964 eu vinha sonhando com essa possibilidade. Assim o expressei em carta a Alceu Amoroso Lima. Não encontrei meu texto, mas tenho sua longa resposta, escrita em março de 1964, que recebi dias antes do golpe.

Reagindo a meus entusiasmos juvenis, escreveu Dr. Alceu: "Você é um militante, um engajado e diz, muito bem, que está no grupo dos que 'estão preparando o Vaticano III', com toda a razão. Do meu canto, do meu observatório de aposentado em todos os sentidos, de livre atirador, de peregrino e nada mais, sinto perfeitamente que o impulso dado por João XXIII ainda não será neste século que se incorporará à Igreja. Talvez se João XXIII tivesse acompanhado o Vaticano II até o fim, talvez. Mas a Providência quis de modo diferente. E é essa a linha da Igreja. Nós, eu pelo menos, não verei o III. Você talvez. Mas de qualquer modo, eu no meu canto de velho reformado, você na linha de combate, estamos preparando os caminhos para o Cristo do século XXI, como fizeram os 72 discípulos, que ele mandou, 'dois a dois', prepararem os caminhos do Senhor"[9]. Guardo até hoje, com emoção, essas palavras. Dr. Alceu, naquela ocasião, pensava estar aposentado; não imaginava que viria a ser uma das figuras centrais, nos tempos da ditadura, para clamar pelos

---

9. ID., Amoroso Lima na preparação da Idade Nova. Reflexões a partir de uma carta sua de 1964, *Revista Eclesiástica Brasileira*, v. 43, fasc. 172 (dez. 1983) 707-713.

direitos e pela liberdade. Hoje me aproximo da idade de Dr. Alceu e tenho a tentação de dizer aos jovens de agora que não estou tão certo de ver um novo concílio. Eles talvez...

Alguns anos mais adiante, nosso profeta D. Hélder voltava ao tema, em carta de 1981, enviada a Jerónimo Podestá, que fora bispo de Avellaneda, na Argentina, e deixara o sacerdócio e se casara. Acompanhando com atenção, "diante de Deus", o percurso de seu amigo, anunciava que estava se preparando para terminar seu tempo de bispo titular, ao completar pouco adiante seus 75 anos. Na longa carta indicava: "Se Deus me der força física e cabeça não esclerosada, depois de deixar a diocese, vou aproveitar ao máximo, tendo presentes os carismas recebidos e o chamado do Senhor... Tenho três sonhos principais que se complementam e que exigirão diversas tarefas...: A) Sonho de uma autêntica integração latino-americana sem imperialismos de fora nem imperialismos de dentro. B) Sonho de tornar possível para o ano 2000 o Concílio de Jerusalém II. C) Sonho de diálogo autêntico com os mundos dos mundos". E explicava: "O sonho para o qual me sinto particularmente chamado é o sonho número dois. Não me preocupo com o fato de que o mais provável é eu assistir a este concílio da casa do Pai. De lá quero ajudar a que ele se realize". Para D. Hélder, o concílio "pode até ser realizado em Roma". Mas o via na continuação do processo começado no início da Igreja, naquele primeiro encontro apostólico em Jerusalém (Atos dos Apóstolos, cap. 15). D. Hélder faleceu em agosto de 1999, às vésperas do terceiro milênio. Deixou-nos um legado e uma responsabilidade[10].

Vale indicar que em 1994 João Paulo II, ao final de sua carta *Tertio Millenio Adveniente*, levantara a possibilidade de um "encontro pan-cristão" no ano 2000 em Jerusalém[11].

No capítulo seguinte transcrevo um texto que escrevi, em 1962, sobre o concílio Vaticano II que estava começando naquele momento. Nos dois últimos capítulos tratarei da possibilidade de um novo concílio no futuro e de temas que ele e a Igreja terão de enfrentar impreterivelmente, com coragem e determinação.

---

10. Transcrevo a carta e me inspiro nos comentários do monge Marcelo Barros, osb, a partir de seu excelente e denso artigo Uma nova primavera para a Igreja, texto de ampla circulação em vários órgãos nacionais e internacionais. Disponível em: <www.proconcil.org/document/Barros.htm>

11. JOÃO PAULO II, *Tertio Millenio Adveniente*, Petrópolis, Vozes, 1994, n. 53 e 55.

22

Vaticano II: a Igreja em concílio

Revisão de vida coletiva
Texto de 1962[1]

Introdução

Ao falar em concílio, pensa-se logo numa série de reuniões dos bispos de todo o mundo, em Roma, sob a direção do bispo da cidade. Alguns acrescentam os trabalhos antepreparatórios e preparatórios: ação das comissões e sugestões enviadas a Roma. Esses atos, porém, só serão profundamente compreendidos se sairmos da parte meramente processual e descobrirmos como eles dão forma a, tornam visível, todo um largo movimento na vida da Igreja. Fundamentalmente, são animados, no que têm de mais autêntico, pelo sopro do Espírito Santo, cuja ação se manifesta de mil maneiras. Temos de encontrar os laços que unem as reuniões do concílio com todos os gestos, atitudes e práticas do magistério e do laicato. Um concílio ecumênico é a "concretização, particularmente expressiva, do que se passa, de maneira mais ou menos despercebida, na vida do povo de Deus... Um concílio geral é, pois, uma concentração da atividade visível da graça do Espírito Santo, que o

---

1. Publicado em Frei Romeu DALE, L. A. GÓMEZ DE SOUZA, Danilo LIMA, *Que será o concílio*, Rio de Janeiro, Dom Bosco, 1962; e, por iniciativa de Alceu Amoroso Lima, diretor, em *A Ordem*, Rio de Janeiro, v. 48, n. 4 (out. 1962). O outro diretor dessa última revista, Gustavo Corção, manifestou logo seu desagrado em artigo no *Diário de Notícias* em que criticava os "dialogantes". O texto foi retocado, evitaram-se repetições nas notas e foram mudados aqui e ali os tempos dos verbos para permitir uma melhor leitura a partir de uma perspectiva de hoje.

Cristo, Chefe da Igreja, faz descer sobre nós"[2]. Há um tempo pré-conciliar e um outro de irradiação pós-conciliar, que condicionam o tempo forte das reuniões e decisões. Pode-se dizer que, mesmo se, por condições independentes da vontade da Igreja, o concílio não se realizasse, a simples preparação já seria de valor inestimável[3]. Também a história mostrou que, se o concílio não for seguido de um tempo no qual suas decisões tenham possibilidades concretas de realização, nem houver nos cristãos disposição interior para cumpri-las, sua obra ficará pela metade. Foi o que aconteceu com a tentativa de reforma da Igreja depois do IV Concílio de Latrão (1215), convocado por Inocêncio III, no apogeu da cristandade[4]. Somente integrando o concílio no tempo conciliar é que vamos descobrir suas riquezas e encontrar nossa participação ativa.

Este estudo aborda a fase que precede o concílio, advento da Igreja no advento de um mundo que nasce. "Houve um homem chamado João" (Jo,1-6). Este veio preparar os caminhos, veio antes (advento). Outro João realizou movimento idêntico, não sem o mesmo sopro profético do Espírito Santo, ao convocar um concílio que, disse ele, "iniciamos no nome do Senhor e como que levados por inspiração divina" (discurso à Comissão Central, 20/6/1961).

I PARTE
O ESTILO DA IGREJA PRÉ-CONCILIAR

O TEMPO QUE precedeu o XXI concílio ecumênico se confundiu com o pontificado de João XXIII, que poderíamos chamar Papa conciliar — empregando, em sentido tão diferente, o mesmo termo que a história aplicou ao antipapa do mesmo nome, o turbulento Baltasar Cossa, do século XV.

Não é o caso de fazermos uma crônica pormenorizada de todos os atos desses três anos. Tomaremos alguns pontos característicos que nos dão seu estilo, através dos quais a significação profunda e atual do II Concílio do

---

2. Carta coletiva do episcopado holandês sobre o Concílio, Natal 1960, traduzida para o francês em *La Documentation Catholique*, Paris, n. 1354 (18 jun. 1961), col. 791; também, na publicação em brochura, com o título de *Le sens du concile*, Paris, Desclée de Bower, 1961, 37.

3. "É possível que a preparação seja mais importante ainda do que o concílio", entrevista do Cardeal Alfrink, de Utrecht, às *Informations Catholiques Internationales* (ICI), Paris, n. 159 (nov. 1962) 26.

4. "... um ano após o concílio o Papa morreu e, apesar de todos os seus esforços, não houve, depois do concílio, nenhuma renovação profunda da Igreja" (Hans KÜNG, *Concile et retour à l'unité*, Paris, ed. du Cerf, 1961, 61. Também em Hubert JEDIN, *Concílios ecumênicos*, São Paulo, Herder, 1961, 62. Não é um risco que se poderia correr depois do concílio?

Vaticano fica visível. Cada papa tem sua maneira de ser e, num momento da vida da Igreja em que sua pessoa tem uma importância particular, é normal que essa qualifique os tempos do pontificado, dando um acento próprio ao trato dos problemas.

Nem todos se deram conta de que houve uma importante mudança. Onde descobrimos os traços mais salientes da Igreja nesse momento, não exclusivos mas de certa forma originais? Talvez não sejam os mais conhecidos, nem certamente ainda os mais plenamente vividos pelos cristãos, mas são aqueles de maior vitalidade e capazes de operar as maiores transformações na vida da Igreja, na segunda metade do século XX. Leiamos a homilia de João XXIII no dia de sua coroação: "O centro das instituições divinas e o preceito que inclui todos os outros se encontram nas palavras do Evangelho: 'Aprendei de mim, que sou manso e humilde de coração' (Mt 11,29). Grande é pois a lei da mansidão e da humildade. Pedimos a todos os que, nesta terra, são piedosos e de espírito ardente (Rm 12,11) que roguem a Deus, freqüentemente, por seu Pontífice, para que ele cresça cada vez mais nessa mansidão e nessa humildade evangélicas. Estamos certos de que inúmeras vantagens virão do exercício dessa virtude e, se ela viesse a ser a atitude constante do pai de todos os crentes, traria um benefício incomensurável, mesmo no plano dos problemas sociais e puramente terrestres da humanidade". E pouco antes explicava sua atitude para com todos os homens: "Em razão de toda sua vida, o novo papa se parece muito mais com José, o filho de Jacó, que reuniu em casa os irmãos, vítimas de grandes sofrimentos e, cheio de caridade e compreensão, se deu a conhecer a eles dizendo: 'Sou eu, José, irmão de vocês'"[5].

Se tivéssemos de resumir em duas palavras, correndo o risco de simplificação, diríamos que a Igreja, preparando o concílio, foi sacudida por dois grandes temas, que condicionam uma atitude nova: humildade e diálogo, duas virtudes, pois no coração da segunda está a imprescindível caridade.

A Igreja e a humildade

EM 1959, O Pe. Dumond o.p., diretor de Istina [6], dizia que a Igreja, como comunidade de fiéis, tem de viver coletivamente cada uma das virtudes que é chamado a praticar particularmente o cristão. E, continuava ele, uma virtude ficou na sombra, por circunstâncias históricas até certo ponto compreensí-

---

5. *La Documentation Catholique*, Paris, t. LV (1958), col. 1474-1475.
6. Em conferência das jornadas da *Informations Catholiques Internationales* de 1959, na UNESCO. Istina é o centro de estudos ecumênicos de Paris.

veis: a humildade. Uma Igreja que não é pecadora se reconhece Igreja de pecadores. Continuando a encarnação de Cristo, sem prejuízo essencial do que tem de permanente, sabe que elementos acidentais e caducos ficam presos em sua túnica inconsútil. Assume o mundo e cada civilização, porque ama e quer salvar, sendo atingida por seus erros. Antes de passar de uma época para outra, para repetir o mesmo ato de amor — que não-cristãos poderiam até chamar de oportunismo —, precisa purificar-se das manchas do passado. Purificação exige humildade, consciência do que é fixo e do que perece, reconhecendo deficiências históricas.

Ao que tudo indica, chegamos ao fim do grande período constantiniano, no qual se deu a aliança do trono com o altar. Depois da instável supremacia medieval do altar — instabilíssima mesmo — veio a última fase descendente de retração. O humanismo antropocêntrico da Renascença, a reação individualista do protestantismo, o racionalismo, o idealismo, o cientismo levaram a Igreja, que paralelamente perdia suas forças no temporal, a uma atitude de defesa. Hoje, porém, não há mais um mundo a defender, senão um outro a conquistar. A cristandade morreu, escrevia Mounier em 1949[7]. O Concílio Vaticano II assinalou não só o fim de uma época, mas possivelmente, do ponto de vista conciliar, o primeiro ato de nova fase, em que o binômio espiritual/temporal tem novo equacionamento[8]. Entretanto a transição não é fácil; há hábitos arraigados. O subconsciente coletivo dos cristãos comporta reações condicionadas pelos tempos que passaram. Não pensamos ainda com uma mentalidade de cristandade num mundo pluralista? No Brasil, com uma maioria se declarando

---

7. Ver Emmanuel MOUNIER, Feu la chrétienté, in *Oeuvres*, op. cit. v., 3. Alocução de D. Jager, arcebispo de Paderborn, citado na revista *Signe du temps* (abr. 1960) 14: "A época constantiniana chega ao fim na Igreja ... É nosso dever preparar os fiéis e nossa comunidades para essa nova época. A Igreja, que não se liga a um sistema social nem a uma cultura, deve, em qualquer tempo, pregar o Evangelho e dar sua colaboração para que o homem ponha em ordem sua própria pessoa e a sociedade".

8. Essa nova fase vem se configurando, aos poucos, há vários anos. Pode-se sentir sua emergência histórica no pontificado de Leão XIII, em tantos pontos pioneiro. Seria mesmo interessante comparar as preocupações de então com as de hoje. Vejamos um exemplo significativo, tomado de um valioso estudo do Pe. Charles MOLETTE, Les lendemains de *Rerum Novarum*, op. cit., 385. Um ano após a *Rerum Novarum*, no mesmo dia em que o papa escrevia aos cardeais franceses concitando, em termos enérgicos, os cristãos hesitantes e cheios de melindres a aceitar a ordem republicana, em carta ao bispo de Liège, fazia alusão ao problema dos cristãos separados, ao qual voltaria freqüentemente. Como hoje (ver adiante), estavam unidas as idéias de diálogo com o mundo e com os outros cristãos. Chegou-se a acreditar que muitos de seus atos não tinham surtido efeito, pela resistência passiva de um mundo cristão acomodado. Eles voltam agora, bem mais amadurecidos pela reflexão e experiência de pequenos grupos. Encontrarão as mesmas resistências?...

católica, podemos ser levados a uma falsa impressão de estabilidade que a sociologia religiosa questiona. O papa, convocando o Concílio, chamou a um exame de consciência coletivo, que mais do que repassar as faltas de ontem seria um olhar para o futuro.

Entendamo-nos logo. Não se trata de que os cristãos alardeiem sentimentos de culpa diante de qualquer problema. Devem, porém, ser objetivos e ter uma consciência lúcida de sua condição de homens, de suas falhas e seus talentos. A humildade se opõe ao isolamento orgulhoso. Por isso ela é imediatamente seguida pelo diálogo. É a virtude que nos ensina a relacionar-nos no mundo, reconhecendo a verdadeira situação diante de nós mesmos, dos homens e de Deus[9]. Traz consigo o desejo de purificação. Não teme a crítica honesta, mas, ao contrário, a solicita.

O exemplo de humildade foi dado pelo próprio João XXIII. No passado, uma reação contra os que negavam a primazia de Pedro, assim como, por alguns anos, a situação do papa prisioneiro no Vaticano levaram a que se insistisse bastante em sua pessoa. Também o Concílio Vaticano I, pronunciando-se sobre a primazia e a infalibilidade pontifícias, destacou um ponto da eclesiologia que, sem relação com o episcopado e o conjunto dos fiéis, poderia dar a impressão de que a figura do Santo Padre fica isolada, como que acima da Igreja[10]. Desde então, os menos prevenidos teologicamente corriam o risco de "um culto à personalidade". A reação de João XXIII foi imediata e benéfica. Desde sua ascensão ao trono quis manifestar sua relação com o episcopado. O papa é bispo de Roma e irmão dos bispos. Por isso, em audiências públicas, convidava os outros bispos presentes para darem a bênção junto com ele. E, voltando a venerável tradição, revalorizou antiga expressão paulina, que designa cada comunidade local como Igreja, subentendendo aí, sem prejuízo da unidade, toda a riqueza da diversidade. Assim começava uma mensagem: "à Igreja de Treveris e às outras Igrejas no interior e no exterior de vossa pátria"[11]. Longe dos tempos do conciliarismo, a idéia de colegialidade da Igreja foi sendo reestudada[12]. A preparação e a realização do concílio já foram o exercício concreto dessa colegialidade.

---

9. A humildade é uma virtude "que muito simplesmente nos faz aceitar os lugares e os papéis que a Providência nos reservou, sejam eles ocasionalmente os primeiros" (Pe. LAFÉTEUR, op., *Initiation théologique*, III, Paris, ed. du Cerf, 1952, 1059.

10. No texto de 1962, transcrevi em nota a notável carta de Newman a Plummer de 1871, já citada no primeiro capítulo deste livro.

11. Hans KÜNG, *Concile et retour à l'unité*, op. cit., 144-145. O *Osservatore Romano* recebeu ordens expressas do papa de referir-se a ele com a máxima simplicidade e sem adjetivação pomposa. Nas visitas às crianças, aos presos ou doentes, logo após a eleição, era o Bom Pastor que ia ao encontro de suas ovelhas, com o gesto simples de pai.

12. Ver em *Le concile et les conciles*, op. cit., 301, as conclusões do Pe. Yves Congar.

Uma atitude de tal simplicidade liberta a Igreja de um reflexo de defesa e de uma centralização excessiva e convida a uma severa revisão. Um movimento renovador atravessou a Igreja e integrou no esforço comum todo um trabalho que vinha sendo feito nos últimos tempos: reflexão teológica, movimento litúrgico, Ação Católica especializada, ecumenismo, ação missionária etc.[13]. Todos esses elementos de transformação, tantas vezes incompreendidos, corriam o risco de perder o elã inicial, se não fossem assumidos pela Igreja toda, numa reflexão global. A oportunidade de uma tal revisão de vida coletiva se sentiu na pronta resposta à solicitação do papa. O episcopado do mundo inteiro, ordens religiosas, universidades, movimentos leigos enviaram sugestões a Roma. Os futuros padres do concílio ficaram de posse de 15 grossos volumes, contendo o número fantástico de 8.972 sugestões. "Com isso se podem alimentar dez concílios", disse Mons. Felici, secretário da Comissão Central[14]. Se podemos sem receio falar de *Ecclesia semper reformanda*[15], há tempos fortes de renovação. Este foi um deles. Idéias há poucos anos olhadas com desconfiança — ecumenismo, por exemplo — entraram na mente dos cristãos conscientes e responsáveis[16].

A Igreja em diálogo

RENOVAÇÃO PARA QUÊ? Vejamos como o papa caracterizou o concílio: "O fim principal será o de promover o desenvolvimento da fé católica, a renovação moral da vida cristã dos fiéis, a adaptação da disciplina eclesiástica às necessidades e [aos] métodos de nosso tempo. Isso será, certamente, um espetáculo admirável de verdade, unidade e caridade e, para aqueles que estão separados desta Sé Apostólica, um delicado convite para procurar e encontrar a unidade, pela qual lançou Jesus ao Pai celeste uma tão ardente oração"[17]. A transformação tende a adaptar a Igreja aos tempos atuais e a preparar a unidade: o

---

13. Ler a esse respeito, de Frei Romeu DALE, op, A Igreja Católica às vésperas do concílio, *Revista Eclesiástica Brasileira*, Petrópolis, Vozes, v. XXI, fasc. 3 (1961) 593.
14. E. BEAUDUIN, Perspectives sur le concile, *La revue nouvelle*, op. cit., 57.
15. Hans KÜNG, op. cit., 32.
16. Muitos temiam que essas idéias fossem aceitas um pouco irrefletidamente, apenas porque a sugestão veio de Roma, sem que houvesse uma real transformação interior de atitudes, uma conversão às preocupações conciliares. Já se notou como a intolerância pode subsistir sob fórmulas novas, dificultando um delicado trabalho ecumênico, que tampouco se confunde com um sincretismo religioso.
17. Encíclica *Ad Petri Cathedram*, de 29 de junho de 1959, publicada pela Vozes na coleção Documentos Pontifícios, n. 128.

mundo moderno e os outros cristãos estão no centro das preocupações. Mudamos, para ir ao encontro. Saímos de uma estrutura de defesa e entramos numa estrutura de diálogo, assinalou o Pe. Congar[18]. Diálogo em três planos: com os cristãos separados, com as outras grandes crenças — no sentido mais amplo do termo — e com a civilização que nasce. O segundo quase não foi começado na ocasião, lançado para o futuro, superados tantos preconceitos e atitudes emocionais[19]. Trataremos dos outros dois.

Diálogo entre cristãos

QUANDO, EM JANEIRO de 1959, inesperadamente, João XXIII falou de união ao convocar o concílio, muitos tiveram a impressão de que se retomaria o fracassado esforço feito pelo II Concílio de Lião (1274) e pelo de Florença (1438) de chegar a uma imediata unidade dentro das reuniões conciliares. Depois, os fins foram alinhados e viu-se que a unidade seria um fim mediato, precedido pela renovação. Houve quem falasse em recuo, devido a pressões sobre o papa. Que tenha havido pressões, o mostra um vivo diálogo entre Sua Beatitude Máximo IV Saigh, patriarca melquita, campeão do ecumenismo, e Giorgio La Pira, prefeito de Florença[20]. Mas isso não foi determinante. Acima de tudo, houve a ordenação, no tempo, de intenções simultâneas. As primeiras declarações do papa traziam, confundidos em sua pureza original, antes intuitiva que discursiva, os elementos da inspiração, "cuja espontaneidade", disse ele, "nos atingiu como um golpe rápido e inesperado na humanidade de nossa alma" (alocução ao clero de Veneza em 21/4/1959). Um trabalho de união não se faz de uma hora para outra. Exige preparação, criação de disposições especiais, reflexão teológica apurada e, acima de tudo, a ação imprevista da Graça de Deus. O livro de Hans Küng, *Concílio e volta à unidade*, traz um subtítulo elucidativo: "Renovar-se, para

---

18. E. BEAUDUIN, Perspectives..., op. cit., 53.
19. A educação para o pluralismo, que não leva a ecletismo nenhum, se faz lentamente, vencendo-se as barreiras psicológicas de nossa civilização ocidental, no dizer de Toynbee, ainda em estágio municipal.
20. La Pira refere-se aos que "querem defender o Papa contra seu coração bondoso... é novamente a história de São Pedro a caminhar sobre as águas: São Pedro, generosamente, sem refletir muito tempo, pede o milagre. E o milagre se realiza... Nós devemos sustentar o Papa". E diz Sua Beatitude: "O concílio deve ser... um segundo Pentecostes. Houve o inesperado em Pentecostes. Não esperamos nada menos do concílio do que uma recriação de nossa mentalidade cristã". Ver *Informations Catholiques Internationales*, Paris, n. 124 (15 jul. 1960) 7.

suscitar a unidade". Mas, junto com a renovação e por exigência dela, deve haver um mútuo conhecimento e a reflexão em comum.

O trabalho pela união não começou com o apelo do Papa, como muitos podem crer. Desde muitos anos, pequenos grupos católicos, de cristãos ortodoxos e evangélicos, espalhados por vários países e cada vez mais numerosos, devotavam-se ao diálogo e à busca da unidade visível das Igrejas. Já no século XIX, o Pe. Portal encontrava o anglicano Lord Halifax, e Leão XIII incentivou o diálogo. Como resposta a um apelo de Pio XI ao abade primaz de São Bento, criou-se em Amay um mosteiro beneditino, depois transferindo para Chévetogne (Bélgica), dedicado ao ecumenismo. Couturier, Dumont, Congar, Watson, Lambert Beauduin, Willebrands e tantos outros trabalharam perseverantemente pela união, conscientes das dificuldades a vencer. Depois do caminho aberto por todo um movimento profético, a voz do Magistério veio assumir essa solicitude paulina por todas as Igrejas[21].

A visita do arcebispo de Cantuária ao papa, a dos enviados deste a S.S. Atenágoras I, patriarca greco-ortodoxo de Constantinopla (Istambul)[22] são fatos que até um tempo atrás pareciam impossíveis[23]. Mais adiante o patriarca do Oriente encontrou o do Ocidente, em quem reconhece precedência em dignidade, ainda que não haja acordo no tocante à primazia de Pedro. Católicos, protestantes e ortodoxos se reúnem em Chévetogne e no mosteiro ecumênico de Taizé.

No campo não-católico, deve-se salientar naqueles anos, como esforços paralelos ao do concílio, a Conferência Pan-Ortodoxa de Rodes e a III Assembléia Geral do Conselho Ecumênico das Igrejas, que recebeu em seu seio a ortodoxia russa e à qual, oficialmente, a Igreja Católica enviou cinco observadores[24].

---

21. Ver, de Bernardo CATÃO, O esforço ecumênico da Igreja Católica, *Revista Eclesiástica Brasileira*, Petrópolis, v. XXI, fasc. 2 (1961) 303.

22. Não se pode deixar de sentir veneração pela figura de Atenágoras, em tantos pontos humanamente semelhante a João. Ver *Informations Catholiques Internationales*, Paris, n. 136 (15 jan. 1961)15. No discurso de epifania de 1959, ele aplicou ao Papa o texto do evangelista: "Houve um homem chamado João" (*Revista Eclesiástica Brasileira*, Petrópolis, v. XXI, fasc. 2, 396).

23. "Se a quiséssemos profundamente, uns e outros, a união dos cristãos não estaria longe... sabe qual é meu sonho? Sabe para que rezo? Você é jovem; verá talvez o que meus olhos não hão de ver. Eu queria que o arcebispo de Cantuária e o Santo Padre pudessem um dia se encontrar em Roma, face a face, a sós. De boa vontade daria por isso os dias que me restam. Naturalmente, não posso saber qual o resultado de um encontro desses. Talvez, a partir de então, se pudesse começar tudo novamente..." (Confidências de Lord Halifax a Jean Guitton, por volta de 1930, *Informations Catholiques Internationales*, Paris, n. 136 (15 jan. 1961, capa interna). Encontraram-se uma primeira vez em 4 de dezembro de 1960...

24. Acerca dessas reuniões ver *Informations Catholiques Internationales*, Paris (1 nov. 1961) 39; (1º jan., 1962) 15.

O concílio não poderia resolver unilateralmente o problema da unidade. Preparou o terreno. Ainda persiste uma dificuldade fundamental na maneira de conceber a Igreja por uns e outros, além de diversos pontos controversos[25]. Mas certos empecilhos aparentes começaram a ser afastados e o diálogo, que ainda será longo e difícil, se pode ir fazendo sobre o essencial, sem tropeçar em preconceitos mútuos.

Diálogo com o mundo moderno

ESTE PONTO MERECEU poucos comentários, ainda que seja central nas preocupações de João XXIII[26]. Talvez no Brasil, muitos cristãos, enredados com problemas minúsculos, não tenham percebido o hiato que se foi criando entre a Igreja e o mundo.

Partamos de um exemplo concreto, entre tantos. O século XIX assistiu a um debate entre ciência e fé sobre pontos tais como o evolucionismo e a narrativa bíblica da criação. Essas dificuldades vêm sendo resolvidas paulatinamente por "um processo de dissociação e de purificação" (Ladrière). Definem-se melhor os métodos científicos e se aprofunda o conhecimento escriturístico nos seus vários gêneros literários. Mas, apesar disso, por que as dificuldades aumentam? O problema hoje não está sendo mais o de divergências de conteúdo entre ciência e fé, mas o de seu confronto global. A ciência moderna admite a coexistência da Fé? No diálogo com o cientista não se discutem um a um casos particulares, mas se vai à sua atitude fundamental: reduz-se ou não o real ao que pode ser objeto da ciência? Se a resposta for positiva, toda discussão de detalhe é inútil. Tocamos no coração do ateísmo mo-

---

25. Ver La difficulté capitale, in Hans KÜNG, Concile et retour..., op. cit., 116.

26. "O primeiro e principal escopo do concílio é apresentar ao mundo a Igreja de Deus em seu perene vigor de vida e de verdade e com sua legislação adaptada às circunstâncias presentes" (discurso de João XXIII ao Conselho Geral da Ação Católica Italiana, 14 fev. 1960). "A obra do novo concílio ecumênico está na verdade toda ela dedicada a tornar a dar resplendor à face da Igreja de Jesus segundo as linhas mais simples e puras de suas origens, para apresentá-la tal como o divino Fundador fez: *sine macula et sine ruga*... Daí o demorar-se por algum tempo em torno dela com um estudo dedicado, para buscar-lhe os traços da juventude mais fervorosa e recompô-la de modo a salientar sua força conquistadora sobre os espíritos modernos... A Igreja Católica não é um museu de arqueologia "(João XXIII, alocução ao presidir uma cerimônia em rito bizantino-eslavo, 13 nov. 1960). Textos traduzidos em Às portas do XXI Concílio Ecumênico (artigo bastante completo e panorâmico), de frei Boaventura KLOPPENBURG, ofm, *Revista Eclesiástica Brasileira*, Petrópolis, v. XXI, fasc. 3, 568-569; foi publicado também em fascículo separado pela Vozes.

derno[27]. Agora, perguntemo-nos seriamente: fala a Fé uma linguagem que possa superar esse impasse? Oferece uma visão total da pessoa capaz de integrar a ciência moderna? E, passando a outro plano, mais visível ainda num país dependente, o cristão está apto a lutar pela promoção dessas pessoas, homens e mulheres? Confronto da Fé com a economia, a física, a sociologia, a filosofia contemporânea, a política, as artes...

Aliás, esta é a dificuldade que sente qualquer cristão verdadeiramente militante e engajado no mundo de hoje: Igreja e mundo estão podendo dialogar? Não se estarão criando uma nova mentalidade e um novo tipo de comunicação entre os homens que escapam àqueles que se conservam dentro de uma estrutura de pensamento e ação tradicionais? Em outras palavras, a Igreja pensa, fala e age dentro dos quadros de linguagem das gerações atuais? Isso é importante, porque a Mensagem deve ser transmitida a homens concretos, situados no espaço e no tempo e que a ela têm de aderir vitalmente.

Vejamos outro exemplo. Fala-se muito em ausência de Deus do mundo operário. Só boa vontade, porém, não resolve. Temos pensado se o testemunho de nossa comunidade de fiéis é capaz de dizer alguma coisa significativa, interessar ao mundo oprimido? Se os cristãos estiverem psicologicamente presos às classes mais favorecidas, também não conseguirão entender — e para agir é preciso começar por entender — a voz dos outros homens, a maioria, cujo gemido, discordante ontem, aos poucos enunciando reivindicações de sobrevivência, se manifesta em atos de vontade irreprimíveis e sedentos de justiça. Os cristãos poderão estar ausentes das linhas de frente dos movimentos populares? E, quando alguns militantes aí se lançam, sentem atrás de si a solidariedade e a correção fraterna dos outros cristãos, ou antes a suspeita e a censura negativa dos que, insensíveis aos erros por omissão de nossa sociedade, estão prontos a saltar sobre a menor imperfeição da ação?[28]. Tudo isso tem de ser levado em conta pela obra conciliar, "diante das necessidades dos tempos, para que a Igreja não seja apenas qualquer coisa que se aceita com constrangimento, mas que entra de cheio na convicção das inteligências" (João XXIII em 11/9/1960).

---

27. Daí a inocuidade de certos livros apologéticos feitos para uma mentalidade francesa do século XIX, que ainda se tenta aplicar hoje .

28. Há 25 anos, lançava-se, contra os introdutores da Ação Católica e do movimento litúrgico, toda sorte de difamações e denúncias: acusação de heresia etc. Desses processos sinuosos pôde falar, por tê-los sofrido ininterruptamente, Alceu Amoroso Lima, um dos leigos mais completos e lúcidos deste país . É lamentável constatar que eles continuaram a ser empregados contra movimentos apostólicos (JUC, JEC) e militantes, freqüentemente jovens, que se engajaram em movimentos populares, sindicais e de ação econômico-social, em virtude de sua consciência cristã: apodos de comunista, inocente útil etc. E há sempre detratores novos e inesperados...

A Encíclica *Mater et Magistra* referiu-se a dois pontos capitais no diálogo com o mundo: a socialização e o desenvolvimento. Vemos assim o elo entre as preocupações do concílio e o magistério ordinário. Alguns pensaram que o concílio não abordaria os problemas temporais, porque a encíclica já o fizera. Esta não deve, porém, ser vista como um ponto de chegada, mas antes como o sinal de partida para uma ação e um estudo nestes tempos de "coisas novas". Muito ainda se teria a dizer e fazer, e o concílio, no exercício colegial do magistério, viria continuar o que o papa fizera individualmente.

Aqui caberia todo um estudo da celebração litúrgica e da administração dos sacramentos, sinais sensíveis da Graça. Se os examinarmos a partir da mentalidade dos homem e das mulheres de hoje, eles estão sendo sinais, isto é, estão transmitindo, comunicando? Ou parecem muitas vezes ritos mágicos ininteligíveis? O movimento litúrgico muito conseguiu quanto à participação ativa dos fiéis. Muitas vezes, porém, ficou num nível intelectual elevado e restrito a pequenas comunidades. Que trabalho formidável não espera o confronto entre educação popular e liturgia, a fim de que os gestos do culto falem a todos das obras de Deus![29]

Referindo-se ao concílio, disse o papa que ele deve "pôr em dia" a Igreja (o termo *aggiornamento*, em italiano, é particularmente expressivo). Temos de incentivar a presença ativa num mundo que se complexifica e se une (socialização) e que, em suas raízes mais autênticas, longe de se opor ao cristianismo, se harmoniza mais do que nunca com a autêntica tradição do pensamento judeu-cristão[30], testemunhando assim o trabalho da Providência na história. Como é um mundo em processo de aceleração histórica (desenvolvimento), o presente deve ser analisado não apenas para responder às solicitações atuais, mas também, e principalmente, para sentir nascer os rumos do futuro que, desde já, exigem nossa tomada de posição. Pede-se aos cristãos uma atitude "prospectiva"[31]. O XXI concílio se fez para o século XXI e seguintes.

---

29. Os cristãos que, no Brasil, se lançaram no trabalho de cultura popular e de educação de base têm rica experiência a fornecer.

30. "... a edificação da imagem moderna do mundo na forma do universo científico, libertando a subjetividade dos quadros estáticos do cosmos antigo, longe de se opor, vai ao encontro, no plano das significações profundas, da visão cristã" (Pe. Henrique de LIMA VAZ, Cristianismo e consciência histórica, *Síntese Política Econômica Social*, Rio de Janeiro, PUC, n. 8, 46. Esse estudo, continuado no n. 9, de invulgar importância, representou o lançamento no Brasil de uma reflexão que produziu bastantes resultados.

31. O termo, revalorizado por Gaston Berger, fundador do Centre d'études prospectives, indica que, na solução dos problemas do mundo, devemos olhar na direção para a qual ele caminha, isto é, para a frente: "A razão de nossos atos está diante de nós: caminhamos para a nossa juventude" (*Prospective*, Paris, PUF, n. 7 [abr. 1961. 7), homenagem póstuma a Berger. Seu pensamento, vizinho dos de Blondel e de Teilhard de Chardin, teve influência, nos anos em que este texto foi escrito, entre os homens de ação da França.

II PARTE
OS LEIGOS NO CONCÍLIO

NÃO FOI CONTEMPLADA a presença de leigos entre os padres do concílio, apenas bispos e superiores religiosos. Foi notada pela imprensa sua ausência nas comissões preparatórias[32]. Deve-se dizer que muitos bispos e sacerdotes aí estiveram em virtude de sua experiência com movimentos de leigos (Manuel Larraín, Cardjin, Glorieux, Richard, Benzo etc.)[33] e que uma comissão lhes foi dedicada. "Cerca de quarenta anos de movimento leigo e de tomada de consciência do laicato da Igreja precedem o concílio"[34]. Na vida da Igreja é pouco tempo, e haverá um certo caminho a percorrer, até que essa consciência se expresse em estruturas eclesiais. Certamente, o concílio contribuiu para isso, assim como os movimentos leigos, caminhando para uma maturidade crescente. Houve um importante lugar para os cristãos na preparação do concílio e no grande trabalho de transformação que se fez em torno dele.

Nestes tempos conciliares, o desejo de reforma viveu no coração dos fiéis, como ardeu em Bernardo, Teresa, Catarina de Sena. Em determinados momentos do passado, houve sacerdotes, religiosas, religiosos, leigas e leigos que clamaram, às vezes duramente, por reforma. O Espírito Santo se manifesta através de homens ou mulheres do povo de Deus. Num segundo momento o magistério, geralmente num vir-depois, completando e corrigindo, assumiu, pela voz de Inocêncio ou Paulo, o movimento no qual tinha sentido o sopro profético da Graça. Não terá havido hoje uma certa omissão dos cristãos, para que tenha sido necessário que o próprio papa tomasse a iniciativa de pedir um concílio e uma reforma geral?[35]

No diálogo ecumênico, em questões delicadas que exigem precisão técnica, a palavra deve ser deixada para os especialistas. Mas em muitos pontos

---

32. O professor Vito, da Comissão de estudos e seminários, era membro de um instituto secular.

33. Manuel Larraín, bispo chileno de Talca: assistente do Secretariado Interamericano de Ação Católica e da A.C. do Chile; Mons. Cardjin: da JOC Internacional; Mons. Glorieux: do Comitê Permanente para os Congressos Internacionais de Apostolado Leigo; Pe. Richard: do Movimento Familiar Cristão; Pe. Miguel Benzo: ex assistente da JEC universitária espanhola e depois dos adultos de A.C.

34. D. DREHER, *Les laïcs et le concile*, trad. franc. em *Evangéliser*, Paris, n. 93 (nov.-dez. 1961) 264.

35. Temos de levar em conta que isso se deu, também, por causa de uma situação histórica de maior centralização na Igreja. E não esqueçamos as grandes vantagens que tem uma iniciativa de Roma, levando a uma concretização mais rápida. Por outro lado, o papa aproveitou o trabalho preparatório de grupos pioneiros.

se exige a colaboração dos leigos, muitos dos quais têm contato diário com protestantes ou ortodoxos e conhecem suas mentalidades, reações, dificuldades. Podem começar a criar um clima fraternal e trazer ao estudo da Igreja os problemas que surgem. No diálogo com o mundo, então, nem se fala; são os leigos que têm de se manifestar, trazendo a experiência vivida em seu meio: o sociólogo, o líder sindical, o filósofo, a mãe de família, o operário ou o estudante. Esse diálogo, que se faz coletivamente, entre Igreja e mundo, cada cristão vive individualmente em seu coração e sua mente, quantas vezes no dilaceramento interior. Está, pois, em consciência, obrigado a levar até a Igreja sua vivência e suas inquietudes. O leigo vive a *consecratio mundi* e conhece-lhe a dificuldade. Ele pressente as necessidades de renovação. "A Igreja não será perfeitamente representada a não ser que, além da cúria e do episcopado, o clero, principalmente os teólogos mais competentes e os leigos, possam participar ativamente na preparação do concílio", disse Pe. Congar[36]. Como podem pois os leigos participar ativamente?

A oração é um primeiro dever. Não nos deixemos ficar num plano meramente humano. Obra do Espírito Santo, o concílio se prepara no silêncio interior. Seus resultados dependem muito dos méritos da Igreja toda[37]. Não se espera pelo concílio; cada um começa a prepará-lo. Se ele é um chamado à renovação, esta deve começar na vida pessoal. Só aquele que se renova pode pedir reforma. Além disso, no trabalho, na família, na paróquia, os cristãos deveriam falar do concílio, de sua importância para a Igreja, criando um novo centro de interesses[38].

Há um campo de ação importante nos movimentos de apostolado leigo. Diversas organizações católicas recolheram sugestões e as enviaram a Roma. Também no plano de cada Igreja diocesana ou nacional, os fiéis se fizeram presentes na preparação, em contato com o bispo, futuro padre do concílio, dialogando filial e francamente com ele. "A comunidade episcopal não seria verdadeiramente viva se, apesar da comunhão de todos os bispos com o papa, esses não estivessem ligados entre si e com a comunidade dos fiéis, por todo um conjunto de relações vitais", disseram com ênfase os bispos holandeses[39]. "Os bispos participam também nos concílios como testemunhas da Fé e, por esse título, falam não somente em seu nome, mas como representantes (no

---

36. *Témoignage Chrétien*, Paris, 17 jun. 1960.
37. "Acontece num concílio o que acontece nos sacramentos. Mesmo válidos, permanecem estéreis e não realizam em nossa vida o que significam, sem nosso engajamento de fiéis numa caridade cheia de esperança" (Carta dos bispos holandeses, cit., col. 793).
38. "Pode-se mesmo dizer que os fiéis não têm nenhuma consciência de que o concílio lhes diz respeito" (D. Dreher, *Les laïcs...*, op. cit., 263).
39. Carta dos bispos holandeses, op. cit., col. 795.

sentido antigo e não parlamentar do termo) de suas dioceses, testemunhando a Fé de seus fiéis e também as realizações apostólicas desses últimos"[40].

Como vimos repetindo, a ação não se restringe ao concílio, mas atinge a Igreja toda, e então as oportunidades de influir são incontáveis. Entra aqui todo o tema da participação ativa do leigo na Igreja. Muito importante será o espírito dessa participação. Os bispos holandeses, pedindo crítica, exigem, porém, que "seja competente... depurada de amargura, rancor ou azedume próprios de um sentimento de inferioridade... A crítica católica é a expressão de um verdadeiro amor à Igreja... ela se faz acompanhar mesmo de uma certa tristeza cristã"[41]. Pe. De Lubac nos põe em guarda contra uma sorte de "neurastenia coletiva": "para os que são atingidos por ela, tudo se torna objeto de descrédito... A Fé pode permanecer sincera, mas está completamente minada. Começa-se a olhar a Igreja do exterior, para julgá-la. O gemido da oração transforma-se em recriminação humana. Por esse movimento farisaico, espécie de ruptura interna, ainda não confessada mas perniciosa, entra-se por um caminho que pode levar ao repúdio...". Completa porém: "Não se trata de deixar de sofrer. A indiferença poderia ser pior do que uma emoção excessivamente viva"[42]. A crítica deve ser construtiva e vivida na Caridade. Assim, estará sendo criada na Igreja a autêntica opinião pública pedida por Pio XII. "Faltaria alguma coisa em sua vida, se carecesse de opinião pública" (discurso de 18/2/1950).

O cardeal König, de Viena, dirigiu-se em termos enérgicos a seus fiéis, com o convite para uma ação adulta: "Quando tiverem qualquer coisa a dizer acerca do concílio, não esperem pelo bispo, não esperem uma palavra de Roma. Exortem quando acreditarem dever fazê-lo, apressem quando julgarem de-

---

40. Roger Aubert, citado por Pe. LABOURDETTE, op, Les saints conciles oecuméniques, *Revue Thomiste*, t. LXI, n. 3, 395. Opinião semelhante do canonista espanhol Echeverría: "Claro, os bispos não são no concílio os delegados de seus fiéis; eles são os seus representantes. Personificam sua Igreja... Entre o bispo, pois, e os fiéis, deve realizar-se um intercâmbio, não jurídico mas vital, de modo que estes exprimam, através daquele, seus desejos, aspirações e cuidados" *Signe du temps* (2 fev. 1961), seç. Azimuts, 26. Ver também em CONGAR, *Le Concile et les conciles*, op. cit., 308ss.

41. Carta, cit., col. 798. Em plena crise modernista, Blondel, leigo, advertia Loisy, ainda sacerdote, contra "uma espécie de irritação moral" (carta de 25 de fevereiro de 1904, em *Au coeur de la crise moderniste, correspondence*, op. cit., 199). O conselho infelizmente não foi ouvido.

42. Henri DE LUBAC, *Méditation sur l'Eglise*, op. cit., 249. Nesse livro — que é todo um hino de amor à Igreja, mas sem falsas ilusões — há um capítulo que merece ser meditado nestes tempos de reforma: "Nossas tentações em relação à Igreja", cap. VIII. Ver também, do mesmo teólogo, uma forte crítica contra falsas adaptações da Igreja aos tempos atuais, em *Paradoxes*, Paris, Seuil.

ver apressar. Sempre que tiverem ocasião, informem o mundo e os católicos sobre o concílio; mas digam também tudo o que o povo e os fiéis esperam do concílio. Então, o que começou na Esperança não cairá na desilusão, mas terá uma magnífica realização"[43]. Um concílio depende pois de cada um e da consciência de cristãos responsáveis[44].

Conclusão

DE QUE, EXATAMENTE, iria tratar o concílio? Soubemos, por palavras do cardeal Tardini, "que não é dirigido contra nada, nem contra ninguém. Visa antes atrair os que estão afastados da Igreja do que condenar"[45]. As decisões têm uma dose de imprevisibilidade. Nesse sentido, o Vaticano I foi um bom ensinamento. Um esquema sobre a Igreja foi preparado, ao lado de muitos outros pontos. Afinal, inesperadamente, o concílio tratou de um tópico isolado acerca da jurisdição e da infalibilidade papais[46]. Foi, porém, graças em parte ao material acumulado que, no princípio do século seguinte, Pio X pôde encomendar a seu secretário de Estado a elaboração de um Código de Direito Canônico.

Quantas esperanças postas no concílio! Os inquéritos de revistas especializadas recolheram as mais desencontradas sugestões. Teólogos entrevistados na Holanda e na Bélgica chegaram a um ponto comum: era preciso não esperar demasiado do concílio, a fim de não nos decepcionarmos depois[47]. Retomemos a idéia inicial. O concílio é apenas um momento privilegiado de uma reforma da Igreja toda. Temos de captar o espírito de renovação que entrou pela Igreja adentro e encarná-lo na solução de tantos problemas pendentes.

Pode bem ocorrer que, sociologicamente, haja um afastamento dos cristãos do centro da vida social e que os movimentos de maior eficácia histórica se façam sem ou contra eles. Em boa parte isso poderá acontecer por nossa

---

43. Citado em *Signe du temps* (4 abr. 1961) 19.
44. "Assim, na infalibilidade e apesar dela, esses atos participam da imperfeição da condição humana. O resultado de um concílio é sempre bom. Mas, muitas vezes, poderia ter sido melhor" (Carta dos bispos holandeses, cit., col. 794).
45. *La Documentation Catholique*, Paris, n. 1354 (18 jun. 1961), col. 796.
46. Ver em *Le concile et les conciles*, op. cit., o capítulo de R. Aubert dedicado ao Concílio do Vaticano I, 245.
47. Em *Informations Catholiques Internationales*, Paris, n. 159 (1º jan. 1962) 17. "Um concílio é ao mesmo tempo inteiramente obra humana e inteiramente fruto do Espírito do Cristo: direção carismática de esforços humanos realizados na Fé. Não se esperem milagres. Ainda que cada concílio tenha representado uma mudança e uma renovação na vida da Igreja, produziu também decepções" (Carta dos bispos holandeses, cit., col. 794).

culpa e nossos compromissos com o passado. Mas a Igreja tem promessa de vida eterna. Quando menos se espera, do coração mesmo de uma perseguição ou de uma crise, renasce com novo vigor[48]. Para quem vive com os olhos semicerrados no coração do mundo ocidental, uma tal perspectiva parecerá improvável. Não o é para os que tocam as franjas do mundo não cristianizadas ou a se descristianizarem. É a mensagem inquieta dos militantes que vêem pulsar ao vivo a condição humana. Sente-se isso no movimento subterrâneo que sacode a América Latina.

Para enfrentar essa ameaça, de uma Igreja em passageiro eclipse, surgiu o concílio, na visão poética e lúcida do papa, como "uma flor de inesperada primavera"[49]. A beleza da frase não pode esconder sua severidade. Inesperado renascer: não era previsto; o adjetivo parece dizer que tudo levava a crer no contrário, isto é, num ocaso. Mas a vontade de Deus vence as previsões e nos oferece uma nova oportunidade para mudar o rumo das coisas[50]. Assim, mesmo nas horas mais sombrias, o cristão guarda acesa a Esperança mais viva. Para além das dificuldades, por maiores que sejam, temos a certeza de uma Presença. Ela, incessantemente, lança a semente da Graça que, se cai entre pedras e espinhos, frutifica também em corações puros e em terras novas e imprevisíveis. Por isso, "o chamado do papa à renovação da Igreja vem, apesar do tom sério, carregado de alegria"[51]. Com a nova era que começa para o mundo, fomos chamados, nestes tempos conciliares, para renascer da eternamente jovem Igreja, pela mão da Esperança inesperada.

---

48. Quem preveria, no século V, que a Igreja, que parecia cair em Roma e praticamente desapareceria na África do Norte, onde tanto crescera, iria renascer nas orlas ocidentais da nação germânica, para sua aventura medieval? Aliás, segundo a descrição de Henri Marrou, o exemplo da África do Norte e suas Igrejas locais florescentes pode ser, em muitos aspectos, uma advertência à América Latina.

49. Discurso aos presidentes diocesanos da Ação Católica Italiana, *Revista Eclesiástica Brasileira*, Petrópolis, v. XXI, fasc. 3, 565.

50. Os cristãos todos — hierarquia e laicato — saberemos aproveitar uma oportunidade dessas, que permite uma participação ativa na civilização que nasce? Ou nos deixamos levar, nestes tempos que têm de ser de reforma, por pequenas mudanças, úteis talvez há cinqüenta anos? Estamos realmente conscientes de nossas responsabilidades? A maneira como muitos cristãos falam do concílio mostra que projetam sobre ele os passados quadros mentais de otimismo ingênuo e irresponsável, vendo talvez uma manifestação de força, ou equiparando-o a uma grande peregrinação simplesmente comemorativa. Mas o apelo do papa é para uma profunda transformação e um caminhar para a união. Tiramos todas as conseqüências dele na vida cotidiana de membros da Igreja?

51. Hans KÜNG, *Concile et retour...*, op. cit., 32.

23

As expectativas de um novo concílio

Entre 2001 e 2002, o National Catholic Reporter, dos Estados Unidos, enviou um questionário a cerca de trezentas pessoas espalhadas pelo mundo, perguntando que temas um futuro concílio deveria abordar. Obteve mais de sessenta respostas, um terço de religiosas, um terço do laicato e um terço de sacerdotes, entre os quais um cardeal e três bispos. O tema principal foi a necessidade de uma reforma no governo da Igreja. A sexualidade humana surgiu como um dos tópicos considerados mais relevantes. Outro ponto reiterado, em virtude da necessidade de amplo acesso à eucaristia, referiu-se à ordenação de homens casados, continuado pela ordenação de mulheres. Muitos outros itens foram indicados, alguns contraditórios entre si. O relatório apresentou extratos de respostas mais significativas[1].

Em maio de 2001 começou a circular uma carta aberta ao papa João Paulo II sugerindo a convocação de um novo concílio ecumênico, "em continuidade com o espírito do Vaticano II", que permitisse à Igreja Católica enfrentar "os grandes desafios da humanidade, em particular dos pobres, num mundo em rápida transformação e cada vez mais inter-relacionado". Sugere que "com as novas facilidades de comunicação e intercâmbio... seja concebido como processo conciliar, participativo e co-responsável... durante um tempo suficientemente amplo e com uma metodologia apropriada, para que a comunidade dos crentes possa pronunciar-se...". Assinaram 34 bispos de 9 países, Brasil, Argentina, Bolívia, Equador, Guatemala, México, Peru, Espanha e Japão (25 bispos eram brasileiros[2]), 917 sacerdotes, 1.471 religiosos e religiosas, 7.397

---

1. "Blueprint for Vatican III (cover story)", *National Catholic Reporter*, Kansas City, 3 de maio de 2002.

2. Cardeal Paulo Evaristo Arns, bispos Tomás Balduíno, Luiz Cappio, Luís Gonzaga Fernandes, Jacinto F. de Brito, Moacyr Grechi, Francisco Austregésilo, Waldyr Calheiros, Pedro Casaldáliga, Adriano Ciocca, Aparecido Dias, Antonio Fragoso, Xavier Gilles de Maupeou, Erwin Kräutler, Emanuel Messias, Antonio Possamai, Diamantino Prata, Eugê-

leigos e leigas e mais 342 pessoas sem especificação. O papa não respondeu, mas o cardeal Ratzinger reagiu significativamente: "Ainda não aplicamos totalmente o Vaticano II"[3].

Já em 1996 o cardeal John Quinn, ex-presidente da Conferência Episcopal Americana, num texto crítico sobre os problemas da Igreja contemporânea, propôs a convocação de um novo concílio[4].

Uma alocução especialmente eloqüente foi a do cardeal Carlo Maria Martini, em 7 de outubro de 1999, no sínodo dos bispos europeus. Ali ele retomou uma idéia do cardeal Hume e de Martin Luther King ("eu tive um sonho"): "Somos levados a interrogar-nos se, quarenta anos depois do início do Vaticano II, não estará amadurecendo pouco a pouco, para o próximo decênio, a utilidade e quase a necessidade de um confronto colegial e autorizado entre todos os bispos, sobre alguns temas nucleares que emergiram neste período. Além disso, há a sensação de que seria belo e útil para os bispos de hoje e de amanhã, numa Igreja sempre mais diversificada em suas linguagens, repetir aquela experiência de comunhão, de colegialidade e de Espírito Santo, que seus predecessores viveram no Vaticano II e que agora só é memória viva para poucos testemunhos. Peçamos ao Senhor, por intercessão de Maria, que estava com os apóstolos no Cenáculo, que nos ilumine para discernir se, como e quando os nossos sonhos poderão se tornar realidade". E indicou temas estratégicos que a Igreja deveria enfrentar nos próximos anos: "a posição da mulher na sociedade e na Igreja, a participação dos leigos em algumas responsabilidades ministeriais, a sexualidade, a disciplina do matrimônio, a prática penitencial, a relação com as Igrejas irmãs da ortodoxia e, mais em geral, a necessidade de reavivar a esperança ecumênica"[5].

Um ano depois do sínodo, Karl Lehmann, bispo de Mogúncia e futuro cardeal, voltava ao sonho na feira do livro de Frankfurt[6]. Vários outros bispos se manifestaram a respeito, como o arcebispo de Lisboa.

O arcebispo de Westminster, cardeal Murphy-O'Connor, declarou à revista *Il Regno*: "No consistório extraordinário de 2001, afirmei que veria o papa convocar um concílio pan-cristão, não porque o papa tenha jurisdição sobre

---

nio Rixen, Luiz Demétrio Valentini, Elias Manning, Franco Masserdotti, Mauro Morelli, José Maria Pires, Tiago Postma e Antonio Werlang.

3. José Maria MAYRINK, Bispos e fiéis pedem ao Papa o Vaticano 3º, *O Estado de S. Paulo*, 9 fev. 2003. Ver também *Iniciativa internacional hacia um nuevo Concílio, 2002-2003, Balance y perspectivas*, Madri, disponível em: <www.proconcil.org>

4. Revista *Confronti*, n. 1 (1997).

5. Publicado em *Adista*, Roma, n. 73 (16 out. 1999). A síntese publicada no *L'Osservatore Romano* de 23 de outubro ignora toda esta parte central da exposição!

6. Ver Jon SOBRINO, *Un nuevo concilio*, Madri, disponível em: <www.proconcil.org/document/Sobrino.htm>

todos os cristãos, mas porque em nossa aldeia global... o papa ocupa uma posição muito importante... pode-se ter um concílio cristão que o papa poderá presidir na caridade, com um programa preparado por um organismo ecumênico... O caminho ecumênico prossegue entre altos e baixos e precisa de algo novo; um concílio ecumênico pode ser muito útil"[7]. Na mesma revista, mais tarde, o cardeal Walter Kasper, presidente do Conselho Pontifício para a Promoção da Unidade dos Cristãos, dizia: "Creio que a proposta do cardeal Murphy-O'Connor tocou muito o coração do papa... Muitas iniciativas durante o jubileu tinham o mesmo espírito ecumênico... Esta proposta quer assumir como um tesouro estas experiências e pede uma nova aceleração do caminho"[8].

O teólogo centro-americano Jon Sobrino indica: "Agrada-me muito esta proposta de um novo concílio. E me parece importante que venha da América Latina... se a proposta viesse dos países da abundância... tratariam de temas importantes, mas no fundo talvez se reduzissem ao direito das pessoas na Igreja... corre sempre o risco de se restringir a um contexto burguês. Diferentemente, a América Latina continua sendo um continente de pobres e oprimidos, homens e mulheres, indígenas e negros... um concílio é, antes de tudo, recolher um grande clamor que hoje já não tem as altissonantes vozes que tinha no tempo de Dom Hélder Câmara, Monsenhor Romero — embora sempre haja vozes proféticas e compaixão"[9]. E num artigo para a revista *Carta a las Iglesias*, indica: "Em nossos dias, quem mais sonham são os pobres e as vítimas deste mundo. Esses sonhos dos pobres, além da fraternidade dentro do povo de Deus, são os que devem estar no centro do novo concílio... Nesse concílio deve ressoar a voz da África... a voz dos indígenas, sem palavra e sem nome, ...a voz dos mártires, ... a voz da mulher". E continua: "Pensam alguns que pedir por um novo concílio é coisa precipitada, arriscada, provocadora, desafiante. Pode ser, mas essa opinião soa mais a medo de que a idéia prospere... Seria um simplismo esperar um concílio de um dia para o outro... Por que não nos preparar todos... num 'processo conciliar' de largo período, com raízes nas Igrejas locais?"[10].

José Comblin, sempre desafiador, intervém no debate: "Um novo concílio não precisaria completar o Vaticano II em nível doutrinal. O desafio é a aplicação do Vaticano II... Chegamos a um ponto de concentração extrema de

---

7. Francesco STRAZZARI, Non tacerò, *Il Regno*, n. 6 (15 mar. 2002).
8. Citado em Marcelo BARROS, *Nova primavera para a Igreja*, op. cit.
9. Jon SOBRINO, Novo Concílio Ecumênico, grito de esperança universal, *Adital*, Fortaleza (16 ago. 2002). Em entrevista a José Manuel Vidal, em *La estrella digital*, Sobrino indica: "Perder o medo de avaliar e começar a pensar nos temas a abordar num próximo concílio: os leigos, a ordenação da mulher, o futuro da vida religiosa. E perder o medo da geografia. Por que não falar de um Mumbai [Bombaim I em lugar de um Vaticano III?"; disponível em: <www.proconcil.org>, 9 fev. 2004.
10. ID., *Un nuevo concílio*, op. cit.

poder... Se um futuro concílio não quiser entrar na problemática do poder, será um concílio inútil, o que já aconteceu na história da Igreja... O fundo do problema do poder é a relação entre o clero e os leigos... Antes de resolver esse problema de poder na Igreja é difícil imaginar um concílio universal de todos os cristãos... Um concílio universal supõe uma longa preparação e a solução do problema da relação clero–povo"[11].

D. Demetrio Valentini, bispo de Jales, pede que se desencadeie logo um processo conciliar que estimule a participação de todos, devendo ser um "concílio novo" no modo de se realizar, com as novas maneiras de participação que a comunicação eletrônica possibilita hoje. Pede que se escutem os novos sujeitos eclesiais, e aí se refere à mulher na Igreja e na sociedade, e que se leve em conta o campo da inculturação da Fé, que no tempo do Vaticano II ainda não tinha emergido na consciência eclesial[12].

O texto mais abrangente é do monge Marcelo Barros, do Mosteiro da Anunciação de Goiás, que fala em uma nova primavera na Igreja Católica. Cita o final da carta de D. Hélder Câmara a Jerónimo Podestá, indicada no capítulo 21. "Quando se sonha só é apenas um sonho. Quando sonhamos juntos é o começo de uma realidade." O poeta-compositor Zé Vicente, aliás, retomou a idéia numa de suas canções, repetida nas comunidades cristãs.

Assinala Marcelo Barros: "Quase tudo está para fazer. As chances que temos com relação a este processo virão das bases e não das cúpulas". A possibilidade de que "possa contribuir para uma nova primavera nas Igrejas de Deus será se for, cada vez mais, assumido pelas bases das Igrejas e desde logo se tornar verdadeiramente ecumênico... O primeiro passo para um processo conciliar é mesmo retomar o Concílio Vaticano II... no seu espírito mais profundo e sua abertura ao futuro... desembocará em assuntos e questões que o concílio não podia prever. São temas e desafios absolutamente novos, como informática, biotecnologia... Além disso, o que o torna totalmente diferente é sua natureza pan-cristã... Alguns autores afirmam que quando o papa João XXIII pensou o Vaticano II ele sonhava com um concílio ecumênico não só no sentido de 'geral' da Igreja Católica, mas interconfessional. Teve de desistir. Agora, temos esta chance e podemos viver uma verdadeira assembléia do Povo de Deus e não apenas um concílio de bispos".

E, ao final, traz uma data possível. "Seria fantasioso demais imaginar trabalhar durante dez anos uma década de movimento conciliar pela unidade

---

11. José COMBLIN, *Um novo concílio?* (27 abr. 2003), disponível em: <www.proconcil.org/document/Comblin.htm>

12. D. Demetrio VALENTINI, Novo processo conciliar, exposição na "Conferência 2003, o Cristianismo na América Latina e no Caribe", São Paulo, julho de 2003, disponível em: <www.proconcil.org>

e conseguirmos realizar o concílio da unidade em 2012, quando se completarão 50 anos do Concílio Vaticano II?"[13]

Em entrevista de 2003 indiquei que "o pobre será um dos temas centrais em discussão ao lado de questões como a ética da reprodução (aborto, contracepção, sexualidade etc.), a ligação dos leigos com os clérigos e o diálogo inter-religioso". Na mesma matéria, D. Demétrio Valentini afirmava: "A preocupação é recuperar as portas abertas pelo Vaticano II que foram fechadas, porque se estancou o impulso renovador". Para D. Tomás Balduíno o novo concílio poderia ser um retrocesso em relação ao Vaticano II, se prevalecesse nele a correlação de forças que se vê hoje no governo da Igreja: "O concílio não pode ser como o sínodo, que se tornou um conselho consultivo do papa"[14]. Entretanto, o Vaticano II, num de seus documentos, tinha sido bem mais ambicioso: "A venerável instituição dos sínodos e dos concílios floresçam com novo vigor"[15].

Em setembro de 2002 se realizou na Universidade Carlos III de Madri um Encontro Internacional para a Renovação da Igreja Católica, com 500 participantes, com o lema, inspirado no Fórum Social Mundial, "Outra Igreja é Possível", no qual participou também D. Tomas Balduíno, que indicou que nos últimos anos "houve um retrocesso muito forte e é importante resgatar o que foi apagado do Vaticano II". Ao final do encontro, numa mensagem às comunidades, se pedia "refletir sobre a forma de ser e de organizar-se como Igreja no mundo"; "abrir plenamente as comunidades eclesiais aos pobres, aos migrantes e às pessoas moralmente marginalizadas"; "cumprir realmente os direitos humanos em suas relações internas"; "reformular os ministérios... abrindo-os à plena participação das mulheres, sem que o celibato tenha de ser obrigatório". E concluiu: "que este processo conciliar reviva a primavera eclesial dos tempos do papa João XXIII, que pediu para a Igreja o que hoje todos desejamos: um novo Pentecostes"[16].

Há uma pista interessante aberta por João Paulo II. Na recente exortação apostólica pós-sinodal *Pastores Gregis*, incentiva a realização de "concílios particulares" e "concílios provinciais". Para o papa, nos concílios particulares, "onde tomam parte também presbíteros, diáconos, religiosos, religiosas e leigos... exprime-se de modo imediato não só a comunhão entre os bispos, mas também a comunhão entre as Igrejas... requerem uma diligente reflexão na preparação... o lugar dos concílios particulares não pode ser ocupado pelas con-

---

13. Marcelo BARROS, *Nova primavera para a Igreja*, op. cit.
14. José Maria MAYRINK, *O Estado de S. Paulo*, op. cit.
15. Decreto *Christus Dominus*, *Documentos del Vaticano II*, Madri, Autores Cristianos, 1967, 332.
16. *Servicio de comunicación de la corriente somos Iglesia*, disponível em: <www.eurosur.org/somosiglesia>

ferências episcopais... Contudo as conferências episcopais podem ser um válido instrumento para a preparação dos concílios plenários" (n. 62 do texto)[17].

Dois jovens leigos espanhóis, Emilia Robles, psicóloga, e Javier Malagón, comunicólogo, são coordenadores de Proconcil, iniciativa internacional em favor de um novo concílio. Difundem permanentemente material a respeito, que foi base para boa parte da informação aqui recolhida. Eles vêem, em diferentes orientações eclesiais, uma sensibilidade apenas favorável a uma abertura, ao diálogo e à distensão, uma sensibilidade reformadora que pede reformas concretas e, finalmente, uma sensibilidade refundadora, que aspira a uma mudança radical das estruturas eclesiais. Apontam para três tendências conciliares: uma consultiva, na linha apontada pelo papa em *Pastores Gregis*, mediante concílios particulares; uma segunda consensual, com a participação mais ampla dos fiéis, mas mantendo o poder decisório dos bispos; finalmente uma que chamam democrática, sem precisá-la muito claramente, pedindo a capacidade de decidir para todos os fiéis[18]. Tudo isso ainda no âmbito da Igreja Católica, sem avançar numa perspectiva ecumênica.

Está aberta, pois, uma ampla discussão. Mais importante do que um futuro concílio é o processo conciliar e o clima de debate que pode ir se conformando. Já houve concílios que despertaram expectativas e quase não tiveram resultados relevantes, como o de Latrão IV, convocado por Inocêncio III em 1215, num momento de apogeu da Igreja. O próprio Vaticano II nasceu, na intenção primeira de João XXIII, voltado para a busca da unidade entre os cristãos. Houve logo depois um realinhamento de prioridades. A cúria romana, surpreendida pelo anúncio do papa em janeiro de 1959, logo se refez do susto e tomou nas mãos a preparação de documentos cuidadosos e tradicionais, numa sistemática inicial com poucas possibilidades de transformação. Mas já na primeira sessão, logo depois de um forte mal-estar, com as intervenções, entre outros, dos cardeais Liénard, Suenens, Lercaro e o apoio discreto do próprio papa, o clima mudou, ainda que a cúria mantivesse uma forte presença reguladora. O resultado final ultrapassou as tentativas do poder central de impor um freio. Olhando a correlação de forças atual e uma "volta à grande disciplina"[19], um concílio realizado no curto prazo poderia ser prematuro e cooptado pelo poder curial centralizador. Mas há sempre surpresas pela frente, e a ação desestabilizadora e subversiva do Espírito Santo. De toda maneira, é importante começar desde já um debate sobre os temas atuais mais candentes e preparar uma agenda corajosa para a Igreja. Isso nos encaminha ao capítulo final.

---

17. *L'Osservatore Romano*, n. 43, 25 out. 2003, 21.
18. *Iniciativa internacional hacia un nuevo concilio, 2002-2003. Balance y perspectivas*, op. cit.
19. João Batista LIBANIO, *A volta à grande disciplina*, São Paulo, Loyola, 1983.

24

Agenda para uma Igreja com temas congelados

Tempos de crise

Um livro do jornalista Peter Steinfels, de 2003, sobre a Igreja nos Estados Unidos, mencionado em capítulo anterior, faz um balanço alarmante. Já o título é indicativo: *Um povo à deriva (A people adrift...)*. O diagnóstico começa sombrio: "Hoje, a Igreja Católica Romana nos Estados Unidos está à beira de um declínio irreversível ou de uma dolorosa transformação". Para o autor, a crise teria começado antes mesmo das revelações sobre a pedofilia. Ele vê um ponto de inflexão em 1968, com a encíclica *Humanae Vitae*. Ela teria sido, na consciência eclesial, o que a guerra do Vietnã representou na consciência nacional. A partir dos anos 1960, o tópico mais controvertido passou a ser o ensino da Igreja sobre a sexualidade e as mulheres[1]. Esse livro contrasta com outro, escrito por Charles Morris em 1999, excelente panorama da história da Igreja no país, com o sugestivo subtítulo: "O santos e pecadores que construíram a mais poderosa Igreja da América"[2].

A crise se estende a outros países. Durante o concílio, a Igreja holandesa aparecia pujante, rica em iniciativas, reflexão e experimentações. O cardeal Alfrink era presença significativa nos debates conciliares. O dominicano Schillebeeckx era um dos teólogos mais presentes, junto a colegas franceses e alemães. Tensões internas, a partir de setores conservadores, dividiram a Igreja. Destes vieram novas nomeações episcopais. Um sínodo nacional, realizado

---

1. Peter STEINFELS, *A people adrift. The crisis of the Roman Catholic Church in America*, op. cit., 1, 7, 253, 257.

2. Charles R. MORRIS, *American catholic. The saints and sinners who built America's most powerful Church*, Nova York, Vintage Books, 1999.

em Roma, alinhou a Igreja numa direção tradicional. Esvaziaram-se movimentos leigos e de juventude, diminuíram as vocações religiosas e sacerdotais. Isso se deu no bojo de um violento processo de modernização e de secularização da Europa do pós-guerra.

Pude presenciar pessoalmente um processo similar no Canadá francês. Ali encontrei, em 1957, uma Ação Católica especializada forte, com milhares de jovens, publicações, um enorme secretariado nacional da JEC. Havia um certo clima de cristandade, em que ser franco-canadense e católico se confundiam. Voltei em 1961 e o contraste foi surpreendente. Montreal transformara-se numa cidade moderna e cosmopolita, as igrejas se esvaziavam e, ricas até poucos anos atrás, agora organizavam bingos nas sacristias para financiar-se. Duas intervenções do episcopado na Ação Católica, especialmente na JEC, para conter iniciativas, a enfraqueceram e fecharam-se revistas e publicações. Morte da cristandade no Québec, para empregar a expressão de Mounier[3].

Sempre reagi contra a idéia de uma secularização linear e inevitável, na linha da Cidade Secular de Harvey Cox[4]. O sagrado está profundamente presente em nossas sociedades, mas num mundo pluralista e de pós-cristandade. E nem sempre a Igreja Católica soube entender esses novos tempos e um outro clima.

O filósofo católico Pietro Prini, num livro provocador, falou de um cisma oculto ou subterrâneo (*scisma sommerso*) a partir de uma quebra de comunicação entre Igreja e sociedade. E indica: "O *aggiornamento* da Igreja no mundo contemporâneo, iniciado no concílio e continuado por uma geração de teólogos excepcionalmente preparada e aberta, foi estancado nos últimos anos, logo quando era necessário ter a coragem de confrontar a Fé com os resultados doutrinários e metodológicos das ciências antropológicas de hoje". Rompeu-se a comunicação entre o emissor da mensagem, com seus códigos tradicionais (a Igreja), e o receptor contemporâneo, com sua nova sensibilidade e suas novas necessidades. Sempre deve haver uma reciprocidade ativa entre quem envia e quem recebe uma mensagem. Este último não é um ser passivo que acolhe indiferente enunciados gerais, a-históricos ou passadistas, mas tem uma qualificação psicológica, mental, social e histórica precisa[5]. Uma certa linguagem clerical, autoritária e impositiva passa a não lhe dizer grande coisa. Seu comportamento vai se configurando à margem de normas e prescrições que lhe parecem estranhas e incompreensíveis.

---

3. Emmanuel MOUNIER, *Feu la chrétienté*, op. cit.

4. Harvey COX, *The secular city*, Nova York, Macmillan, 1965. Ver meu livro *A utopia...*, op. cit., cap. 15.

5. Pietro Prini, *Lo scisma sommerso. Il messagio cristiano, la società moderna e la Chiesa cattolica*, Roma, Garzanti, 1999, 9.

Diante de uma ética e de receitas com invólucros de outros tempos, o fiel comum não entra em heresia (negação de uma doutrina), mas toma um distanciamento da autoridade (*distacco*, em italiano), que caracterizaria mais bem um cisma de fato, um não-recebimento de uma mensagem ou ordem na qual não descobre sentido. Não se trata propriamente de indiferença, mas de um processo de filtragem. Isso fica claro no que se refere à ética da sexualidade (uso de anticoncepcionais, por exemplo). As falas do magistério podem perder-se no vazio da não-comunicação. A pesquisa do CERIS já referida no capítulo 16 indicou fortes discrepâncias entre a conduta individual e as orientações da Igreja. Uma pesquisa de Steinfels para o *New York Times*, em 1993, indicava que 8 entre 10 católicos americanos não aceitavam a afirmação de que o uso de métodos artificiais de controle da natalidade era errado; 9 de cada 10 consideravam que alguém que utilizasse métodos artificiais poderia ser um bom católico[6].

Prini fez a crítica a um certo "personalismo substancial", baseado numa noção de essência imutável, para contrapô-lo a um "personalismo intersubjetivo", baseado na intercomunicação e na troca de conhecimentos e de sensibilidades[7]. É praticamente o "personalismo comunitário" de Emmanuel Mounier e a relação Eu-Tu de Martin Buber[8]. A doutrina não teria de adaptar-se passivamente a novas exigências, o que seria cair num relativismo ético, mas tratar de entender os novos códigos de linguagem, rever-se sem renunciar a solidariedades profundas, integrar novas descobertas e entrar em sintonia fina com a consciência histórica em transformação. Aliás, a noção de "consciência histórica", que aprendemos na JUC e na AP com nosso mestre Pe. Henrique de Lima Vaz, nos ajudaria a esse respeito[9].

Uma agenda para o mundo

UMA NOVA AGENDA para a Igreja teria de partir das premissas acima enunciadas. Começamos com os grandes temas do mundo de hoje, que deveriam fazer parte dessa agenda atualizada da Igreja. Mas ao lado deles temos outros, em sua vida interna. Para usar termos dos tempos do Vaticano II, elementos *ad extra* e *ad intra*. Há que partir dos primeiros, para evitar uma visão apenas voltada para dentro da instituição.

---

6. Peter STEINFELS, *A people adrift...*, op. cit., 258.

7. P. PRINI, *Lo scisma...*, op. cit., 85-90.

8. MOUNIER, Manifeste au service du personnalisme, *Oeuvres*, op. cit., v. I; Roberto BARTHOLO Jr., *Você e eu. Martin Buber. Presença palavra*, Rio de Janeiro, Garamond, 2001.

9. Ver do autor *Escritos de filosofia*, op. cit., 141-156, e *Cristianismo e consciência histórica*, op. cit. Ver textos do Pe. Vaz sobre o tema no capítulo 5 deste livro.

Como indicado antes, o Vaticano II foi o esforço tardio de encontro da Igreja com o mundo moderno, ela que tivera tanta dificuldade para entendê-lo e vivera, no começo do século XX, a "crise modernista". O concílio terminou em 1965 e, três anos depois, em 1968, foi emergindo a consciência de uma modernidade em crise e o prenúncio de uma nova época. Evito falar de pós-modernidade, por julgar esse conceito ainda moderno (visão linear da história, do pré ao pós) e marcado por uma visão fraturada e carente de sentido da história. A tradição judeu-cristã se distancia dessa ótica desconexa. Mas de toda maneira foi se manifestando uma ruptura. Novos tempos aquarianos, cantavam os jovens da contracultura.

Já em 1932, Emmanuel Mounier pressentira uma crise de civilização à frente e propunha um programa de recomeço: "refazer a renascença", tempo em que surgira a modernidade[10]. Em meu livro sobre *A utopia surgindo no meio de nós* me estendo sobre esse processo complexo, que vai além de mudanças políticas ou econômicas e assinala uma verdadeira mutação social, psicológica e cultural.

A primeira grande tarefa de um novo concílio será entrar em sintonia com essa idade nova[11] e seus "sinais dos tempos", entender criticamente seus códigos, em reciprocidade ativa.

Mas esses novos tempos aprofundaram as desigualdades na sociedade e entre as nações. Mundo do desenvolvimento tecnológico e da exclusão social. Mundo do pobre.

Nunca foi mais atual e irrenunciável a opção preferencial pelos pobres, pelos "condenados da terra" (Fanon). Em 1843, Proudhon escreveu acidamente: "A Igreja não ama mais os pobres"[12]. Interpelação desafiante aos cristãos. O novo concílio deve continuar Medellín e Puebla, e por essa razão o protagonismo da América Latina será fundamental, assim como a presença africana e dos pobres e párias da Índia. D. Hélder não conseguira, no Vaticano II, num clima basicamente europeu, introduzir a idéia de Igreja dos pobres. Por eles e seu "potencial evangelizador" (Puebla) se concretiza a universalidade da salvação de todos os homens e mulheres.

Os novos sujeitos históricos deverão ser levados em conta. Entre eles, os mais contestadores e desafiantes são as mulheres. Costumo dizer que os movi-

---

10. MOUNIER, Refaire la renaissance, *Oeuvres*, op. cit., v. I, 137-174. Mounier et sa génération. Correspondance, *Oeuvres*, op. cit., v. IV, carta de 1941, 477.

11. Termo muito caro a Alceu Amoroso Lima que, nos anos 1930, publicou dois livros com essa idéia no título. Com uma ponta de exagero, talvez possamos ver aí uma tradução antecipada da New Age.

12. Henri DE LUBAC, *Proudhon et le christianisme*, Paris, Seuil, 1945, 105.

mentos femininos e feministas são os subversivos por excelência, já que põem o dedo na mais antiga das dominações, a patriarcal. Num primeiro momento, através das sufragistas, exigiram igualdade de direitos. Mas freqüentemente o dominado, para achar espaço, tem de seguir o modelo do dominador. Igualdade sim, mas com direito à diferença, sem precisar copiar e repetir o mundo masculino. Rose Marie Muraro fez essa crítica num de seus livros[13].

O imperialismo ocidental impusera o mundo branco. Outras etnias se rebelaram. No Brasil, os movimentos negros irromperam com vigor, denunciando os racismos larvares ou explícitos num país escravocrata até bem pouco antes. E recuperaram sua cultura, seus valores, sua espiritualidade e suas tradições religiosas. Na América, as comunidades originais redescobriram sua força, seus hábitos e sua maneira de ser e de viver, dos valentes araucanos do sul do continente aos quíchuas, aimaras, os povos centro-americanos, do México, dos Estados Unidos e do Canadá. O zapatismo, no México, foi a grande manifestação de um povo que reivindica sua identidade, superando altaneiro seus complexos ancestrais e surgindo como sujeito político e social[14]. A categoria da diferença, lançada pelas mulheres, impôs o pluralismo de um universal das diversidades, numa perspectiva intercultural.

Mas a sociedade foi também superando uma visão antropocêntrica e descobrindo as múltiplas dimensões da vida no planeta terra. Direitos da pessoa, mas também direitos do planeta, ensinou Roszak[15]. A terra como grande útero, fonte da vida, mãe Gaia. Há uma nova sensibilidade ecológica, num planeta ameaçado pela destruição. E a grande preocupação para os próximos anos será a água. A campanha da fraternidade de 2004, na Igreja brasileira, tem como tema "Água, fonte de vida".

O chamado mundo pós-industrial trouxe grandes transformações com a informática, a robótica, a engenharia genética e a biotecnologia[16]. Mundo interligado, há uma intensa intercomunicação e intercâmbio. O termo globalização tem sido freqüentemente reduzido a aspectos da circulação do capital financeiro e das bolsas, nas mãos dos setores econômicos dominantes. Ela apenas reforça as desigualdades e o arbítrio dos poderosos. Mas globalização pode ser vista numa perspectiva mais ampla, que prefiro cha-

---

13. Rose Marie MURARO, *Seis meses em que fui homem*, op. cit.
14. Uma nova solidariedade e uma nova auto-estima foram vencendo o "complexo da Malinche", analisado por Octavio PAZ em *Los laberintos de la soledad*, México, Fondo de Cultura Económica, 1965.
15. Theodore ROSZAK, *Person-planet...*, op. cit.
16. Ver meu livro *A utopia...*, op. cit.

mar de mundialização ou planetarização. Já faz alguns anos falava-se de "aldeia global"[17].

A robótica, a longo prazo, libera o homem de trabalhos pesados mas, mais imediatamente, dispensa mão-de-obra e leva à desocupação. O processo é contraditório.

A engenharia genética abre insuspeitados caminhos de intervenção na fonte da vida, com terríveis ambiguidades: ampliação dos horizontes da saúde e do bem-estar, manipulação perigosa de aprendizes de feiticeiros. A bioética está ainda balbuciante e caminha indecisa e questionadora. São mais as interrogações do que as pistas de respostas.

Aliás, essa é uma característica do mundo moderno. A rapidez das transformações coloca sempre novos desafios e situações inéditas. Isso obriga a análises cuidadosas, sem respostas definitivas ou unívocas. A Igreja, habituada a um mundo tecnocientífico bem mais simples, acostumou-se a querer dar orientações taxativas para todo tipo de comportamento humano ou decidir inflexível sobre as teorias científicas. Seu equívoco diante de Galileu levou a um arrependimento tardio, mas não necessariamente produziu maior cautela e humildade para a frente.

E aqui se abre o complexo campo da ética das relações humanas, do corpo e da sexualidade. Há um diálogo de surdos da Igreja com o mundo a esse respeito e uma verdadeira esquizofrenia entre normas proclamadas e práticas habituais, como indicado acima[18].

O tema do prazer é, com certa facilidade, ligado à culpa e ao pecado, numa denúncia teimosa de uma civilização hedonista, que pode ter uma certa parte de razão, mas que não esconde um pessimismo sobre a natureza humana na velha tradição jansenista. A prática sexual é muitas vezes reduzida a uma necessidade de reprodução da espécie e a um "remédio diante da concupiscência" e não ao desenvolvimento das relações corporais da inter-relação humana no que tem de enriquecedora e de prazerosa. Pietro Primi é taxativo: "Esta 'tolerância' na relação da sexualidade com o prazer trouxe graves conseqüências na compreensão do problema ético da sexualidade por dois milênios de história cristã. A distância diante do Cântico dos Cânticos e de outros textos bíblicos é sideral". E propõe uma nova ética interpessoal da sexualida-

---

17. Quelle "autre mondialisation", *Revue du Mauss*, Paris, La Découverte, n. 20, (2º sem. 2002); Arjun APPADURAI (ed.), *Globalization*, Durham, Duke University Press, 2001; Jacques CHONCHOL, *Hacia donde nos lleva la globalización?*, Santiago, Lom ed., 1999; Globalización, metropolización y desigualdades sociales, *América Latina*, Santiago, Arcis (1º sem. 2003).

18. Lucia RIBEIRO, *Sexualidade e reprodução*, op. cit.

de, na reciprocidade corpórea do amor, no prazer comunicativo[19]. Não se trata de aceitar um vale-tudo ou uma permissividade egocêntrica mas, ao contrário, de abrir os espaços da sexualidade às relações interpessoais do eu-tu, que leva naturalmente ao nós plural da reprodução, à descoberta de um espaço do eros com sua beleza própria. Uma atitude de medo e de repressão não sabe ver a diferença entre o erotismo instigante e a pornografia destrutiva.

Aliás, essa repressão pode ser fonte de inibições e, pior ainda, explodir em perversões. A violência e o abuso sexual no interior das próprias famílias e das comunidades sociais e religiosas são o sinal de uma relação doentia em relação a essa temática. A pedofilia, que explodiu como um escândalo mundo afora, é apenas uma parte de um problema ainda maior.

A sexualidade é um tema que a Igreja dos clérigos, com o celibato obrigatório e imposto, tem tratado normalmente com desconforto e rigidez. Peter Steinfels, aliás, analisando os casos de pedofilia entre os sacerdotes, os vê como bem mais complexos, tendo a ver, em parte, com um mau tratamento do tema da homossexualidade[20]. E esta é uma área mal trabalhada, no relativo às diferentes opções sexuais e à situação dos homossexuais e das lésbicas na sociedade e nas religiões, como grupos humanos discriminados. Neste momento, o debate violento na Igreja anglicana em torno à ordenação de um bispo *gay* e a ruptura que se está produzindo nela mostram a enorme dificuldade para enfrentar essas situações. Mas elas estão presentes em tantas comunidades sociais e religiosas e são negadas ou ocultadas.

Em alguns ambientes se encontra, às vezes inconsciente, um certo clima de misoginia. Assim, a presença de pastoras ou mulheres bispos episcopais ou metodistas ameaçam e enervam certos círculos católicos. O medo diante de um papa mulher vem de mais atrás, e está na base da lenda apócrifa da papisa Joana[21]. Às vezes vale fazer apelo a um certo humor e a contos que revelam temores inconscientes, para desmistificar assim temas que são evitados com certo pudor. Aliás, em matéria de costumes, a Igreja já viu coisas piores no passado, com a poderosa Marósia, que teve seu filho eleito papa aos 21 anos, ou nos tempos escandalosos da corte do papa Borgia. Isso deveria levar a uma

---

19. P. PRINI, *Lo scisma sommerso*, op. cit., 75-84.
20. Peter STEINFELS, *A people adrift...*, op. cit., 275.
21. Cesare D'ONOFRIO, *La papesa Giovanna. Roma e papato tra storia e leggenda*, Roma, Romana Società Editrice, 1979. Livro, com gravuras antigas, conta estórias apócrifas de uma Roma escondida. Assinalando que não há base histórica alguma, ali se narra a lenda da existência de uma papisa, que teria dado à luz durante uma procissão entre a igreja de São Clemente e São João de Latrão. Vem referida também a falsa e *pazzesca favola* de que os papas, num certo tempo, ao ser entronizados na sua basílica de Latrão, estariam sujeitos a um exame físico, para comprovar que eram homens (58 e 87).

maior humildade e a um maior cuidado no trato de problemas sérios que exigiriam uma enorme dose de prudência, delicadeza e muita compaixão.

Voltando aos grandes temas do mundo de hoje, ao lado dos enormes avanços da técnica e da ciência temos o crescimento da violência e da destruição. O século XX viu duas grandes conflagrações e sempre esteve sacudido por conflitos regionais e locais. Entramos nesse clima no novo milênio, com o 11 de Setembro, a invasão do Afeganistão e do Iraque, com a destruição recíproca de judeus e de palestinos, atentados suicidas ali e na Chechênia. Os fundamentalismos levantam a bandeira da guerra santa e uma direita no Ocidente chama a uma nova cruzada. Nesse sentido, tem sido um sinal profético e firme a notável posição de João Paulo II, condenando guerras e violências, defendendo os direitos humanos das vítimas e denunciando o uso blasfemo do nome de Deus para justificar conflitos bélicos. Deve haver um compromisso firme e claro das Igrejas com a paz, assim como o testemunho de uma prática exemplar de não-violência ativa. O Conselho Mundial das Igrejas propôs, em Basiléia (1983), para um processo conciliar, o tema "Paz, Justiça e Defesa da Criação".

Uma agenda interna

VEJAMOS AGORA OS desafios próprios da vida interna da Igreja. Como temos afirmado, a Igreja do segundo milênio, no Ocidente, com a reforma gregoriana do século XI, tornou-se basicamente uma instituição dos clérigos, que concentraram neles o poder. É interessante notar que dois livros críticos sobre a Igreja nos Estados Unidos se referem ao tema do poder dos leigos na Igreja. Para Steinfels, há que desenvolver sempre mais a liderança leiga[22].

Mas o tema é tratado com mais desenvolvimento e com propostas concretas em outro livro de 2003, de David Gibson, com expressivo subtítulo: "Como os fiéis estão moldando o novo catolicismo americano". Citando outro autor, Scott Appleby, propõe passar da trilogia pagar–rezar–obedecer (*pay, pray, and obey*), para permanecer–rezar–pressionar (*stay, pray and inveigh*). Vê uma presença crescente dos fiéis na vida litúrgica a partir do Vaticano II (cap. 3, "Altar egos: who runs the show"). Procura entender o êxodo ("Por que estão partindo"), para descobrir mais adiante o mistério da identidade católica que leva tantos a permanecer. E constata uma revolução do povo de Deus a partir da base (cap. 6, "Revolution from below. 'We, the people of God'"). "Uma reforma de governabilidade [*governance*] deveria centrar-se

---

22. Peter STEINFELS, *A people adrift...*, op. cit., 358.

no laicato e recuperar sua confiança — o fator crítico para resolver a crise —, envolvendo-o mais fortemente na administração da Igreja."²³

Vale notar que na Igreja dos primeiros séculos havia uma presença importante dos leigos. O bispo de Orígenes, Demétrio, ficou descontente quando outros bispos pediram àquele, ainda leigo, que explicasse as Escrituras no templo. Isso lhe valeu uma resposta cortante de Alexandre de Jerusalém e de Teocristo de Cesaréia: "Dizes em tua carta que é um fato inédito um leigo pregar diante de um bispo. A alegação é inexata. Em todo lugar onde se encontram homens competentes, se pede a eles, pelo bem dos irmãos, para falar ao povo sobre os Santos Padres. Assim, em Laranda, Evélpio foi convidado por Neão e, em Icônia, Paulino por Celso"²⁴.

Há também o grande tema dos ministérios. Desde as primeiras comunidades cristãs, foram surgindo diferentes serviços — diaconias — numa distribuição de tarefas. O episcopado e o presbiterado eram apenas duas delas, ainda que as mais importantes. Mas nos últimos tempos se insistiu na distinção entre ministérios ordenados e não-ordenados, com demasiada subordinação destes àqueles. As chamadas ordens menores, há alguns anos, eram apenas etapas para as ordens maiores. A redescoberta de um diaconato autônomo e específico de homens casados abriu entretanto novos caminhos. Haveria que redescobrir a multiplicidade dos ministérios, superando sua polarização. Há sempre novas necessidades, que exigem criatividade — e outras atividades a ser inventadas. Estaríamos assim mais perto das comunidades cristãs primitivas, com suas inúmeras diaconias, do que das estruturas mais rígidas de uma Igreja pós-tridentina.

Além disso, é importante separar o presbiterado da vida religiosa. Esta, nas ordens tradicionais, não se reduzia aos clérigos. São Francisco de Assis, por exemplo, foi religioso não-ordenado quase toda a sua vida, e só depois de insistências é que aceitou receber apenas o diaconato. As congregações religiosas modernas é que foram sendo constituídas por clérigos. Têm nelas irmãos leigos, mas como uma categoria subordinada. Na verdade, uma comunidade masculina de vida religiosa apenas precisaria de alguns presbíteros para presidir a eucaristia e administrar sacramentos que lhes são reservados.

O celibato é mais próprio da vida religiosa, vida em comum, do que do presbiterado. Foi a Igreja ocidental que prescreveu o voto do celibato para os clérigos. Isso não se encontra nas Igrejas do Oriente. Não há uma razão

---

23. David GIBSON, *The Coming Catholic Church. How the Faithful are Shaping a New American Catholicism*, op. cit.., 35, 53, 63, 82, 109, 343 e 344.

24. Pierre-Henri DE LAGNEAU, *Apostolat des premiers chrétiens*, Paris, Les éditions ouvrières, 1957, 20.

doutrinal para a não-ordenação de homens casados, só uma medida disciplinar. Diante da diminuição de vocações, e das necessidades inadiáveis para a celebração eucarística nas comunidades, há a consciência crescente num número cada vez maior de bispos — ousaria dizer que hoje são uma grande maioria silenciosa — para a revisão dessas normas. Fala-se disso em voz baixa ou por alusões indiretas, em assembléias eclesiásticas. Um novo pontificado quase certamente terá de enfrentar o problema.

O celibato, como opção livre, pode ter uma dimensão positiva de dom e não apenas de renúncia. No poema de Pedro Casaldáliga citado no capítulo 18, dedicado a jovens que optam pelo celibato, ele fala de uma "paz tan libre como armada" e indica: "hábreis de amarlo todo, todos, todas, discípulos de Aquél que amó primero". Não se trataria de uma fuga, uma sublimação neurótica, mas do descobrimento de um amor que se abre a todos, numa relação de alteridade e não de recuo sobre si mesmo.

Há um anseio crescente para repensar a vida religiosa, respeitados os carismas fundadores. Aliás, as reformas no mundo beneditino ou no Carmelo foram uma necessidade de atualização e de purificação. As iniciativas de Bernardo ou de Teresa podem voltar em revisões coletivas. É interessante notar que esse movimento aparece mais dinâmico e criativo nas congregações e ordens femininas do que nas masculinas. Experiências de religiosas inseridas, abandonando obras tradicionais, e sua presença como agentes de pastoral mostram a vitalidade de um processo renovador.

E isso nos encaminha ao tema das mulheres na Igreja. Elas são maioria nas comunidades e nos serviços, mas continuam subordinadas aos clérigos. Leigas, religiosas, membros de institutos seculares, representam talvez, hoje, o setor mais vital na vida eclesial. A velha tradição patriarcal — de clérigos celibatários — resiste mais do que na sociedade. Mas não poderá opor-se por muito tempo às pressões.

Já indicamos, no capítulo 11, como no Encontro Intereclesial de 1992, em Santa Maria, o plenário das mulheres pediu para participar "em todas as instâncias dos ministérios". No sínodo dos bispos em Roma, em 1971, o cardeal canadense George B. Flahiff manifestou-se decididamente em favor do sacerdócio da mulher. Propôs, em nome dos bispos de seu país e a partir de um apelo de mulheres, a formação de uma comissão mista para analisar a questão dos ministérios femininos. Em 3 de maio de 1973, a Santa Sé criou uma comissão encarregada de estudar "a missão da mulher na Igreja e na sociedade". Entretanto, pouco depois, retirou da agenda dos trabalhos o tema da ordenação da mulher[25]. Uma decisão mais recente de um dicastério roma-

---

25. Leonardo BOFF, *Eclesiogênese*, Petrópolis, Vozes, 1977, 84-85.

no, com aprovação papal, vedando o acesso das mulheres ao sacerdócio, está sendo apresentada como irreversível. Mas não se revestiu do caráter solene das proclamações dogmáticas. Sem base escriturística e com uma tradição mais cultural que doutrinária, é provavelmente passível de reexame mais adiante.

No que se refere ao diaconato feminino, ele existiu em várias Igrejas, inclusive no Ocidente, até pelo menos o século VI. Paulo fala de Febe, a serviço na Igreja de Cencréia (Rm 16,1-2). No Concílio de Nicéia há alusão à ordenação de diaconisa. A história se refere a outras diaconisas, como as Santas Martinha e Olimpíada, esta última sagrada pelo patriarca de Constantinopla no século IV[26].

Vimos no capítulo anterior que um dos anseios maiores em relação a um novo concílio e a sua preparação é o referente à participação dos fiéis, o povo de Deus. A consciência democrática é um valor universal adquirido e penetra em todas as instituições. No capítulo primeiro assinalamos a contradição de uma Igreja que prega participação na sociedade e não a aplica em sua vida interna. As CEBs, novos jeitos de ser Igreja, foram sendo um laboratório de participação num processo vital de "eclesiogênese".

Isso leva também à necessária descentralização. As dioceses cresceram do império ao mundo medieval e se ligavam diretamente a Roma. Mas antes disso, nas Igrejas dos primeiros séculos, havia sínodos regionais e estruturas que se mantém nos patriarcados orientais. Em torno a Alexandria ou Antioquia, Lião ou Toledo, Igrejas locais vizinhas se articulavam. Com o surgimento, na modernidade, dos Estados, as estruturas nacionais foram sendo impulsionadas. O processo de romanização, ao final do século XIX, em reação ao galicanismo francês, quis manter as dioceses ligadas diretamente à Sé de Pedro. Nesse sentido, a Conferência Nacional dos Bispos do Brasil foi pioneira, ainda que haja até hoje resistências a essas estruturas nacionais, preferindo-se as províncias eclesiásticas tradicionais pouco ativas. O Vaticano II colocou em pauta o tema da colegialidade, que teve um refluxo em anos recentes. Mas vimos acima que o próprio João Paulo II propõe revitalizar sínodos regionais. No tempo em que a Igreja era basicamente européia, uma cúria romana centralizava decisões. Hoje ela é crescentemente anacrônica, em seu funcionamento atual, burocrático e sem agilidade, pouco sensível às diversidades.

---

26. Ver Elizabeth FIORENZA, O papel da mulher no movimento cristão primitivo, e Ida RAMING, A posição de inferioridade da mulher segundo o direito canônico vigente, onde esta última informa que o sínodo dos bispos da República Federal alemã se declarou favorável, em 1973, ao diaconato feminino. Ambos os artigos em *Concilium*, Petrópolis, Vozes, n. 111 (1976/1). Outras informações recolhidas por Marcelo Barros e transmitidas ao autor.

O concílio e o ecumenismo

UM PONTO MUITO delicado é o da ecumenicidade dos concílios. Os oito primeiros, realizados aliás no Oriente, reuniam praticamente todas as Igrejas particulares, com exceção de algumas Igrejas primitivas que não aceitavam certos dogmas dos primeiros concílios. Do nono (1193) ao vigésimo primeiro (1962), foram concílios da cristandade ocidental e, basicamente, das Igrejas em plena comunhão com Roma. Um deles, o de Florença (1438), tentou sem sucesso restaurar a unidade. Esta aparecia, como dito anteriormente, na intuição de João XXIII ao falar pela primeira vez, na Basílica de São Paulo, sobre um futuro concílio. Mas o Vaticano II foi um concílio de bispos, e de bispos católicos, com observadores de outras Igrejas. Já se poderá pensar num próximo concílio diretamente ecumênico, ou ainda será necessário um concílio católico romano para reformar a Igreja Católica antes do passo seguinte? É um tema em aberto.

A idéia de um concílio ecumênico também se fez presente nas Igrejas evangélicas. Nos anos 1930, o pastor Dietrich Bonhöeffer propôs um concílio das Igrejas cristãs a serviço da paz ameaçada. Ele morreria anos depois, nas mãos dos nazistas. O sonho voltou várias vezes no Conselho Mundial das Igrejas em Upsala (1968), Vancouver (1983), Basiléia (1989) e Seul (1990). Seu secretário-geral sugeriu realizar um encontro conciliar pan-ecumênico no ano 2000 em Jerusalém. As Igrejas ortodoxas, desde os anos 1970, pensam num concílio pan-ortodoxo[27].

A relação da Igreja Católica com as Igrejas evangélicas históricas é mais fluida. Difícil é o contato com muitas Igrejas pentecostais e neopentecostais, algumas bastante reticentes ao ecumenismo. As próprias Igrejas ortodoxas, com suas estruturas tradicionais com poucas mudanças, defendendo suas autonomias e peculiaridades nacionais próprias, têm dificuldade em integrar-se em espaços mais amplos. O Conselho Mundial das Igrejas atravessa atualmente um momento crítico. Mas permanece latente um desejo de unidade[28].

Dia 25 de janeiro de 1959, o Papa João XXIII, na Basílica de São Paulo-fora-dos-muros, para surpresa do mundo, convocou um concílio e colocou o tema da unidade dos cristãos no centro de suas intenções. Exatamente 45 anos

---

27. Para o relativo às Igrejas evangélicas e ortodoxas, ver Marcelo BARROS, *Uma nova primavera...*, op. cit.

28. Já na preparação do Vaticano II o teólogo Hans Küng escreveu seu *Concile et retour à l' unité*, tradução francesa na coleção Unam Sanctam, n. 36, op. cit.

depois, dia 25 de janeiro de 2004, o cardeal Walter Kasper, em nome do papa, presidiu o encerramento da semana de oração pela unidade dos cristãos, na mesma Basílica de São Paulo. Na ocasião indicou: "O decreto do Concílio Vaticano II sobre o ecumenismo exprime claramente que não pode existir ecumenismo sem conversão, sem purificação da memória e do coração, sem uma transformação do nosso pensamento, da nossa linguagem e do nosso comportamento... O diálogo é o método próprio do ecumenismo. Não se trata de um simples intercâmbio de pensamentos e de argumentações, mas de uma verdadeira permuta de dons... é preciso ter a humildade e a capacidade de reconhecer que também nós temos necessidade dos outros. A virtude principal dos cristãos não é a arrogância ou a obstinação, mas sim a humildade. E por que motivo isto não deveria valer também para o ecumenismo?"[29]

A ambição é ainda mais ampla do que o ecumenismo do mundo cristão. Na mundialização contemporânea e nos tempos de pluralismos, abre-se o grande espaço do diálogo inter-religioso ou, como dizem alguns, de um macroecumenismo. O papa João Paulo II deu passos significativos e proféticos nos encontros de Assis, ainda que as estruturas curiais tenham feito intervenções restritivas em direção contrária[30].

Uma revisão coletiva

HÁ UM MAL-ESTAR latente e a exigência crescente de uma revisão coletiva. O bispo francês Gaillot, retirado de sua Diocese de Evreux, expressa o descompasso entre a sociedade atual e a Igreja no título de seu livro: *O mundo clama, a Igreja sussurra* (*Le monde cri, l'Église murmure*). O teólogo dominicano Christian Duquoc e o historiador Giuseppe Alberigo fizeram análises severas[31].

---

29. Ver *L'Osservatore Romano*, ano XXXV, n. 5, 31 jan. 2004, 6-7. Coincidentemente, as idéias de diálogo e de humildade estavam no centro de meu texto de 1962, transcrito no capítulo 22.

30. No Brasil, o teólogo leigo Faustino TEIXEIRA tem trabalhado bastante o tema. Ver dois livros organizados por ele, *Diálogo de pássaros: nos caminhos do diálogo inter-religioso*, São Paulo, Paulinas, 1993; *O diálogo inter-religioso como afirmação da vida*, São Paulo, Paulinas, 1997. Do autor, Diálogo inter-religioso: desafio da acolhida e da diferença, *Perspectiva Teológica*, n. 34 (2002) 155-177; O diálogo inter-religioso no tempo da cidadania da identidade, *Tempo e Presença*, n. 332 (nov.-dez. 2003).

31. Christian DUQUOC, *Credo la chiesa: precarietà istitutionale e regno di Dio*, Brescia, Queriniana, 2001. Giuseppe ALBERIGO, Del palo a la misericordia: el magisterio en el catolicismo contemporáneo, *Selecciones de Teología*, v. XXIII, fasc. 87 (1983) 201-216.

Da católica e tradicional Espanha partem críticas contundentes, com teólogos do nível de J. J. González Faus e Benjamín Forcano[32]. O bispo emérito chileno Carlos González, sucessor de Manuel Larraín em Talca, acaba de publicar uma revisão corajosa sobre os problemas atuais da Igreja[33]. Aliás, vários bispos eméritos têm se manifestado criticamente: cardeal Arns, José Maria Pires, Waldyr Calheiros, Samuel Ruiz, de Chiapas, e, principalmente, Tomás Balduíno.

Em meu livro *A utopia surgindo no meio de nós*, tenho insistido no dinamismo latente da sociedade, tão claramente expresso nos Fóruns Sociais Mundiais. Desse ponto de vista sou otimista. Minha posição é mais mitigada no que se refere à Igreja, ainda que tenha contestado análises pessimistas (ver cap. 12) e apostado na vitalidade das CEBs e das pastorais sociais. Entretanto, não há como negar que os movimentos que mais cresceram na Igreja Católica nos últimos tempos têm uma espiritualidade intimista e voltada para dentro ou, como o Opus Dei, estão ligados ao poder e aos setores dominantes.

Não há espaço nem tenho recuo suficiente para fazer um balanço do atual pontificado, longo de um quarto de século, complexo e de muitas facetas. Há uma sensibilidade positiva para os temas da justiça e da paz, junto com uma posição doutrinal tradicional. O papa é uma das mais fortes personalidades do século XX, que modificou a geopolítica do mundo, com uma presença política como de Inocêncio III ou de Júlio II. Pastoralmente é mais difícil de enquadrar, aliando grandes gestos — Assis, pedidos de perdão — com uma posição de ética interpessoal rígida. João Paulo II, dotado de um notável carisma, é um verdadeiro ícone para as multidões e para os jovens, aliás mais atentos à sua figura e à sua dimensão simbólica do que aos seus ensinamentos. Mas em todo caso este pontificado, fecundo por uma parte, ao conviver com uma crise larvar profunda, está sendo também um momento de problemas estancados, que irão provavelmente exigir revisões mais adiante.

Fala-se de inverno na Igreja[34]. A imagem pode se referir a alguns aspectos institucionais e não levar em conta processos emergentes que vêm das bases. Um leigo italiano, importante na política do pós-guerra, Giuseppe Dossetti,

---

32. J. J. GONZALEZ FAUS, El meollo de la involución eclesial, *Fé y Razón*, Madri (out. 1989); Benjamín FORCANO tem uma ampla e criativa produção. Ver sua obra *El evangelio como horizonte*, em três volumes: 1. *Del legalismo a la libertad*. 2. *Disidencia evangélica*. 3. *Subvertir la historia*, Madri, Nueva Utopia, 1999. Ver também o tocante livro de Carlos González VALLÉS, SJ, *Querida Iglesia*, Buenos Aires, San Alberto, 1996.

33. Carlos GONZÁLEZ C., *La mirada atenta y el paso ligero*, Santiago, Cesoc – ed. Chile-América, 2003.

34. João Batista LIBANIO, Inverno na Igreja. Anos 80, *Tempo e Presença*, Rio de Janeiro, ano 12, n. 249 (jan.-fev. 1990).

um dia abandonou a vida pública e criou um centro de espiritualidade e de meditação. Anos mais tarde, diante de um cenário nacional preocupante, com partidos em dissolução e corrupção espalhada, sentiu-se na obrigação de voltar a falar. Considerando que a Itália estava num momento sombrio de vida cidadã, inspirou-se num texto do profeta Isaías, quando este se dirigiu a um soldado que vigiava nos muros de sua cidade: "Sentinela, o que resta da noite?" A sentinela respondeu: "Ainda é noite, mas a manhã vem chegando" (Is 21,11-12). Do fundo da escuridão se poderia descobrir um clarão tênue de luz e de calor que chega. Podemos aplicar o caso à Igreja, ainda que num nível bem menos grave. Há que saber pressentir a novidade e o amanhecer que se anunciam adiante, a partir de práticas criativas. Como já indicado, D. Hélder gostava de referir-se, na Igreja e na sociedade, às "minorias abraâmicas" fecundas e transformadoras[35].

O teólogo J. H. Newman, depois cardeal, em célebre artigo de 1859, tratou de um momento especialmente difícil na vida da Igreja, logo depois do Concílio de Nicéia, no século IV, quando uma parte do episcopado aderira à heresia ariana e o próprio papa Libério estava indeciso. Para ele, quem manteve a Fé não foram basicamente nem Roma nem os bispos divididos, mas o *consensus fidelium*, o espírito religioso dos fiéis. Pe. Congar, analisando o fato e apoiando-se em Pe. Lebreton, não separa fiéis e hierarquia, mas a Fé do povo e a especulação de alguns teólogos. Jean Guitton, com Newman, valorizou a ação dos leigos nesse episódio tormentoso e partiu daí para ver sua relevância na vida da Igreja[36]. A situação, hoje, não está nesses limites extremos, mas apresenta para os fiéis, povo de Deus, desafios bastante significativos.

Acompanho desde os tempos da preparação do Vaticano II a enorme produção do teólogo Hans Küng, em geral severo em suas críticas. Volta a elas, com observações fortes, num livro que publicou em inglês, em 2001, sobre a Igreja Católica. Mas é interessante observar suas conclusões, com as quais me identifico: "Em muitos lugares, a vitalidade espiritual e organizacional da Igreja Católica está intacta; na verdade, ela reviveu. As pessoas na base de suas sociedades estão trabalhando solidárias com os que sofrem, com grande dedicação, 'na estrada de Jericó': estas são 'a luz do mundo' e o 'sal da terra'. A teologia da libertação latino-americana, os movimentos católicos de paz nos Estados Unidos e na Europa, os movimentos *ashram* na Índia e gru-

---

35. L. A. GÓMEZ DE SOUZA, Isaías e D. Hélder, alegria e esperança, in Maria Clara BINGEMER e Eliana YUNES (org.), *Profetas e profecias*, São Paulo, Loyola, 2002.

36. Artigo de Newman na revista *The Rambler* (jul. 1959); ver J. H. NEWMAN, *Pensées sur l'Eglise*, Paris, Cerf, 1956, 404-439; Yves CONGAR, op, *Jalons pour une théologie du laïcat*, Paris, Cerf, 1954, 395; Jean GUITTON, *L'Église et les laïcs*, Paris, DDB, 1963.

pos de base em muitos países dos hemisférios Norte e Sul são exemplos de como a catolicidade da Igreja Católica não é só um princípio de Fé, mas uma realidade humana vivida na prática... Muitas pessoas estão mais deprimidas do que confiantes quando pensam no futuro da Igreja Católica. Mas quem, como eu, viveu a mudança histórica de Pio XII para João XXIII, que não se julgava muito possível, ou, do mesmo modo, viveu o colapso do império soviético, pode dizer quase com confiança que uma mudança, de fato uma revolução radical, *tem* que vir, dado o atual acúmulo de problemas. De fato, é só uma questão de tempo"[37].

É claro, diante da necessidade de mudanças, há a espessura e a opacidade das resistências, assim como o patrulhamento policial de estruturas de poder. Mas temos de guardar acesa a Esperança, a virtude tão central na poesia de Péguy. Sempre, na história, apareceram carismas refundadores que remoçaram a Igreja, e, sobretudo, contamos com a presença vigilante do Espírito Santo. Quando menos se espera, surge a surpresa de outra "flor de inesperada primavera".

* * *

Para finalizar, ficando com a imagem da flor inesperada, recorro a Carlos Drummond de Andrade, com versos de uma poesia que pode ser uma metáfora iluminadora para minhas apostas, vencendo patrulhamentos e resistências[38]:

Uma flor nasceu na rua!

...

Uma flor ainda desbotada
ilude a polícia, rompe o asfalto.

---

37. Hans KÜNG, *Igreja Católica*, Rio de Janeiro, Objetiva, 2002, 247.
38. Carlos DRUMMOND DE ANDRADE, A flor e a náusea, in ID., *Rosa do povo*, Rio de Janeiro, José Olympio, 1945.

Edições Loyola
Editoração, Impressão e Acabamento
Rua 1822, n. 347 • Ipiranga
04216-000 SÃO PAULO, SP
Tel.: (0**11) 6914-1922